ACCESO GRATIS *a la Lectura en la Nube*

Para visualizar el libro electrónico en la nube de lectura envíe junto a su nombre y apellidos una fotografía del código de barras situado en la contraportada del libro y otra del ticket de compra a la dirección:

ebooktirant@tirant.com

En un máximo de 72 horas laborables le enviaremos el código de acceso con sus instrucciones.

FIANZA Y CLÁUSULAS ABUSIVAS EN PRÉSTAMOS HIPOTECARIOS

Un estudio sobre la llamada "cláusula de afianzamiento"

FIANZA Y CLÁUSULAS ABUSIVAS EN PRÉSTAMOS HIPOTECARIOS

Un estudio sobre la llamada "cláusula de afianzamiento"

CARMEN SÁNCHEZ HERNÁNDEZ

tirant lo blanch
Valencia, 2024

En caso de erratas y actualizaciones, la Editorial Tirant lo Blanch publicará la pertinente corrección en la página web www.tirant.com.

© TIRANT LO BLANCH
EDITA: TIRANT LO BLANCH
C/ Artes Gráficas, 14 - 46010 - Valencia
TELFS.: 96/361 00 48 - 50
FAX: 96/369 41 51
Email: tlb@tirant.com
www.tirant.com
Librería virtual: www.tirant.es
DEPÓSITO LEGAL: V-3663-2024
ISBN: 978-84-1071-367-3

Si tiene alguna queja o sugerencia, envíenos un mail a: *atencioncliente@tirant.com*. En caso de no ser atendida su sugerencia, por favor, lea en *www.tirant.net/index.php/empresa/politicas-de-empresa* nuestro procedimiento de quejas.

Responsabilidad Social Corporativa: http://www.tirant.net/Docs/RSCTirant.pdf

A mis hijos, Pablo y Nicolás, mis aliados
A Octavio, por su apoyo incondicional
A mis padres, siempre

Índice

Abreviaturas *13*

Introducción *15*

Capítulo Primero. Consideraciones previas *21*

1. Punto de partida: el fiador y el hipotecante no deudor: ¿figuras similares? 21
2. La protección del consumidor frente a las cláusulas no negociadas individualmente: los elementos normativos como primer paso para solucionar un problema que no concluye 28
3. Criterios establecidos por el TJUE para la determinación de la abusividad de una cláusula: posibles problemas añadidos sin resolver 35

Capítulo Segundo. El fiador hipotecario como garante *53*

1. El caso concreto: el fiador hipotecario y su perfil práctico como garante 53
   - 1.1 Fianza y solidaridad 55
   - 1.2. Fianza y renuncia a los beneficios previstos en el Código Civil 59
   - 1.3 Protección del fiador en diversas reformas 67
2. Contenido de la llamada "cláusula de afianzamiento": ¿condición general de la contratación y cláusula predispuesta en el préstamo hipotecario con consumidores? 70
3. El fiador como contratante débil ante la "cláusula de afianzamiento" 78
4. ¿Es abusiva la "cláusula de afianzamiento" diseñada por las entidades bancarias?: aplicación de los criterios aprendidos .. 83
   - 4.1 El fiador y su necesaria condición de consumidor 83

4.2 La apreciación del carácter abusivo de la cláusula no debe referirse al objeto principal del contrato 89

4.3 La *"cláusula de afianzamiento"* como cláusula no negociada.. 90

4.4 La *"cláusula de afianzamiento"* y sus posibles controles..... 97

4.5 Un adelanto sobre los posibles efectos de la declaración de abusividad en la *"cláusula de afianzamiento"*.............. *114*

Capítulo Tercero. Diversas soluciones ante la posible abusividad de la llamada "cláusula de afianzamiento" *127*

1. Planteamientos doctrinales sobre el particular...................... 127

2. Respuesta de los tribunales ante la cuestionada abusividad de la *"cláusula de afianzamiento"*: replanteamiento de un problema 134

2.1 Nulidad de la cláusula de afianzamiento atendiendo a la normativa sobre nulidad de los contratos 136

2.2 Cláusula de afianzamiento y transparencia material. 138

2.3 Nulidad de la *"cláusula de afianzamiento"* *144*

2.4 Validez de la *"cláusula de afianzamiento"*: a propósito de la función de Notarios y Registradores.......................... 147

3. En concreto, ¿qué postura ha adoptado el TS ante la potencial abusividad de la *"cláusula de afianzamiento"*?: criterios y pautas de actuación 157

3.1 Sentencia TS 17 de octubre de 2018: dualidad de soluciones 159

3.2 Sentencia TS 28 de noviembre de 2018: control de transparencia real.. 159

3.3 Sentencia TS 27 de enero de 2020: un antes y un después 162

3.4 Sentencia TS 12 de febrero de 2020: continuidad de un planteamiento 186

3.5 Sentencia TS 2 de noviembre de 2021: el error............. 188

4. El necesario diálogo entre tribunales y el valor de la respuesta: nuevo punto de partida de un problema por resolver.......... 191

Capítulo Cuarto. Estado de la cuestión y valoración final *197*

1. El fiador o garante en la LCCI 197

2. Desequilibrio contractual y protección del fiador consumidor.. 201

3. Una cuestión procesal: legitimación del deudor principal para impugnar la validez de las cláusulas del contrato de fianza..... 203

4. Problemas detectados a la luz de la casuística: análisis crítico 204

5. Reformulación en clave de progreso.................................... 212

6. A modo de conclusión.. 219

Bibliografía *227*

Índice cronológico de jurisprudencia... *237*

Documentos de interés *249*

Abreviaturas

AP	Audiencia Provincial
CC	Código Civil español
Coor/s.	Coordinador/es
DGRN	Dirección General de los Registros y del Notariado
DGSFP	Dirección General de Seguridad Jurídica y Fe Pública
Dir/s.	Director/es
JMerc	Juzgados de lo Mercantil
LCCI	Ley 5/2019, de 15 de marzo, reguladora de los contratos de crédito inmobiliario
LCGC	Ley 7/1998, de 13 de abril, sobre Condiciones Generales de la Contratación
LH	Ley Hipotecaria
núm.	Número
Pág./págs.	Página/s
TEDH	Tribunal Europeo de Derechos Humanos
TJUE	Tribunal de Justicia de la Unión Europea
TPI	Tribunal de Primera Instancia
TRLGDCU	Texto Refundido de la Ley general para la defensa de los Consumidores y Usuarios
TS	Tribunal Supremo
Vol.	Volumen

Introducción[1]

La adquisición de una vivienda supone uno de los desembolsos más sustanciales, por no decir, el más importante, que un sujeto realiza a lo largo de su vida. También es cierto que esta adquisición normalmente se lleva a cabo con la ayuda de un crédito hipotecario[2]. Hasta aquí todo el mundo se encuentra más o menos familiarizado con la realidad de este proceso. No obstante, la adquisición de la que suele ser la vivienda habitual no es tan fácil, prueba de ello es la modificación operada tras la aprobación de la Ley 5/2019, de 15 de marzo, reguladora

---

1 El presente trabajo ha sido elaborado en el marco del Proyecto de Investigación del Ministerio de Economía y Competitividad, Referencia PGC2018-097607-B-100, DITEU 31-12-2021, "Tribunal Europeo de Derechos Humanos, Unión Europea y Derecho interno", del que soy Investigadora Principal y del Proyecto de Investigación de la Junta de Andalucía, Referencia UMA-FEDERJA 175, "Derechos y garantías de las personas vulnerables en el estado de bienestar", del que soy Investigadora Principal.

2 El último informe del Consejo Notarial de junio de 2023, precisa que en el año 2022 han sido firmados 419.316 préstamos hipotecarios para la adquisición de inmuebles, lo que implica un aumento de un 3,9% con respecto al año anterior, y esto supone un incremento del 34,2% con relación al año 2020. Las hipotecas inmobiliarias en abril de 2023 sobre vivienda habitual, representan el 67,5%. Esto pone de manifiesto el volumen de contratación hipotecaria para la adquisición de inmuebles, siendo la hipoteca el mecanismo de financiación fundamental. *Vid.*, Informe "Cuarto aniversario de la entrada en vigor de la Ley 5/2019, reguladora de los contratos de crédito inmobiliario", Consejo General del Notariado, 15 de junio de 2023, disponible en: https://www.notariado.org/liferay/c/document_library/get_file?uuid=579f6739-215c-4a35-a6ff-50631e1cfbee&groupId=2289837

de los contratos de crédito inmobiliario (en adelante, LCCI)[3], con el fin de proteger al consumidor de vivienda, como respuesta a la situación generada en este ámbito[4].

La importancia del crédito para la adquisición de una vivienda por parte de las familias y su trascendencia a efectos de la economía española es puesta de manifiesto en el propio Preámbulo de la LCCI. En concreto, reconoce que "la regulación de los contratos de crédito inmobiliario desempeña un papel relevante en la estabilidad económica y es un instrumento de cohesión social". De igual forma, evoca al sistema hipotecario español y, en particular, el régimen de concesión de préstamos y créditos con garantía hipotecaria inmobiliaria, ya que ha hecho posible que numerosas familias españolas puedan disfrutar de viviendas en propiedad y que lo hagan en una proporción superior a la de muchos países de nuestro entorno.

---

3 BOE núm. 65, de 16 de marzo de 2019 (última actualización publicada, 28 de diciembre de 2023).

4 La LCCI tiene por objeto la transposición de la Directiva 2014/17/UE del Parlamento Europeo y del Consejo, de 4 de febrero de 2014. En el Preámbulo se constata que "vista la experiencia hasta la fecha, y al objeto de la recuperación de la confianza de los prestatarios, se introducen previsiones cuya finalidad es la de potenciar la seguridad jurídica, la transparencia y comprensión de los contratos y de las cláusulas que los componen, así como el justo equilibrio entre las partes".
En la propia Directiva se reconoce en su Considerando 3 que "la crisis financiera ha demostrado que el comportamiento irresponsable de los participantes en el mercado puede socavar los cimientos del sistema financiero, (…) y puede tener graves consecuencias sociales y económicas". En particular, la Directiva pone de manifiesto en su Considerando 4 que "la Comisión ha determinado una serie de problemas que sufren los mercados hipotecarios de la Unión en relación con la irresponsabilidad en la concesión y contratación de préstamos, así como con el margen potencial de comportamiento irresponsable entre los participantes en el mercado, incluidos los intermediarios de crédito".

Por este motivo, considera que garantizar un régimen jurídico seguro, ágil y eficaz, que proteja este tipo de operaciones es una exigencia que deriva no sólo de las obligaciones impuestas por el Derecho de la Unión Europea, sino de los indudables beneficios que supone para la economía de un país. De igual forma, el acceso a la propiedad consolida la libertad y responsabilidad de los individuos como ciudadanos. En consecuencia, hay que garantizar la protección de las transacciones en interés de la seguridad jurídica, porque generan crédito para los individuos, lo que repercute en el crecimiento de la economía de nuestro país. Por ende, en este proceso el acceso al crédito hipotecario es un elemento clave en el éxito del régimen de propiedad en España.

Sin embargo, cuando un sujeto decide adquirir una vivienda y para ello necesita la concesión de un crédito hipotecario, en no pocas ocasiones las entidades financieras junto con esta garantía real, más la que supone la prevista en el artículo 1911 CC, exige una segunda garantía, pero en esta ocasión es de naturaleza personal, tal es la fianza en sus diversas modalidades. No hay duda, mediante la concesión de un crédito garantizado se benefician tanto el acreedor, como el deudor; el primero porque reduce su nivel de riesgo ante el préstamo concedido; y, el segundo, en tanto que logra la financiación necesaria para la adquisición de la vivienda deseada.

La fianza sin duda es un negocio de riesgo, dado que el garante cuando contrata no realiza sacrificio patrimonial alguno y firma con la esperanza de que el pago no le será finalmente reclamado, pues confluyen en la persona del deudor principal una doble garantía, la hipotecaria y la responsabilidad patrimonial universal. Por ello, resulta vital asegurar que la voluntad del fiador se ha emitido de forma consciente y libre, es decir, el garante debe ser conocedor de la obligación que asume, pues el hecho de que la obligación contraída no conlleve una inmediata disminución de su patrimonio, no significa que sea segura.

A pesar de todo, no se puede olvidar que las garantías son una parte importante del tráfico jurídico, en concreto, en el ámbito de la concesión de los créditos hipotecarios, por lo que no solamente deben ser objeto de protección, sino también de promoción, pues en muchas ocasiones sin estas garantías la concesión del crédito no sería posible.

El núcleo de la fianza como garantía es la accesoriedad, determinante a los efectos de la protección del fiador. La garantía presupone la validez del crédito asegurado (artículo 1824 CC), y su ejecución, el previo vencimiento y exigibilidad. Asimismo, la garantía no puede exceder la cuantía de la obligación principal, ni sujetarse a condiciones más onerosas (artículo 1827 CC). La extinción o reducción de la fianza favorece al garante (artículos 1847 a 1850 CC), pudiendo alegar todas las excepciones y medios de defensa que le correspondan al deudor principal y sean inherentes a la deuda, pero no las que son puramente personales (artículo 1853 CC).

Ningún cambio o modificación de naturaleza convencional del crédito asegurado puede perjudicar al fiador sin su consentimiento (artículo 1827 CC). Pudiendo en caso de satisfacción de la deuda asegurada llevar a cabo el ejercicio de la acción de regreso contra el deudor principal (artículos 1838 y 1839 CC).

Sea como fuere, la protección otorgada en sede de créditos hipotecarios se ha centrado fundamentalmente hasta la LCCI, en la persona del deudor principal. Pero, en la práctica, en la medida en que durante los tratos preliminares el acreedor hipotecario puede exigir una segunda garantía, el fiador debe ser igualmente objeto de protección durante esta fase en la que aparece totalmente desprotegido. El fiador no recibe información suficiente en torno al contenido del contrato de fianza. Por lo tanto, este fiador es objeto de un importante déficit informativo, siendo además obligado a renunciar a ciertos derechos que le son reconocidos en el CC.

La fianza exigida habitualmente se encuentra inserta en el propio contrato de préstamo hipotecario y es denominada como *"cláusula de afianzamiento"*. Esta ha generado diversos problemas, ya que el fiador firma sin conocer, repetidamente, el verdadero alcance jurídico y económico dados los términos en los que la misma es redactada por la entidad bancaria, pues somos conscientes de que el consumidor medio a lo sumo es conocedor de lo qué es la fianza, pero no mucho más.

El contenido del contrato de fianza como garantía personal que acompaña al crédito hipotecario, es impuesto por la entidad, no siendo objeto de negociación entre la misma y el consumidor. Como bien es sabido, la entidad siempre busca ante todo la satisfacción del crédito y para garantizarlo no solamente exige en la práctica esta garantía personal que acompaña a las dos anteriores ya citadas, sino que la dota de un contenido que a menudo y para determinados consumidores puede ser considerado "diabólico".

Este clausulado del cual se dota a la fianza incluye la constitución de la misma con carácter solidario y con renuncia expresa a los beneficios de excusión, división y orden. La llamada *"cláusula de afianzamiento"* así diseñada, coloca al consumidor y parte contratante débil ante una situación jurídica equiparable a la del deudor principal, pudiendo la entidad en caso de incumplimiento de la obligación, dirigirse directamente contra el fiador. En esta compleja relación jurídico-económica una de las partes (fiador), se haya necesitada de protección jurídica, pues en estos casos el nexo no se produce entre iguales, sino entre desiguales. Se trata de garantizar al consumidor una contratación en la que el resultado coincida con las expectativas generadas.

El fiador consumidor es objeto de protección a través de los diversos mecanismos previstos en la normativa de los consumidores en sede de cláusulas no negociadas (Directiva 93/13/CEE, del Consejo, de 5 de abril de 1993, sobre las cláusulas abusivas en los contratos celebrados con consumidores[5] -en adelante Directiva 93/13-, y artículos 80 a 91 Real Decreto Legislativo 1/2007, de 16 de noviembre, por el que se aprueba el Texto Refundido de la Ley general para la defensa de los Consumidores y Usuarios[6] –en adelante, TRLGDCU-). No obstante, en la actualidad, el contenido de la *"cláusula de afianzamiento"* y su posible consideración como abusiva no es un tema pacífico ni para la doctrina, ni para la jurisprudencia comunitaria e interna. Aunque la cuestión de la posible abusividad de esta cláusula ha sido objeto de menos atención que otras, como cláusulas suelo, gastos hipotecarios, vencimiento anticipado, etc., tiene una gran trascendencia debido a los graves problemas sociales y familiares que puede provocar en la medida en que compromete todo el patrimonio de personas que son ajenas al préstamo[7].

Muchas cuestiones se suscitan en la práctica a raíz del recurso a esta cláusula por parte de la entidad bancaria que serán objeto de tratamiento a lo largo del presente estudio, ya que a pesar de las recientes Sentencias del Tribunal Supremo sobre el particular, se trata de un tema todavía abierto a la discusión.

---

5 BOE núm. 95, de 21 de abril de 1993.

6 BOE núm. 287, de 30 de noviembre de 2007 (última actualización publicada, 29 de junio de 2023).

7 ÁLVAREZ ROYO-VILLANOVA, S., "¿Pueden anularse las fianzas de particulares por abusivas?", en Hay Derecho, https://www.hayderecho.com/2018/04/23/pueden-anularse-las-fianzas-de-particulares-por-abusivas/

Capítulo Primero

Consideraciones previas

1. PUNTO DE PARTIDA: EL FIADOR Y EL HIPOTECANTE NO DEUDOR: ¿FIGURAS SIMILARES?

La forma habitual de adquirir una vivienda es mediante la solicitud y, en su caso, concesión de un crédito hipotecario. Para ello, en numerosas ocasiones, no solamente se exige la garantía hipotecaria del deudor o adquirente de la vivienda, a la que se debe unir la garantía prevista en el artículo 1911 CC, sino que se está requiriendo por parte de la entidad bancaria una fianza. Se incorpora al contrato de crédito hipotecario, la llamada *"cláusula de afianzamiento"*, denominada también como "cláusula de aval personal solidario", lo que implica que el fiador responderá de la deuda cuando los titulares del préstamo hipotecario (los deudores) no procedan al pago de la misma. El incumplimiento de la obligación de pago puede tener su origen en diversas causas, pero es cierto que ante la entidad bancaria se ha dejado de abonar el préstamo hipotecario y, como es bien conocido, los bancos nunca pierden. A esta circunstancia se une que este tipo de fianza suele ser prestada por familiares directos o amigos íntimos de los titulares del préstamo hipotecario.

Sabido es que la fianza, bien puede ser personal, la cual procede cuando el sujeto de forma universal con todos sus bienes garantiza el cumplimiento de obligaciones de pago de otra persona[8]; o bien, puede ser real, cuando el sujeto garantiza

---

8 Como refiere VEIGA COPO, A. B., "Eficiencia y función de la garantía", *Revista de Derecho Bancario y Bursátil*, núm. 162, 2021, pág.

la deuda con un inmueble concreto, para lo cual es necesario que este ostente la titularidad del bien, o incluso bienes, sobre el/os que se va a constituir la garantía. En este segundo caso, se cuestiona si nos encontramos ante un auténtico fiador[9].

Aparece en escena la figura del "hipotecante no deudor"[10], en la medida en que el sujeto utiliza un bien inmueble del

---

2 (BIB 2021/3257), "la fianza aun cuando puede tener un origen convencional, legal o judicial, en todo caso se trata, de una situación de garantía de naturaleza personal".

9 *Vid.*, Sentencia AP de Madrid (Sección 14ª), 18 de abril de 2016 (AC 2016/820), en donde se precisa que "no puede identificarse al hipotecante no deudor con el fiador, aunque puedan apreciarse similitudes", teniendo en cuenta las Sentencias TS 15 de diciembre de 2014 (RJ 2014/6579) y 3 de febrero de 2009 (RJ 2009/1361), en las que se entiende que respecto del hipotecante no deudor que abona todo o parte de la deuda le es de aplicación el artículo 1210.3 CC que prevé la subrogación, pues aunque "este no tenga interés en la relación obligatoria, sí la tiene en el cumplimiento de la obligación, que evita la ejecución de la hipoteca constituida sobre su inmueble y la pérdida del mismo". Por ello, la aplicación de este precepto, procede no solamente "cuando el hipotecante no deudor paga voluntariamente la deuda garantizada con la hipoteca para evitar la subasta de su inmueble en el proceso de ejecución hipotecaria, sino también cuando el pago se realiza mediante la venta forzosa del bien en subasta, o la adjudicación al ejecutante, en el proceso de ejecución hipotecaria". En consecuencia, al "haberse subrogado los deudores no hipotecantes, con evidente interés, a los efectos del artículo 1210.3 CC, respecto de las cantidades por ellos abonadas (...), la subrogación confiere a los subrogados el crédito con los derechos a él anexos, no sólo contra los deudores (prestatarios), sino también frente a los fiadores, como se deriva del artículo 1212 CC (...)", ya que "los hipotecantes no deudores, aunque existen similitudes, no son fiadores, y tienen acción para reclamar tanto a los prestatarios como a los fiadores solidarios, la totalidad de lo abonado".

10 Sobre el particular, entre otros, ACHÓN BRUÑÉN, M.ª J., "El hipotecante no deudor: perjuicios que le ocasiona la regulación existente y medios para reparar el daño sufrido", *Actualidad Civil*, núm. 4,

que es propietario para garantizar la deuda que ha contraído un tercero con su acreedor. Es decir, se trata de un sujeto que pone como garantía un inmueble de su propiedad, pero él no es deudor, ya que no recibe cantidad alguna de dinero, ni tiene obligación de devolver nada.

El hipotecante no deudor asume un menor riesgo que el fiador pues queda limitado al bien o parte del mismo, que ofrece como garantía y no ostenta la condición de deudor. Para poder ser hipotecante no deudor basta contar con un inmueble en propiedad y querer responder por un tercero, en favor de quien se constituye la garantía. Este hipotecante sí debe conservar el inmueble gravado con la garantía y, en caso de ejecución por parte de la entidad financiera, puede subrogarse en la posición de esta frente al deudor, al cual puede reclamarle todo lo satisfecho. No obstante, este hipotecante no deudor tiene sus facultades sobre el inmueble otorgado en garantía limitadas, pues no puede proceder a su enajenación, ni constituir otro gravamen nuevo, ya que el inmueble se encuentra gravado, salvo que se trate de un bien de elevado valor, se haya visto afectado solamente en parte y permita garantizar más de una deuda.

A partir de esta diferenciación, es necesario precisar cuáles pueden ser las causas que, en un momento determinado, lle-

---

2019, págs. 3 y ss.; FACHAL NOGUER, N., "El hipotecante no deudor y deudor no hipotecante en el concurso de acreedores", *Anuario de Derecho Concursal*, núm. 42, 2017, págs. 1-39 (BIB 2017/12763); SÁNCHEZ PÉREZ, L., "El hipotecante no deudor en concurso: un falso amigo para el acreedor garantizado", *Revista Aranzadi Doctrinal*, núm. 10, 2014, págs. 1-7 (BIB 2014/482); GARCÍA-ROSTÁN CALVÍN, G., "Ejecución hipotecaria frente al deudor en situación de concurso e hipotecante no deudor", *Anuario de Derecho Concursal*, núm. 32, 2014, págs. 1-8 (BIB 2014/690); MARQUÉS MOSQUERA, C., "La fianza en los préstamos hipotecarios", Cuadernos de Derecho y Comercio, núm. 1 Extra, 2014, págs. 267-279.

van a las entidades bancarias a exigir la fianza y, por lo tanto, esta doble garantía. A título de ejemplo cabe referir las que siguen:

1ª. El incremento experimentado, en una etapa concreta, en la concesión de los créditos hipotecarios como consecuencia de la masiva adquisición de viviendas producida en la época de bonanza económica basada sobre todo en el "ladrillo". Estos créditos hipotecarios concedidos por entidades financieras, provocó y siguen provocando una importante desigualdad entre las partes contratantes, pues se trata de contratos tipo previamente redactados. En esta modalidad contractual la llamada "parte contratante fuerte" (la entidad bancaria), preestablece el contenido del contrato, dejando poco o ningún margen de negociación al respecto a la denominada "parte contratante débil" (el consumidor)[11].

2ª. El incremento progresivo, ante la demanda de hipotecas existentes y el perfil del "potencial adquirente", condujo a la exigencia por parte de los bancos, a efectos de la concesión de los créditos, de garantías adicionales. Es decir, hubo un mo-

---

[11] Se pone con ello de manifiesto lo afirmado por KEMELMAJER DE CARLUCCI, A., "La eficacia (o ineficacia) de la llamada garantía excesiva", en *Estudios Jurídicos en Homenaje al profesor Díez-Picazo,* Tomo II, Cabanillas Sánchez, A., Caffarena Laporta, J., Miquel González, J. M.ª, Montés Penadés, V. L., Morales Moreno, A. M. y Pantaleón Prieto, F., Thomson Civitas, Madrid, 2003, pág. 2150, en torno a que "las nuevas prácticas bancarias muestran la insuficiencia de las reglas tradicionales de protección de los garantes débiles".
De igual forma, la Sentencia AP de Pontevedra (Sección 6ª), 20 de mayo de 2020 (JUR 2020/194720), reconoce "el hecho de que el común acreedor del deudor principal y del fiador es el que como oferente profesional impone y predispone la redacción de los términos del afianzamiento, según resulta notoriamente de la observación del tráfico jurídico y de las máximas de experiencia".

mento, en el que la vivienda objeto de adquisición y sobre la cual se constituía la hipoteca, ya no era garantía suficiente.

3ª. El aumento del impago de los préstamos hipotecarios, como consecuencia de las sucesivas crisis económicas que se han producido, lo que conduce a las ejecuciones de las garantías contraídas.

En cualquier caso y atendiendo al contenido de la cláusula que va a ser objeto de análisis es necesario, como punto de partida, tener en cuenta que:

1º. La fianza es un contrato autónomo[12], regulado en el Código Civil en los artículos 1822 a 1856, muy habitual en los

---

12 En este sentido, Auto TJUE 19 de noviembre de 2015, caso Dumitru Tarcău e Ileana Tarcău contra Banca Comercială Intesa Sanpaolo România SA y otros, asunto C-74/15 (TJCE 2015/386), el cual especifica que "si bien tal contrato de garantía o de fianza puede calificarse, en cuanto a su objeto, de contrato accesorio con respecto al contrato principal del que emana la deuda que garantiza, se presenta como un contrato distinto desde el punto de vista de las partes contratantes, ya que se celebra entre personas distintas de las partes en el contrato principal. Por tanto, la calidad en la que las mismas actuaron debe apreciarse respecto a las partes en el contrato de garantía o de fianza".
Vid. sobre el particular, ÁLVAREZ OLALLA, P., "Vulneración del derecho a la tutela judicial efectiva por resolución judicial contraria a la doctrina del Tribunal de Justicia de la Unión Europea sobre el concepto de consumidor", *Derecho Privado y Constitución*, 32, pág. 125; VEIGA COPO, A. B., "Eficiencia y función de la garantía... cit.", pág. 2; JUAN GÓMEZ, M. C., "La frustración de las acciones de nulidad total o parcial de las fianzas solidarias incorporadas en las escrituras de préstamo hipotecario", *Actualidad Civil*, núm. 10, octubre, 2022, pág. 3; SANCHO MARTÍNEZ, L., "Transparencia y abusividad en el contrato de fianza: la situación del fiador consumidor", *Cuadernos de Derecho Privado*, 7, pág. 127; ÁLVAREZ ROYO-VILLANOVA, S., "¿Pueden anularse las fianzas de particulares por abusivas?... cit.", quien defiende que la fianza no puede considerar-

préstamos con garantía hipotecaria, en donde normalmente tiene carácter gratuito, al derivar, como se ha referido, de un favor personal que se presta a personas con las cuales unen lazos de parentesco o amistad.

2°. La fianza debe interpretarse siempre en beneficio del fiador, por lo que ha de entenderse en sentido restrictivo en los casos dudosos[13].

3°. En el tráfico jurídico en el que interviene una entidad bancaria, el problema surge cuando el sujeto que afianza no es consciente, por un lado, de los riesgos que puede llegar a asumir en atención al contenido de la fianza, cabe decir que ha firmado y no negociado; y, por otro lado, de los posibles mecanismos que, llegado el caso, le ofrece el Ordenamiento jurídico para su defensa[14].

Tomando en consideración esta realidad y ante la variedad de cláusulas incorporadas por los bancos para la concesión de

---

se como una cláusula del contrato de préstamo, sino un contrato en sí mismo.

13 MONTSERRAT VALERO, A., *El contrato de fianza y el aval a primer requerimiento*, Thomson Reuters Aranzadi, Navarra, 2017, pág. 204.

14 Como ha referido GARCÍA ABURUZA, M.ª P., "Problemática en relación a los avalistas y sobre su posible condición de consumidores", *Revista Aranzadi Doctrinal*, núm. 1, 2017, pág. 4 (BIB 2017/10532), el problema surge cuando el fiador no puede manifestar libremente su voluntad contractual y se ve compelido a aceptar unos pactos que en realidad no desea, son los contratos de adhesión, respecto de los cuales no hay capacidad de negociación por parte de los posibles contratantes en cuanto a su contenido, sino que hay que limitarse a adherirse o no. De igual forma, acertadamente considera que, en estos casos, las cláusulas no solamente se redactan unilateralmente por los bancos, sino que simplemente no hay posibilidad de hacer contraofertas ni modificaciones, no pudiéndose incidir en la confección de estos contratos, por lo que se mantiene la "libertad de contratar, pero no la libertad contractual".

un crédito hipotecario con fianza, cabe considerar que el fiador, desde mi punto de vista, se encuentra en una situación de alta vulnerabilidad y, en consecuencia, de desprotección, ya que no solamente cada entidad bancaria le pide actuaciones diferentes, sino que cada órgano judicial, como luego será posible comprobar, actúa de forma distinta según su criterio.

Asimismo, hay que ser conscientes del escenario en el que se presentan los problemas derivados de la incorporación de este tipo de cláusulas y que resulta ser muy habitual, tal es la depreciación experimentada en su momento en el valor de los inmuebles. Esto ha provocado que las tasaciones inicialmente realizadas no se correspondan con el valor de la finca cuando se tiene que llevar a cabo la subasta. En la mayoría de las ocasiones, nadie acude a estas subastas, pues no interesa adquirir un bien por un precio superior al que puede tener en el mercado, por lo que finalmente, el precio por el cual adquiere el ejecutante, que normalmente es el banco, es inferior al valor de tasación inicial e inferior a la deuda contraída inicialmente, lo que tiene graves consecuencias para el deudor principal y, en su caso, para el fiador, pues se convierte en una carga vitalicia para ambos.

Por ello, partiendo de la necesaria existencia de la fianza para la concesión de un crédito hipotecario, la cual puede ser considerada como una "segunda garantía" o incluso "tercera", el estudio realizado se circunscribe, en esta ocasión, a la figura del fiador hipotecario, precisando su perfil y los problemas a los cuales debe enfrentarse cuando se ejecuta la garantía en la medida en que ha sido obligado a la renuncia de los derechos de los que puede disponer. En concreto, el pacto de solidaridad y la renuncia a los beneficios de excusión, división y orden, cuestionan en la actualidad el posible carácter abusivo de esta cláusula[15].

---

15 Como bien indica MORENO GARCÍA, L., *Las cláusulas abusivas. Tratamiento sustantivo y procesal*, Tirant lo Blanch, Valencia, 2019,

Obviamente el estudio de la *"cláusula de afianzamiento"* y, en su caso, declaración como abusiva, nos sitúa en el ámbito de la protección del consumidor frente a las cláusulas abusivas, en general y, sobre esta en particular, así como en el punto de partida que acompaña a esta problemática, tal es la Directiva 93/13, y en el papel que el Tribunal de Justicia de la Unión Europea (en adelante, TJUE), ha jugado, juega y jugará en este campo.

2. LA PROTECCIÓN DEL CONSUMIDOR FRENTE A LAS CLÁUSULAS NO NEGOCIADAS INDIVIDUALMENTE: LOS ELEMENTOS NORMATIVOS COMO PRIMER PASO PARA SOLUCIONAR UN PROBLEMA QUE NO CONCLUYE

Como primer paso, es conocido que, los requisitos imprescindibles para poder ejercer el control de la posible abusividad de una cláusula son la predisposición, imposición y generalidad[16]. Para DIEZ-PICAZO y PONCE DE LEÓN[17], en el

pág. 32, en el Ordenamiento jurídico encontramos el término "abusivo" para referirnos a relaciones jurídicas en las que una parte contratante en alguna medida ha abusado de la otra.

16 En opinión de PERTÍÑEZ VÍLCHEZ, F., "Los contratos de adhesión y la contratación electrónica", en *Tratado de contratos,* Bercovitz Rodríguez-Cano, R. (Dir.), Moralejo Imbernón, N. y Quicios Molina, S. (Coors.), Tirant lo Blanch, Valencia, 2020, pág. 1983, "la utilización de condiciones generales de la contratación conlleva un riesgo intrínseco de que el contenido de las mismas sea únicamente el reflejo de los intereses negociales de la parte que tiene la facultad de predisponerlas".

17 "Las erosiones en el contractualismo y el abuso de las cláusulas abusivas (Comentario de la STS de 8 de abril de 2011)", en *La seguridad jurídica y otros ensayos,* Civitas, Thomson Reuters Aranzadi, Navarra, 2014, págs. 93 y 94.

Derecho vigente las cláusulas abusivas parece que necesitan cumplir tres requisitos:

1°. Solamente se pueden valorar como abusivas cláusulas insertas en contratos con consumidores, es decir, en los contratos de consumo en que una de las partes sea consumidor[18].

2°. Las cláusulas se tienen que encontrar dentro de las condiciones generales de la contratación.

3°. Las cláusulas es preciso que no hayan sido negociadas individualmente.

Como segundo paso, constituye una realidad que la protección del consumidor siempre está en el punto de mira de la

---

18 La existencia de cláusulas abusivas solamente puede ser apreciada cuando concurre en la parte ejecutada la condición de consumidor. En concreto, el Auto AP de Barcelona (Sección 16ª), 17 de septiembre de 2021 (JUR 2021/393020), especifica que "la abusividad es un concepto exclusivo de los contratos en los que intervienen un empresario y un consumidor, de modo que cuando ambas partes son profesionales o empresarios (...), el ejecutado no puede ampararse en la defensa a que se refieren los artículos 557.1.7ª y 695.1.4° de la Ley de Enjuiciamiento Civil en relación con la concurrencia de cláusulas abusivas. En efecto, si el contrato se ha concertado con un consumidor, resulta aplicable, el régimen de nulidad por abusividad contenido en el TRLGDCU. Pero en el caso de que el adherente no merezca la calificación legal de consumidor o usuario, el artículo 8.1 de la Ley 7/1998 se limita a reproducir el régimen general de la nulidad contractual por contravención de norma imperativa o, prohibitiva del Código Civil. El régimen de las condiciones generales que incumplan los requisitos legales de incorporación o de contenido en contratos celebrados entre profesionales queda, pues, sujeto a las normas generales de nulidad contractual, que se habrá de hacer valer en el procedimiento declarativo correspondiente".
En particular, no ostenta la condición de consumidor la fiadora solidaria cuando es administradora única de la empresa, *Vid.* al respecto, Auto AP de Málaga (Sección 5ª), 25 de octubre de 2017 (JUR 2018/16531).

Unión Europea y, sobre todo, en lo que a las cláusulas abusivas se refiere. Por ello, es preciso el análisis de los elementos legales de los cuales se dispone, especialmente, de la Directiva 93/13, así como de la jurisprudencia emitida por el TJUE en materia de cláusulas abusivas, con el fin de verificar los principios y herramientas que hacen posible poder establecer la "abusividad", con independencia del contenido de la cláusula. Esto nos pone, asimismo, en contacto con los resultados de la aplicación práctica de la normativa existente sobre el particular.

Bien es sabido que, la finalidad y el ámbito de aplicación de la Directiva 93/13 está claramente determinado en el artículo 1.1 en virtud del cual es posible precisar que se trata de una norma de protección de los consumidores y usuarios en los siguientes términos:

> *"El propósito de la Directiva es aproximar las disposiciones legales, reglamentarias y administrativas de los Estados miembros sobre cláusulas abusivas en los contratos celebrados entre profesionales y consumidores".*

Por su parte, el artículo 1.2 establece que:

> *"Las cláusulas contractuales que reflejen disposiciones legales o reglamentarias imperativas, así como las disposiciones o los principios de los convenios internacionales, en especial en el ámbito de los transportes, donde los Estados miembros o la Comunidad son parte, no estarán sometidos a las disposiciones de la presente Directiva".*

Esta exclusión prevista en el segundo apartado, atendiendo a la finalidad de la Directiva 93/13, debe considerarse de interpretación restrictiva[19]. En todo caso, el fundamento de

---

[19] *Vid.* sobre el particular, así como la extensa referencia jurisprudencial que realiza al respecto, GALLEGO DOMÍNGUEZ, I., "La protección de los consumidores frente a las cláusulas abusivas: la Directiva 93/13/CEE y el Tribunal de Justicia de la Unión Europea",

la protección del consumidor en sede de cláusulas abusivas se encuentra en la desigualdad material existente entre las partes contratantes, es decir, entre el empresario o profesional y el consumidor o usuario. El consumidor se halla en una situación clara de inferioridad, a nivel de capacidad para negociar y a nivel de información[20].

De igual forma, hay que cuestionarse cuándo es posible considerar que una cláusula es abusiva. Atendiendo, nuevamente, al tenor de la Directiva 93/13, en su artículo 3 se establece lo que sigue:

> *"1. Las cláusulas contractuales que no se hayan negociado individualmente se considerarán abusivas si, pese a las exigencias de la buena fe, causan en detrimento del consumidor un desequilibrio importante entre los derechos y obligaciones de las partes que se derivan del contrato.*
>
> *2. Se considerará que una cláusula no se ha negociado individualmente cuando haya sido redactada previamente y el consumidor no haya podido influir sobre su contenido, en particular en el caso de los contratos de adhesión.*
>
> *El hecho de que ciertos elementos de una cláusula o que una cláusula aislada se haya negociado individualmente no excluirá la aplicación del presente artículo al resto del contrato si la apreciación global lleva a la conclusión de que se trata, no obstante, de un contrato de adhesión.*
>
> *El profesional que afirme que una cláusula tipo se ha negociado individualmente asumirá plenamente la carga de la prueba".*

---

en *L'Influenza del Diritto Processuale Europeo negli ordinamenti Italiano e Spagnolo,* Cabrera Mercado, R. (Dir.), Quesada López, P. M. y López Picó, R. (Coors.), Wolters Kluwer Italia, Milano, 2018, págs. 20 y ss.

20 En este sentido, GALLEGO DOMÍNGUEZ, I., "Las cláusulas abusivas y la jurisprudencia del Tribunal de Justicia de la Unión Europea", en *Nuevas orientaciones del Derecho Civil en Europa,* Pereña Vicente, M. y Delgado Martín, P. (Dirs.), Heras Hernández, M.ª del M. (Coor.), Thomson Reuters Aranzadi, Navarra, 2015, pág. 314.

A tal efecto, conforme a la Sentencia TJUE 20 de septiembre de 2018, caso OTP Bank Nyrt Contra T.I. y otros, asunto C-51/17[21], el artículo 3.1 "debe interpretarse en el sentido de que comprende, en particular, una cláusula contractual modificada por una disposición legislativa nacional imperativa, adoptada tras la celebración de un contrato con un consumidor y que tiene por objeto suplir una cláusula viciada de nulidad contenida en dicho contrato".

A su vez, el artículo 4 de la Directiva 93/13 determina que:

> *"1. (...), el carácter abusivo de una cláusula contractual se apreciará teniendo en cuenta la naturaleza de los bienes o servicios que sean objeto del contrato y considerando, en el momento de la celebración del mismo, todas las circunstancias que concurran en su celebración, así como todas las demás cláusulas del contrato, o de otro contrato del que dependa.*
>
> *2.La apreciación del carácter abusivo de las cláusulas no se referirá a la definición del objeto principal del contrato ni a la adecuación entre precio y retribución, por una parte, ni a los servicios o bienes que hayan de proporcionarse como contrapartida, por otra, siempre que dichas cláusulas se redacten de manera clara y comprensible".*

A esto se une lo establecido en el artículo 5 de la Directiva 93/13, en virtud del cual:

> *"(...) estas cláusulas deberán estar redactadas siempre de forma clara y comprensible. En caso de duda sobre el sentido de una cláusula, prevalecerá la interpretación más favorable para el consumidor".*

Al respecto y como precisa la Sentencia TJUE 9 de julio de 2020, caso XZ contra Ibercaja Banco, S.A., asunto C-452/18[22],

---

21 TJCE 2018/226.

22 TJCE 2020/109. *Vid.* también sobre esto, Sentencias TJUE 20 de septiembre de 2017, caso Ruxandra Paula Andriciuc y otros contra

"de la jurisprudencia del Tribunal de Justicia resulta que la exigencia de transparencia de las cláusulas contractuales a las que se refieren los artículos 4, apartado 2, y 5 de la Directiva 93/13, no puede reducirse exclusivamente al carácter comprensible en un plano formal y gramatical de la cláusula de que se trate. Toda vez que el sistema de protección establecido por dicha Directiva se basa en la idea de que el consumidor se halla en situación de inferioridad respecto al profesional en lo relativo, en particular, al nivel de información, la mencionada exigencia de redacción clara y comprensible de las cláusulas contractuales y, por tanto, de transparencia, a que obliga la propia Directiva, debe interpretarse de manera extensiva[23].

Por consiguiente, la exigencia de que una cláusula contractual debe redactarse de manera clara y comprensible se ha de entender también como una obligación de que el contrato exponga de manera transparente el funcionamiento concreto del mecanismo al que se refiere la cláusula de que se trate, así como, en su caso, la relación entre ese mecanismo y el prescrito por otras cláusulas, de manera que el consumidor esté en condiciones de valorar, basándose en criterios precisos e inteligibles, las consecuencias económicas que se deriven para él".

Entre otras cosas, en relación a los contratos de préstamo hipotecario estima la referida Sentencia TJUE que "corresponde al Juez nacional llevar a cabo las comprobaciones necesarias a este respecto, a la vista de todos los elementos de hecho pertinentes, entre los que figuran la publicidad y la información proporcionadas por el prestamista en el marco de la negociación de un contrato. Más concretamente, incumbe al Juez na-

---

Banca Românească SA., asunto C-186/16 (TJCE 2017/171); 3 de octubre de 2019, caso G.K. contra varios, asunto C-621/17 (TJCE 2019/224).

23 En el mismo sentido, Auto TJUE 3 de marzo de 2021, caso Ibercaja Banco S.A., contra Otros, asunto C-13/19 (TJCE 2021/50).

cional, al tener en cuenta el conjunto de circunstancias que rodearon la celebración del contrato, verificar que se hubieran comunicado al consumidor todos los elementos que pueden incidir en el alcance de su compromiso, permitiéndole evaluar, en particular, el coste total de su préstamo. Desempeñan un papel decisivo en tal apreciación, por una parte, la cuestión de si las cláusulas están redactadas de forma clara y comprensible, de manera que permitan a un consumidor medio evaluar tal coste y, por otra parte, la falta de mención en el contrato de préstamo de la información que se considere esencial a la vista de la naturaleza de los bienes o de los servicios que son objeto de dicho contrato".

Para concluir, atendiendo al contenido del artículo 6.1 de la Directiva 93/13:

> *"Los Estados miembros establecerán que no vincularán al consumidor las cláusulas abusivas que figuren en un contrato celebrado entre éste y un profesional y dispondrán que el contrato siga siendo obligatorio para las partes en los mismos términos, si éste puede subsistir sin las cláusulas abusivas".*

Se trata con ello de restablecer el tan añorado equilibrio entre las partes contratantes con el fin de lograr la igualdad entre las mismas.

Como tercer paso y del mismo modo, a nivel nacional, hay que tener presente la Ley 7/1998, de 13 de abril, sobre Condiciones Generales de la Contratación[24] (en adelante, LCGC), cuyo artículo 1 dispone que:

> *"Son condiciones generales de la contratación las cláusulas predispuestas cuya incorporación al contrato sea impuesta por una de las partes, con independencia de la autoría material de las mismas, de su apariencia externa, de su extensión y de cua-*

---

[24] BOE núm. 89, de 14 de abril de 1998 (última actualización publicada, 16 de marzo de 2019).

lesquiera otras circunstancias, habiendo sido redactadas con la finalidad de ser incorporadas a una pluralidad de contratos".

En la misma medida, se debe atender al contenido de los artículos 80 (sobre los requisitos de las cláusulas no negociadas individualmente), 82 (sobre el concepto de cláusula abusiva), 83 (sobre la nulidad de las cláusulas abusivas y la subsistencia del contrato), 86 (sobre cláusulas abusivas que limitan los derechos básicos del consumidor y usuario) y 88 (referente a las cláusulas abusivas sobre garantías) del TRLGDCU.

Precisados de forma general los elementos normativos, es labor del TJUE determinar conforme a la interpretación que realice de la Directiva cuándo nos encontramos ante una cláusula abusiva, así como los criterios a través de los cuales los tribunales nacionales, atendiendo a las circunstancias del caso, procedan a declarar el carácter abusivo o no de la cláusula en cuestión.

3. CRITERIOS ESTABLECIDOS POR EL TJUE PARA LA DETERMINACIÓN DE LA ABUSIVIDAD DE UNA CLÁUSULA: POSIBLES PROBLEMAS AÑADIDOS SIN RESOLVER

La "fama" del TJUE ante las cláusulas abusivas arranca con la Sentencia 14 de marzo de 2013, caso Mohamed Aziz contra Caixa d´Estalvis de Catalunya, Tarragona i Manresa (Catalunyacaixa), asunto C-415/11[25], en la que se resolvieron distintas cuestiones prejudiciales planteadas por el Juzgado de lo Mercantil nº 3 de Barcelona, en relación con determinadas cláusulas contenidas en un contrato de préstamo hipotecario. La interpretación que en dicha Sentencia hace el TJUE de la

---

25 TJCE 2013/89.

Directiva 93/13 no es una novedad, pues podemos remontarnos a la Sentencia TJUE 27 de junio de 2000[26], conocido como "asunto Océano Grupo Editorial y Salvat Editores", para encontrar las líneas de la doctrina que mantiene el Tribunal en esta materia. No obstante, la novedad de la referida Sentencia de 2013 radica en la abusividad en sede de ejecuciones hipotecarias en un momento de crisis económica y social.

En todo caso, lo que interesa a efectos del estudio es determinar cuál es la misión del TJUE y de su jurisprudencia en sede concreta de cláusulas abusivas. De igual forma, hay que tener claro que, aunque en esta materia la escenificación no es más que una guerra entre consumidores de productos bancarios, en concreto, fundamentalmente hipotecas, y entidades bancarias, dado el perfil de la contratación que se realiza, lejos de cualquier negociación, la Directiva 93/13 y la jurisprudencia emitida por el TJUE en su interpretación no pretenden más que "preservar el sistema económico alrededor del cual gira la UE, la economía libre de mercado y su presupuesto jurídico, la libertad de contratación y la igualdad real en el momento de contratar"[27].

En principio, como se ha referido en parte con anterioridad, los criterios establecidos por el TJUE y que sirven como herramienta a los jueces nacionales para, ante el caso concre-

---

26 Sentencia TJUE 27 de junio de 2000, asunto Océano Grupo Editorial, S.A., contra Rocío Murciano Quintero y Salvat Editores contra varios, asuntos acumulados C-240/98, C-241/98, C-242/98, C-243/98 y C-244/98 (TJCE 2000/144).

27 *Vid.* a tal efecto, GALLARDO CORREA, C., "Jurisprudencia del Tribunal de Justicia de la Unión Europea sobre cláusulas abusivas", *Foro Judicial Independiente*, 2014, pág. 2, disponible en: w.juntadeandalucia.es/justicia/portal/adriano/.content/recursosexternos/JurisprudenciaTJUEClausulasAbusivas.pdf

to, precisar si una cláusula es abusiva, son de forma muy sistematizada los que siguen:

1°. Debe tratarse de un contrato celebrado entre consumidores y profesionales. Este primer requisito nos conecta ya con un problema, tal es, qué debemos entender por consumidor[28]. Concepto que, como es sabido, ha sido objeto de una abundante jurisprudencia por parte del TJUE y de normativa, tanto nacional como comunitaria. Sin embargo, este problema escapa del objeto de estudio y a los trabajos específicos existentes sobre la materia me remito, en la medida en que el "fiador solidario sin beneficio de excusión, división y orden", es habitualmente consumidor, lo que habrá de ser determinado atendiendo al supuesto concreto.

2°. Debe ser una cláusula no negociada con el consumidor[29], el cual únicamente se ha limitado a emitir su consentimiento a lo preestablecido por el profesional en el contrato[30].

---

28 *Vid.* como ejemplo, Auto AP de Barcelona (Sección 16ª), 17 de septiembre de 2021 (JUR 2021/393020); Sentencia AP de Álava (Sección 1ª), 1 de septiembre de 2016 (JUR 2016/243691).

29 En Sentencia AP de Vizcaya (Sección 4ª), 5 de marzo de 2018 (JUR 2018/1126), no fue reconocida la condición legal de consumidora a la demandante, no procediendo la realización de los controles de transparencia y abusividad de la *"cláusula de afianzamiento"*, pues este tipo de control no procede en los contratos celebrados con quienes no tienen la condición de consumidores. En los contratos en los que el adherente no tiene la condición de consumidor, las condiciones generales están sometidas únicamente al control de incorporación.

30 Como ha comentado CAÑIZARES LASO, A., "Cometario artículo 80", en *Comentarios al Texto Refundido de la Ley de Consumidores y Usuarios,* Cañizares Laso, A. (Dir.), Zumaquero Gil, L. (Coord.), Tomo I, Tirant lo Blanch, Valencia, 2022, pág. 1154, "lo esencial es la ausencia de negociación y contrato celebrado entre un empresario y un consumidor", pues "lo que mejor caracteriza la idea de cláusula no negociada es que una de las partes no pueda influir sobre el contenido contractual".

Se trata de una cláusula configurada de manera exclusiva por el predisponente y que el adherente tiene que aceptar si desea contratar o no[31].

3º. La cláusula debe causar un desequilibrio entre los derechos y obligaciones de las partes contratantes, lo que va en contra de las exigencias de la buena fe, siendo esto objeto de valoración atendiendo a las circunstancias concretas del caso.

Este criterio nos conecta con dos nuevos problemas, por un lado, precisar a quién corresponde declarar la abusividad de una cláusula concreta; y, por otro lado, qué interpretación merecen dos conceptos de naturaleza abstracta, tales son, "buena fe" y "desequilibrio importante".

En relación a la primera cuestión, es necesario puntualizar que, la determinación del carácter abusivo o no de una cláusula corresponde a los tribunales nacionales, para lo que se debe tener presente lo establecido, como se ha constatado anteriormente, en el artículo 4.1 de la Directiva 93/13.

No obstante, en la práctica, parece que se espera a que sea el TJUE el que determine la "abusividad" o no de una determinada cláusula. Se ha convertido en algo habitual que ante la multiplicidad de resoluciones judiciales nacionales dispares en torno a la cuestionada abusividad o no de una cláusula y la oscilante actitud de la jurisprudencia emitida por el TS, JMerc, TPI y AP, se acuda mediante el expediente de la cuestión prejudicial a poner en manos del TJUE el tema controvertido, lo que no siempre es misión del mismo. Parece que hay que esperar a que el TJUE emita su opinión para poner, en cierta medida, pues tampoco está garantizado, cierto orden en los tribunales

---

31 ALFARO ÁGUILA-REAL, J., "Comentario artículo 1", en *Comentarios a la Ley de Condiciones Generales de la Contratación,* Menéndez Menéndez, A./Díez-Picazo y Ponce de León, L. (Dirs.), Alfaro Águila-Real, J. (Coor.), Civitas, Madrid, 2002, pág. 212.

nacionales ante el cuestionado carácter abusivo de una cláusula concreta y en la ahora cuestionada.

Ante esta situación, el TJUE debe proceder, por un lado, a interpretar el concepto de cláusula abusiva; y, por otro lado, a fijar los criterios que ayuden al Juez nacional a determinar, atendiendo a las circunstancias del caso, si una cláusula concreta es o no abusiva.

En relación a la segunda cuestión, hay que tener presente que, en su labor, el Juez se enfrenta a dos conceptos de gran abstracción, cuya interpretación plantea problemas en el desarrollo de su misión calificadora, tales son, como ya se ha referido, la "buena fe" y el "desequilibrio importante".

Respecto a la buena fe, en el Considerando 16º de la Directiva 93/13 se establece que:

> *"(...) en la apreciación de la buena fe hay que prestar especial atención a la fuerza de las respectivas posiciones de negociación de las partes, a si se ha inducido en algún modo al consumidor a dar su acuerdo a la cláusula y a si los bienes se han vendido o los servicios se han prestado a petición especial del consumidor; que los profesionales pueden cumplir la exigencia de la buena fe tratando de manera leal y equitativa con la otra parte, cuyos intereses legítimos debe tener en cuenta".*

El TJUE se ha manifestado sobre ambos conceptos en Sentencia 14 de marzo de 2013[32], admitiendo sobre el concepto de "buena fe" que "la habrá si el profesional podía estimar razonablemente que, tratando de una manera leal y equitativa con

---

32 Sentencia TJUE 14 de marzo de 2013, caso Mohamed Aziz contra Caixa d´Estalvis de Catalunya, Tarragona i Manresa (Catalunyacaixa), asunto C-415/11 (TJCE 2013/89), asunto C-415/11 (TJUE 2013/89). *Vid.* también, Sentencia TJUE 26 de enero de 2017, caso Banco Primus, S.A., contra Jesús Gutiérrez García, asunto C-241/14 (TJCE 2017/31).

el consumidor, este aceptaría una cláusula de este tipo en el marco de una negociación individual".

Por su parte, en relación al "desequilibrio importante", considera que el artículo 3, apartado 1, de la Directiva 93/13, debe interpretarse en el sentido de que este concepto "en detrimento del consumidor debe apreciarse mediante un análisis de las normas nacionales aplicables, a falta de acuerdo entre las partes, para determinar si –y, en su caso, en qué medida- el contrato deja al consumidor en una situación jurídica menos favorable que la prevista por el Derecho nacional vigente. Asimismo, resulta pertinente a los efectos, según el tribunal, llevar a cabo un examen de la situación jurídica en la que se encuentra dicho consumidor en función de los medios de que dispone con arreglo a la normativa nacional para que cese el uso de cláusulas abusivas". Por lo tanto "para determinar si se causa el desequilibrio, pese a las exigencias de la buena fe, debe comprobarse si el profesional, tratando de manera leal y equitativa con el consumidor, pudiera estimar razonablemente que este aceptara la cláusula en cuestión en el marco de una negociación individual"[33]. En todo caso, "conforme al artículo

---

33 Sobre el particular también se ha pronunciado el TJUE en Sentencia 16 de enero de 2014, Constructora Principado, S.A., contra José Ignacio Menéndez Álvarez, asunto C-226/12 (TJUE 2014/7), teniendo en cuenta que "la existencia de un desequilibrio importante no requiere necesariamente que los costes puestos a cargo del consumidor por una cláusula contractual tengan una incidencia económica importante para éste en relación con el importe de la operación de que se trate, sino que puede resultar del solo hecho de una lesión suficientemente grave de la situación jurídica en la que ese consumidor se encuentra, como parte en el contrato, en virtud de las disposiciones nacionales aplicables, ya sea en forma de una restricción del contenido de los derechos que, según esas disposiciones, le confiere ese contrato, o bien un obstáculo al ejercicio de estos, o también de que se le imponga una obligación adicional no prevista por las normas nacionales. Incumbe al tribunal remitente,

4, apartado 1, de la Directiva 93/13, el carácter abusivo de una cláusula contractual se apreciará teniendo en cuenta la naturaleza de los bienes o servicios que sean objeto del contrato y considerando, en el momento de la celebración del mismo, todas las circunstancias que concurran en su celebración".

La Sentencia TJUE 27 de enero de 2021, caso Dexia Nederland BV contra otros, asuntos C-229/19 y C-289/19[34], siguiendo lo establecido en la Sentencia TJUE 14 de marzo de 2013[35], ha precisado que "un desequilibrio importante puede resultar meramente de un menoscabo suficientemente grave de la situación jurídica en la que el consumidor se encuentre, como parte en el contrato considerado, en virtud de las disposicio-

---

para apreciar la posible existencia de un desequilibrio importante, tener en cuenta la naturaleza del bien o del servicio que sea objeto del contrato, considerando todas las circunstancias concurrentes en el momento de la celebración de ese contrato, así como todas las demás cláusulas de éste".

Vid. al respecto, GALLEGO DOMÍNGUEZ, I., "Las cláusulas abusivas... cit.", pág. 356.

34 TJCE 2021/21. En el mismo sentido, Autos TJUE 17 de noviembre de 2021, caso M.G.M.G. contra Bankia, S.A., asunto C-655/20 (TJCE 2021/278); TJUE 17 de noviembre de 2021, Caso YB contra Unión de Créditos Inmobiliarios, S.A., asunto C-79/21 (TJCE 2021/298).

35 Reitera casi textualmente que "para determinar si una cláusula causa en detrimento del consumidor un «desequilibrio importante» entre los derechos y las obligaciones de las partes que se derivan del contrato, deben tenerse en cuenta, en particular, las normas aplicables en el Derecho nacional cuando no exista un acuerdo de las partes en ese sentido. Mediante un análisis comparativo de ese tipo, el Juez nacional podrá valorar si —y, en su caso, en qué medida—, el contrato deja al consumidor en una situación jurídica menos favorable que la prevista en el Derecho nacional vigente. Asimismo, resulta pertinente a este efecto examinar la situación jurídica en que se encuentra ese consumidor a la vista de los medios de que dispone con arreglo a la normativa nacional para que cese el uso de cláusulas abusivas".

nes nacionales aplicables, ya sea en forma de una restricción del contenido de los derechos que, según esas disposiciones, le confiere dicho contrato, ya de un obstáculo al ejercicio de estos o de imposición al consumidor de una obligación adicional no prevista por las normas nacionales".

Así pues, "el Juez nacional, para apreciar el carácter abusivo de una cláusula, debe situarse únicamente en el momento de la celebración del contrato de que se trate y evaluar, a la luz de todas las circunstancias que concurran en esa celebración, si dicha cláusula entrañaba en sí misma un desequilibrio entre los derechos y las obligaciones de las partes en beneficio del profesional. Aunque esa apreciación puede tener en cuenta la ejecución del contrato, en ningún caso puede depender de que se produzcan acontecimientos posteriores a la celebración del contrato independientes de la voluntad de las partes".

4°. La apreciación del carácter abusivo de las cláusulas no se puede referir a la definición del objeto principal del contrato, ni a la adecuación entre precio y retribución de los servicios y bienes, siempre que hayan sido redactados de modo claro y comprensible (artículo 4.2 Directiva 93/13). En base a lo establecido, se deduce que el objeto principal del contrato queda fuera del control de abusividad cuando la cláusula se ha redactado de forma clara y comprensible, lo que permite interpretar también lo contrario, cuando no goce de esta claridad y resulte incomprensible, cabe cuestionar y, en su caso, declarar, su abusividad. Sobre el particular, bien es conocida por todos, la postura de nuestro ordenamiento al respecto[36].

---

[36] Como es sabido la LCGC no incorporaba el artículo 4.2 de la Directiva 93/13 a la normativa nacional. Ante esta ausencia de incorporación expresa, la jurisprudencia española entendió, en una primera etapa, que al no diferenciar la legislación de consumo entre las cláusulas referidas a la definición del objeto principal del contrato y a la adecuación entre precio y contrapartida por un lado; y las

En torno a este problema, el Anteproyecto de Ley por el que se ha modificado el Texto Refundido de la Ley General para la defensa de los consumidores y usuarios y otras leyes complementarias, aprobado por el Real decreto legislativo 1/2007, de 16 de noviembre, para la concreción del alcance del control

---

cláusulas con otro contenido, por otro, los órganos jurisdiccionales podían apreciar, en cualquier circunstancia, el carácter abusivo de una cláusula no negociada individualmente, pudiéndose referir el objeto principal de un contrato, incluso en los supuestos en que dicha cláusula hubiese sido redactada de antemano por el empresario de manera clara y comprensible. Sin embargo, en una segunda etapa, a partir de 2012, sin modificaciones normativas sobre el particular, la jurisprudencia ha interpretado de forma contraria la ausencia de transposición expresa del artículo 4.2 de la Directiva 93/13, al entender que dicho precepto se debía entender tácitamente incorporado a la normativa nacional.

Vid., Sentencia TJUE 3 de junio de 2010, caso caja de Ahorros y Monte de Piedad de Madrid contra AUSBANC, asunto C-484/08 (TJUE 2010/162), en la cual se recoge que "en el ordenamiento jurídico español, como señala el Tribunal Supremo, un órgano jurisdiccional nacional puede apreciar en cualquier circunstancia, en el marco de un litigio relativo a un contrato celebrado entre un profesional y un consumidor, el carácter abusivo de una cláusula no negociada individualmente, que se refiera en particular al objeto principal de dicho contrato, incluso en supuestos en que esta cláusula haya sido redactada de antemano por el profesional de manera clara y comprensible.

En estas circunstancias, debe observarse que, al autorizar la posibilidad de un control jurisdiccional completo del carácter abusivo de las cláusulas, como las contempladas en el artículo 4, apartado 2, de la Directiva 93/13 contenidas en un contrato celebrado entre un profesional y un consumidor, la normativa española de que se trata en el litigio principal permite garantizar al consumidor, conforme al artículo 8 de la Directiva, una protección efectiva más elevada que la prevista por ésta".

Vid. también, Sentencia TJUE 30 de abril de 2014, caso Árpád Kásler y Hajnalka Káslerné Rábai contra OTP Jelzálogbank Zrt., asunto C-26/13 (TJCE 2014/105).

del carácter abusivo de las cláusulas[37], en su Exposición de Motivos reconoció que:

> *"se lleva a cabo una modificación del Texto Refundido de la Ley general para la Defensa de los Consumidores y Usuarios, para la indicación expresa de que el control de las cláusulas abusivas* ***puede versar sobre cualquier elemento de la relación contractual, incluido el objeto principal del contrato o la adecuación entre precio y bienes o servicios prestados como contrapartida*** *(…)*[38].
>
> *Esta posibilidad de control resulta necesaria para una protección integral de los derechos de las personas consumidoras, por cuanto, en contratos no negociados individualmente, la persona consumidora no tiene la posibilidad de influir en ninguno de los aspectos del mismo".*

Lo que derivó en una propuesta del artículo 82.1 TRLGDCU[39] en virtud de la cual, la apreciación del carácter abusivo de una cláusula no negociada individualmente podría abarcar cualquier elemento de un contrato suscrito entre una persona consumidora y un empresario[40].

---

37 Disponible en: https://www.mscbs.gob.es/normativa/audiencia/docs/APL_Modificacion_TRLGDCU_Concepto_abusividad.pdf.

38 Negrita añadida.

39 Disponible en: https://www.mscbs.gob.es/normativa/audiencia/docs/APL_Modificacion_TRLGDCU_Concepto_abusividad.pdf, en atención a lo expuesto:

> *"1. Se considerarán cláusulas abusivas todas aquellas estipulaciones no negociadas individualmente y todas aquellas prácticas no consentidas expresamente,* **independientemente del elemento de la relación contractual que se regule en las mismas,** *que, en contra de las exigencias de la buena fe, causen en perjuicio del consumidor y usuario, un desequilibrio importante de los derechos y obligaciones de las partes que se deriven del contrato" (Negrita añadida).*

40 *Vid.* sobre el particular, MARTÍNEZ ESPÍN, P., "Control de abusividad sobre cualquier elemento del contrato: el fin de las conjeturas", Publicaciones Jurídicas Centro de Estudios de Consumo (CESCO),

Con todo, la redacción final de este precepto ha sido otra, excluyendo la inicial previsión en torno al "elemento del contrato".

Junto a estos criterios que ayudan al Juez nacional a precisar el carácter abusivo de una cláusula concreta[41], cabe citar dos elementos a tener en cuenta y de crucial importancia a efectos del estudio, tales son, los que siguen:

1°. El Juez debe declarar de oficio la abusividad de una determinada cláusula[42], aunque la misma no sea alegada por el

---

5 de octubre de 2021, disponible en: www.uclm.es/centro/cesco. Critican duramente el Anteproyecto GÓMEZ POMAR, F., ARTIGOT GOLOBARDES, M. y GANUZA FERNÁNDEZ, J. J., "Un mal paso", *InDret,* 4/2021, págs. 1-9, quienes aconsejaron por diversas razones el abandono del Anteproyecto o, en todo caso, sirva como cauce para introducir expresamente en el TRLGDCU la previsión del artículo 4.2 de la Directiva 93/13, en sintonía con otros países de nuestro entorno (Francia, Italia, Reino Unido).

41 La Sentencia TJUE 1 de abril de 2004, caso Freiburger Kommunalbauten GmbH Baugesellschaft & Co. KG contra Ludger Hofstetter y Ulrike Hofstetter, asunto C-237/02 (TJCE 2020/311), establece que "corresponde al Juez nacional determinar si una cláusula como la controvertida en el litigio principal reúne los criterios exigidos para poder calificarse de abusiva en el sentido del artículo 3, apartado 1, de la Directiva".

42 La Sentencia TJUE 27 de junio de 2000, asunto Océano Grupo Editorial, S.A., contra Rocío Murciano Quintero y Salvat Editores contra varios, asuntos acumulados C-240/98, C-241/98, C-242/98, C-243/98 y C-244/98 (TJCE 2000/144), resuelve que cabe la apreciación de oficio del carácter abusivo de una cláusula por el Juez interno.

Vid. también al respecto, Sentencias TJUE 21 de noviembre de 2002, caso Cofidis SA contra Louis Fredout, asunto C-473/00 (TJCE 2002/345); 6 de octubre de 2006, caso Asturcom Telecomunicaciones, S.L., contra Cristina Rodríguez Nogueira, asunto C-40/08 (TJUE 2009/309); 26 de octubre de 2006, caso Elisa María Mostaza Claro contra Centro Móvil Milenium, asunto C-168/05 (TJCE 2006/299);

26 de abril de 2012, caso Nemzeti Fogyasztóvédelmi Hatóság contra Invitel Távközlési Zrt., asunto C-472/10 (TJCE 2012/98); 14 de junio de 2012, caso Banco Español de Crédito, S.A. contra Joaquín Calderón Camino, asunto C-618/10 (TJCE 2012/143); 21 de febrero de 2013, caso Banif Plus Bank Zrt contra Csaba Csipai y otros, asunto C-472/11 (TJCE 2013/46); 14 de marzo de 2013, caso Mohamed Aziz contra Caixa d´Estalvis de Catalunya, Tarragona i Manresa (Catalunyacaixa), asunto C-415/11 (TJCE 2013/89) ; 30 de mayo de 2013, caso Erika Joros contra Aegon Magyarország Hitel Zrt., asunto C-397/11 (TJCE 2013/194); 30 de mayo de 2013, caso Dirk Frederik Asbeek Brusse y otros contra Jahani BV, asunto C-488/2011 (TJCE 2013/145); 30 de abril de 2014, caso Barclays Bank, S.A. contra Sara Sánchez García y Alejandro Chacón Barrera, asunto C-280/13 (TJCE 2014/165); 16 de julio de 2015, caso Juan Carlos Sánchez Morcillo y María del Carmen Abril García contra Banco Bilbao Vizcaya, S.A., asunto C-539/14 (TJCE 2015/327); 1 de octubre de 2015, caso ERSTE Bank Hungaruy Zrt. Contra Attila Sugár, asunto C-32/14 (TJCE 2915/464); 18 de febrero de 2016, caso Finanmadrid E.F.C. contra Jesús Vicente Albán Zambrano y otros, asunto C-49/14 (TJCE 2016/53); 20 de septiembre de 2018, caso OTP Bank Nyrt. Contra T.I. y otros, asunto C-51/17 (TJCE 2018/226); 4 de junio de 2020, caso Kancelaria Medius SA contra RN, asunto C-495/19 (TJCE 2020/111); 9 de julio de 2020, caso SC Raiffeisen Bank SA y otros contra BRD Groupe Société Générale SA y otros, asuntos C-698/18 y C-699/18 (TJCE 2020/170); Auto TJUE 26 de noviembre de 2020, caso DSK Bank EAD y otros, asunto C-807/19 (TJCE 2020/288).

Por otro lado, *Vid.,* TJUE Conclusión 14 de abril de 2016 (JUR 2016/117357), en virtud de la cual para que se genere responsabilidad de un Estado miembro, derivada de la calificada como "violación suficientemente caracterizada" de la Directiva 93/13 en base a la "falta de apreciación por el Juez que resuelve en última instancia en el marco de un procedimiento de ejecución forzosa, del carácter abusivo de una cláusula contractual en virtud de la Directiva 93/13, debe tener en cuenta el conjunto de elementos de hecho y de Derecho de los que tiene conocimiento en la fecha de su decisión. No cabría considerar que tal violación del Derecho de la Unión es suficientemente caracterizada si la falta de apreciación por el Juez

consumidor, salvo que este se oponga a ello[43], lo que se traduce, en mi opinión, en la emisión de un consentimiento, aho-

---

nacional del carácter abusivo de una cláusula contenida en un contrato entre un profesional y un consumidor presenta un carácter excusable. En cambio, tal falta de apreciación podrá ser calificada de violación suficientemente caracterizada si, pese a la información puesta en su conocimiento, ya por el propio consumidor o por otras vías, el órgano jurisdiccional que ha de resolver en última instancia no ha examinado de oficio el carácter abusivo de una cláusula contractual contenida en tal contrato".

43 *Vid.*, Sentencia TJUE 4 de junio de 2009, caso Pannon, asunto C-243/08 (TJCE 2009/155), en la cual se afirma que "el Juez nacional no tiene, en virtud de la Directiva, el deber de excluir la aplicación de la cláusula en cuestión si el consumidor, tras haber sido informado al respecto por dicho Juez, manifiesta su intención de no invocar el carácter abusivo y no vinculante de tal cláusula" de tal forma que "cuando considere que tal cláusula es abusiva se abstendrá de aplicarla, salvo si el consumidor se opone".
Asimismo, cabe referir, las Sentencias TJUE (Gran Sala) 26 de marzo de 2019, caso Abanca Corporación Bancaria, S.A., contra A.G.S.S., asunto C-70/17 (TJCE 2019/59); 21 de febrero de 2013, caso Banif Plus Bank Zrt contra Csaba Csipai y otros, asunto C-472/11 (TJCE 2013/46); 30 de mayo de 2013, caso Erika Joros contra Aegon Magyarország Hitel Zrt., asunto C-397/11 (TJCE 2013/194); 30 de mayo de 2013, caso Dirk Frederik Asbeek Brusse y otros contra Jahani BV, asunto C-488/2011 (TJCE 2013/145); 3 de octubre de 2019, caso VARUIS contra Raiffeisen Bank International AG, asunto C-260/18 (TJCE 2019/219); 7 de noviembre de 2019, caso Nationale Maatschappij der Belgische Spoorwegen (NMBS) contra varios, asuntos acumulados C-349/18 a C-351/18 (TJCE 2019/259); 9 de julio de 2020, caso XZ contra Ibercaja Banco, S.A., asunto C-452/18 (TJCE 2020/109); 25 de noviembre de 2020, caso Banca B. SA contra A.A.A., asunto C-269/19 (TJCE 2020/286); 29 de abril de 2021, caso varios contra varios, asunto C-19/20 (TJCE 2021/110); Auto TJUE 3 de marzo de 2021, caso Ibercaja Banco, S.A. contra otros, asunto C-13/19 (TJCE 2021/50) y Sentencia TS 9 de mayo de 2013 (2013/3088).

ra ya informado, respecto de una cláusula cuya abusividad es cuestionada de oficio por el Juez[44].

El Juez nacional debe, por lo tanto, apreciar de oficio el carácter abusivo de una cláusula contractual, pero cuando disponga de los elementos de hecho y de derecho necesarios a tales efectos y, asimismo, se lo permitan las reglas procesales internas, de las que puede apartarse de forma excepcional cuando estas hagan imposible o excesivamente difícil la salvaguardia de los derechos protegidos por parte de la Directiva 93/13.

Por otro lado, es posible que, al aplicar el Derecho de la Unión, el Juez nacional deba observar las exigencias de una tutela judicial efectiva de los derechos que el citado ordenamiento otorga a los justiciables, figurando entre las mismas el principio de contradicción, en torno al cual el TJUE[45] ha declarado que, con carácter general, "el principio de contradicción no confiere sólo a cada parte en un proceso el derecho a conocer y a discutir los documentos y observaciones presentados al Juez por la parte contraria, sino que también implica el derecho de las partes a conocer y a discutir los elementos examinados de oficio por el Juez, sobre los cuales éste tiene intención de fundamentar su decisión. El Tribunal de Justicia ha subrayado que, en efecto, para cumplir los requisitos vinculados al derecho a un proceso equitativo, procede que las partes tengan conocimiento y puedan debatir de forma contradictoria los elementos tanto de hecho como de Derecho decisivos para la resolución del procedimiento".

2°. Las cláusulas abusivas no vinculan al consumidor, y conforme al Ordenamiento español, son nulas de pleno derecho

---

44 *Vid.*, Sentencia TJUE 3 de octubre de 2019, caso VARUIS contra Raiffeisen Bank International AG, asunto C-260/18 (TJCE 2019/219).

45 Sentencia TJUE 21 de febrero de 2013, caso Banif Plus Bank Zrt contra Csaba Csipai y otros, asunto C-472/11 (TJCE 2013/46).

y se tendrán por no puestas (artículo 83 TRLGDCU y 6 de la Directiva 93/13[46]). El contrato se mantendrá siempre que pue-

---

[46] Precepto que, como es sabido, es de carácter imperativo. Reiterada es la jurisprudencia del Tribunal de Justicia que señala el carácter imperativo de esta disposición. En concreto, cabe citar, las Sentencias TJUE 26 de octubre de 2006, caso Elisa María Mostaza Claro contra Centro Móvil Milenium, asunto C-168/05 (TJCE 2006/299); 6 de octubre de 2009, caso Austurcom Telecomunicaciones, asunto C-40/08 (LA LEY 187264/2009); 9 de octubre de 2010, caso VB Pénzügyi Lizing, asunto C-137/08 (LA LEY 195036/2010); 26 de abril de 2012, caso Nemzeti Fogyasztóvédelmi Hatóság contra Invitel Távközlési Zrt., asunto C-472/10 (TJCE 2012/98); 9 de julio de 2020, caso XZ contra Ibercaja Banco, S.A., asunto C-452/18 (TJCE 2020/109); Auto TJUE 3 de marzo de 2021, caso Ibercaja Banco, S.A. contra otros, asunto C-13/19 (TJCE 2021/50).
En particular, la Sentencia TJUE 15 de marzo de 2012, caso Jana Perenicová y otros contra SOS financ, spol. Sr. O., asunto C-453/10 (TJCE 2012/55), determina que "el contrato seguirá siendo obligatorio para las partes en los mismos términos, si éste puede subsistir sin las cláusulas abusivas". En este contexto, "los órganos jurisdiccionales nacionales que comprueben el carácter abusivo de las cláusulas contractuales están obligados, en virtud de dicho artículo 6, apartado 1, de la Directiva 93/13, por un lado, a extraer todas las consecuencias que, según el Derecho nacional, se deriven de ello para que el consumidor no esté vinculado por dichas cláusulas (...); y, por otro, a determinar si el contrato puede subsistir sin tales cláusulas abusivas". En efecto "el objetivo perseguido por el legislador de la Unión en el marco de la Directiva 93/13, consiste en restablecer el equilibrio entre las partes, manteniendo, en principio, la validez global del contrato, y no en anular todos los contratos que contengan cláusulas abusivas". Por consiguiente, "el artículo 6, apartado 1, de la Directiva 93/13 no puede interpretarse en el sentido de que, al valorar si un contrato que contiene una o varias cláusulas abusivas puede subsistir sin éstas, el Juez que conoce del asunto sólo pueda basarse en el carácter eventualmente favorable, para el consumidor, de la anulación de dicho contrato en su conjunto". En consecuencia, "la Directiva 93/13, no se opone a que un Estado miembro establezca, con el debido respeto del Derecho

da subsistir, sin otra modificación que la derivada de la supresión de la cláusula abusiva, no admitiendo la integración del mismo[47]. Así fue establecido conforme a la nueva redacción otorgada al artículo 83 del TRLGDCU, tras la Ley 3/2014, de 27 de marzo, por la que se modifica el TRLGDCU, aprobado por el Real Decreto Legislativo 1/2007, de 16 de noviembre[48], en virtud de la cual:

---

de la Unión, una normativa nacional que permita declarar la nulidad total de un contrato entre un profesional y un consumidor que contenga una o varias cláusulas abusivas cuando ello garantice una mejor protección del consumidor".

47 *Vid.,* la Sentencia TJUE 14 de junio de 2012, caso Banco Español de Crédito, S.A. contra Joaquín Calderón Camino, asunto C-618/10 (TJCE 2012/143), la cual establece que no cabe que el Juez integre el contrato modificando el contenido de la cláusula abusiva y esto lo justifica porque tal facultad contribuiría a eliminar el efecto disuasorio que ejerce sobre los profesionales el hecho de que, pura y simplemente, tales cláusulas abusivas no se apliquen frente a los consumidores, en la medida en que los profesionales podrían verse tentados a utilizar cláusulas abusivas al saber que, aun cuando no llegara a declararse la nulidad de las mismas, el contrato podría ser reintegrado por el Juez nacional en lo que fuere necesario, garantizando de este modo el interés de dichos profesionales.
Vid. también sobre el particular, las Sentencias TJUE 30 de mayo de 2013, caso Dirk Frederik Asbeek Brusse y otros contra Jahani BV, asunto C-488/2011 (TJCE 2013/145); 30 de abril de 2014, caso Árpád Kásler y Hajnalka Káslerné Rábai contra OTP Jelzálogbank Zrt., asunto C-26/13 (TJCE 2014/105); 7 de noviembre de 2019, caso Nationale Maatschappij der Belgische Spoorwegen (NMBS) contra varios, asuntos acumulados C-349/18 a C-351/18 (TJCE 2019/259); 25 de noviembre de 2020, caso Banca B. SA contra A.A.A., asunto C-269/19 (TJCE 2020/286); 27 de enero de 2021, caso Dexia Nederland BV contra otros, asuntos C-229/19 y C-289/19 (TJCE 2021/21); 29 de abril de 2021, caso varios contra varios, asunto C-19/20 (TJCE 2021/110).

48 BOE núm. 76, de 18 de marzo de 2014.

> *"Las cláusulas abusivas serán nulas de pleno derecho y se tendrán por no puestas. A estos efectos, el Juez, previa audiencia de las partes, declarará la nulidad de las cláusulas abusivas incluidas en el contrato, el cual, no obstante, seguirá siendo obligatorio para las partes en los mismos términos, siempre que pueda subsistir sin dichas cláusulas".*

Con posterioridad, la Disposición Final 8ª de la LCCI añadió un párrafo final, de suerte que:

> *"Las condiciones incorporadas de modo no transparente en los contratos en perjuicio de los consumidores serán nulas de pleno derecho".*

La declaración de oficio del carácter no vinculante de alguna cláusula por ser considerada abusiva, debe limitarse a aquellos supuestos en que su condición de abusiva sea "clara, manifiesta, patente y fuera de toda duda"[49]. Esto ocurrirá en relación a aquellas cláusulas que se encuentren expresamente reconocidas por la ley o respecto de las cuales exista una jurisprudencia vinculante que haya establecido pautas claras al respecto.

3º. La viabilidad de las acciones individuales y colectivas, como mecanismos adecuados y eficaces para garantizar que cese el uso de cláusulas abusivas en los contratos celebrados entre consumidores y profesionales.

---

[49] GALLARDO CORREA, C., "Jurisprudencia del Tribunal de Justicia de la Unión Europea sobre cláusulas abusivas... cit.", pág. 10.

Capítulo Segundo

El fiador hipotecario como garante

1. EL CASO CONCRETO: EL FIADOR HIPOTECARIO Y SU PERFIL PRÁCTICO COMO GARANTE

La fianza es un contrato del que surge una determinada obligación para el fiador. Este sujeto que se obliga en virtud del contrato de fianza es garante de un tercero, el cual es el deudor principal del acreedor. Por su parte, el acreedor del deudor principal es también el acreedor del fiador, aunque el deudor sea la persona a favor de quien se constituye la fianza. La deuda que el fiador se compromete a cumplir es la deuda principal, siendo asumida por el fiador tanto por medio de una obligación nueva, derivada del contrato de fianza, como por una obligación propia.

Por consiguiente, existen dos obligaciones nacidas de dos títulos diversos, siendo una de ellas el refuerzo para el cumplimiento de la otra, no constituyendo un caso de novación subjetiva[50]. Por esto, se llega a afirmar que "la deuda del fiador es una deuda propia cuyo objeto es procurar la satisfacción del interés del acreedor en el cumplimiento de la principal"[51].

---

50 En este sentido, CARRASCO PERERA, Á., CORDERO LOBATO, E. y MARÍN LÓPEZ, M. J., *Tratado de los derechos de garantía,* Tomo I, 4ª edic., Thomson Reuters Aranzadi, Navarra, 2022, pág. 85, quienes consideran que las dos obligaciones no son acumulativas, por lo que "el acreedor no tiene en la obligación de refuerzo un interés de cumplimiento distinto o adicional al que tiene respecto de la obligación principal".

51 CARRASCO PERERA, Á., CORDERO LOBATO, E. y MARÍN LÓPEZ, M. J., *ibídem,* pág. 85.

En concreto, en la práctica bancaria la figura del fiador es diseñada por la propia entidad, en tanto en cuanto, por un lado, es privado de los beneficios de excusión, división y orden; y, por otro lado, aparece como fiador solidario. Como ha sido distinguido en la Sentencia AP de Guipúzcoa (Sección 2ª), 30 de septiembre de 2015[52], "ostentar la condición de fiador o fiador obligado a pagar al acreedor sin hacer antes excusión de todos los bienes del deudor es sustancialmente diferente, y la trascendencia económica y jurídica que ello comporta tiene notoria trascendencia".

No obstante, antes de avanzar, hay que realizar ciertas precisiones, sobre el particular. En primer lugar, la fianza perfilada por la entidad bancaria deriva de un contrato concertado o celebrado entre el acreedor, deudor principal y fiador, en la medida en que garantiza un préstamo hipotecario del cual depende, con independencia de la cuestionada información precontractual suministrada a las partes contratantes débiles (deudor principal y fiador) por el acreedor, que luego será objeto de análisis. Se erige en un negocio jurídico plurilateral que queda formado por la declaración de voluntad de las tres partes[53]. En segundo lugar, la fianza conforme al artículo 1827 CC debe ser expresa, es decir, una expresa voluntad del fiador, lo que excluye una fianza meramente tácita o derivada de un simple comportamiento concluyente, a través del cual deba ser inducida[54].

De igual forma, atendiendo al objeto principal del estudio, es una realidad que, las condiciones generales de la contratación, tal y como han sido definidas por el artículo 1 LCGC pueden ser utilizadas y predispuestas, tanto por el fiador como por el acreedor. Aunque es cierto que, muy raramente, por no

---

52 JUR 2015/244535.

53 DÍEZ-PICAZO y PONCE DE LEÓN, L., *Fundamentos de Derecho Civil Patrimonial*, Tomo II, Civitas, Madrid, 2008, pág. 493.

54 DÍEZ-PICAZO y PONCE DE LEÓN, L., *ídem*, pág. 494.

llegar a decir "nunca", es el fiador el que se encuentra en situación de imponer sus condiciones contractuales. Por lo que, cuando es el acreedor el que impone sus condiciones, estas implican todo tipo de renuncias por parte del fiador a los derechos inicialmente concedidos por la ley[55].

Determinado el perfil del fiador hipotecario como garante incluido por las entidades bancarias en el clausulado de sus préstamos hipotecarios, procede el análisis de elementos determinantes en la posible consideración de la *"cláusula de afianzamiento"* como abusiva y sus probables efectos.

1.1 Fianza y solidaridad

El artículo 1822 CC dispone que por la fianza se obliga uno a pagar o cumplir por un tercero en el caso de no hacerlo este, y en el caso de que el fiador se obligue solidariamente con el deudor principal, se estará a lo establecido en la Sección Cuarta, Capítulo 3°, Título 1° de este Libro. En este sentido, hay que tener en cuenta que, en una fianza solidaria, el acreedor no podrá dirigirse como regla contra el fiador hasta que el deudor haya incumplido, por lo que la deuda del fiador será subsidiaria del incumplimiento del deudor principal[56]. Para que el fia-

---

55 *Vid.* al respecto, CARRASCO PERERA, Á., CORDERO LOBATO, E. y MARÍN LÓPEZ, M.J., *Tratado de los derechos de garantía... cit.*, pág. 174.

56 Sobre el particular aclarar que, como han manifestado CARRASCO PERERA, Á., CORDERO LOBATO, E. y MARÍN LÓPEZ, M. J. -*ídem*, págs. 86 y 87-, en la llamada fianza solidaria el fiador puede ser requerido judicial o extrajudicialmente para el pago cuando la obligación principal haya vencido, no siendo necesario el incumplimiento por parte del deudor en sentido propio, negando en base a esto la consideración por parte de la doctrina de que "toda fianza, incluso la solidaria, es una fianza subsidiaria". No obstante, admiten la existencia de una línea interpretativa en virtud de la cual la fianza solidaria requiere "salvo que se pacte en contrario", que exista un

dor solidario sea auténticamente solidario, como ha expresado la doctrina[57], tiene que haber constituido su obligación como una deuda propia, en los mismos términos que si se hubiera constituido desde el origen de la deuda como un codeudor principal de la misma y debe quedar claro de los términos del compromiso que el acreedor puede demandar directamente el cumplimiento al llamado "deudor de refuerzo". Por otra parte, la constitución de la fianza como auténticamente solidaria no excluye que la obligación del fiador sea siempre una obligación de refuerzo que nace de un contrato de garantía[58]. De este modo, el hecho de que la fianza sea solidaria, no implica que se convierta en una obligación de esta naturaleza[59], conservando el carácter de accesoriedad[60] y subsidiariedad[61].

---

previo incumplimiento del deudor. Por lo que reconocen la existencia de un principio interpretativo en virtud del cual toda fianza, incluida la solidaria, debe ser interpretada como fianza subsidiaria.

57 CARRASCO PERERA, Á., CORDERO LOBATO, E. y MARÍN LÓPEZ, M. J., *ídem*, pág. 88.

58 CARRASCO PERERA, Á., CORDERO LOBATO, E. y MARÍN LÓPEZ, M. J., *ídem*, pág. 89.

59 PASCUAL BROTÓNS, C. C., *El fiador personal en la ejecución hipotecaria*, Reus, Madrid, 2015, pág. 42.

60 En este sentido, GÓMEZ VALENZUELA, M. Á., "Examen de las cláusulas abusivas en el contrato de fianza: a propósito de la fianza solidaria y la renuncia a los beneficios de excusión, división y orden", *Actualidad Jurídica Iberoamericana*, núm. 14, febrero, 2021, pág. 638; COLÁS ESCANDÓN, A. M.ª, *Efectos del contrato de fianza: relaciones entre acreedor, deudor principal y fiador*, Cuadernos de Aranzadi Civil, Thomson Aranzadi, Navarra, 2007, pág. 19. En contra CARRASCO PERERA, Á., *Fianza, accesoriedad y contrato de garantía*, La Ley, Madrid, 1992, pág. 195, para quien la obligación del fiador se desarrolla autónomamente, negando el carácter accesorio de la fianza, tanto en su nacimiento, como en su desarrollo y subsistencia.

61 Como ha referido COLÁS ESCANDÓN, A. M.ª, *ídem*, pág. 24, existe un sector de la doctrina que en este caso estima que se trata de una fianza "esencialmente accesoria y naturalmente subsidiaria".

Desde mi punto de vista, es una cuestión fundamental, la forma en la que se haya pactado la fianza como solidaria, es decir, si es resultado de una negociación previa entre las partes, o si, por el contrario, ha sido unilateralmente predispuesta por la entidad bancaria, como es habitual. De ser así, la cláusula incorporada al contrato de fianza debe ser objeto de los controles pertinentes siempre que el fiador tenga la condición de consumidor.

La solidaridad no excluye la existencia de la fianza, pues implica una forma de asumir la responsabilidad, mientras que de la fianza nace una obligación. Por esto, salvo excepciones, el régimen de la fianza debe aplicarse tanto a las relaciones internas entre el deudor y el fiador, como a las externas entre el acreedor y el fiador[62]. No obstante, hay quien defiende que la relación externa, configurada por la relación entre acreedor y fiador, se regirá por las normas de la solidaridad, mientras que la relación interna, constituida entre el deudor y el fiador, por las propias de la fianza[63].

Para que el fiador quede eximido del pago de la deuda garantizada por la fianza, debe probar que el deudor principal ha procedido al cumplimiento de la obligación. En todo caso, esta fianza, como ya se aclaró al principio, es una garantía de naturaleza personal, que tiene causa y contenido específico, por la que se somete el patrimonio del fiador a una eventual

62 CARRASCO PERERA, Á., CORDERO LOBATO, E. y MARÍN LÓPEZ, M. J., *Tratado de los derechos de garantía... cit.*, pág. 117.

63 *Cfr.*, REYES LÓPEZ, M.ª J., "Comentario artículo 1822", en *Código Civil Comentado,* Cañizares Laso, A./ De Pablo Contreras, P./Orduña Moreno, J./Valpuesta Fernández, R. (Dirs.), Vol. IV, Aranzadi, Navarra, 2011, pág. 1155; "Comentario artículo 1822", en *Comentarios al Código Civil,* Cañizares Laso, A. (Dir.), Tomo V, Tirant lo Blanch, Valencia, 2023, págs. 8039 y ss.

acción ejecutiva del acreedor en caso de incumplimiento del deudor principal al cual garantiza para ese supuesto concreto.

Cuando el artículo 1822.2 CC determina que, si el fiador se obliga solidariamente con el deudor principal, se observará lo dispuesto en los artículos 1137 y ss., está suponiendo que "el deudor y el fiador se obligan por distinto título", aunque asuman responsabilidades solidarias. El fiador solidario no asume la condición de deudor que resulta del título por el que se obligó el deudor principal, mantiene su situación de "deudor de refuerzo", es un garante que se obliga como fiador, en ningún caso es un codeudor solidario[64]. La remisión, como bien ha sido clarificado, solamente significa que el acreedor puede reclamar la deuda a deudor y fiador sin que exista beneficio de excusión y, eventualmente, si queda claro que se ha pactado en estas condiciones, incluso sin que exista incumplimiento previo del deudor principal, por lo tanto sin subsidiariedad[65].

Accesoriedad y subsidiariedad configuran a la fianza. La primera, como consecuencia de la dependencia funcional de

---

64 CARRASCO PERERA, Á., CORDERO LOBATO, E. y MARÍN LÓPEZ, M. J., *Tratado de los derechos de garantía… cit.*, pág. 92.
Vid. al respecto, Auto AP de Granada (Sección 4ª), 13 de diciembre de 2019 (JUR 2019/122771), en el cual se estima que la figura del fiador solidario no puede equipararse a la de deudor solidario, pues la doctrina moderna entiende que no es posible una interpretación literal del precepto atendiendo a la distinta naturaleza de la fianza y de la deuda solidaria que se fundamenta en los caracteres propios de la obligación del fiador, siendo opinión dominante la que mantiene que "fiador solidario y deudor solidario no son lo mismo y el régimen especial de la fianza se proyecta en la solidaria, no sólo respecto de la relación de deudor principal-fiador, sino también en la de éste con el acreedor".

65 CARRASCO PERERA, Á., CORDERO LOBATO, E. y MARÍN LÓPEZ, M. J., *ídem*, pág. 119.

la obligación accesoria respecto de la principal[66], lo cual no afecta a los vínculos obligacionales de ambas que, si bien no llegan a confundirse, sí determina su integración en una compleja relación contractual[67]. La segunda, cuya operatividad se pone en marcha, en principio, cuando el deudor no cumpla con su obligación, lo que provoca el deber de cumplimiento en la persona del fiador.

1.2. Fianza y renuncia a los beneficios previstos en el Código Civil

La fianza con renuncia expresa a los beneficios de excusión, división y orden es una de las modalidades que expresamente recoge el Código Civil en los artículos 1831 y 1832[68].

---

66 DÍEZ-PICAZO y PONCE DE LEÓN, L., *Fundamentos de Derecho Civil... cit.*, pág. 482.

67 Como ha referido DÍEZ-PICAZO y PONCE DE LEÓN, L., *ibídem*, pág. 482, "la articulación de la situación creada por la fianza es suficientemente compleja y en ella pueden reconocerse dos relaciones jurídicas diversas: la relación jurídica entre acreedor y deudor y la relación jurídica de fianza. El problema es entonces el modo de articularse una y otra obligación".
Por su parte, la Sentencia AP de Pontevedra (Sección 6ª), 20 de mayo de 2020 (JUR 2020/194720), reconoce que "existe una dependencia funcional de la obligación accesoria respecto de la principal, por razón de la finalidad de garantía de aquella, que si bien no determina que dichos vínculos obligacionales lleguen a confundirse, identificarse o reducirse en un único vínculo, no obstante sí determina su participación o integración en una relación negocial compleja y unitaria por la interdependencia causal existente entre la obligación principal y la garantía fideusoria".

68 GÓMEZ BLANES, P., "El fiador «vulnerable» y su protección por el derecho", *Revista de Derecho bancario y Bursátil*, núm. 123, 2011, pág. 10 (BIB 2013/139023), defiende la conversión de estos beneficios

Precisamente al servicio de la subsidiariedad se encuentran los beneficios referidos, no pudiendo el acreedor compeler al fiador al cumplimiento de la deuda "sin hacer antes excusión de todos los bienes del deudor" (artículo 1830 CC)[69]. Se erige el incumplimiento previo por parte del deudor en el presupuesto necesario para que entre en escena la figura del fiador y pueda el acreedor reclamar frente a él.

---

en "elementos accidentales de la garantía", que solamente proceden si son expresamente pactados.

69 El hecho de que el beneficio de excusión se encuentre al servicio de la subsidiariedad no significa que se puedan identificar. Así es admitido por la Sentencia AP de Barcelona, 26 de junio de 2020 (JUR 2020/237121), en la cual se especifica que "no es posible identificar subsidiariedad y beneficio de excusión. El principio de subsidiariedad implica que la obligación del fiador sólo nace si el deudor principal incumple, en tanto el beneficio de excusión, que presupone el incumplimiento del deudor, supone que el fiador no puede ser compelido al pago mientras queden en el patrimonio del deudor bienes bastantes para hacer frente a la deuda (artículo 1830 del Código Civil)". Esto ya fue puesto de manifiesto en Sentencia AP de Barcelona (Sección 15ª), 6 de noviembre de 2014 (JUR 2015/43530), en la cual se expresaba que "no es posible identificar subsidiariedad y beneficio de excusión".
Como ha sido referido por CARRASCO PERERA, Á., CORDERO LOBATO, E. y MARÍN LÓPEZ, M. J., *Tratado de los derechos de garantía... cit.*, págs. 87 y 88, "la subsidiariedad define con carácter institucional a la fianza, que tiene como supuesto de hecho el incumplimiento del deudor principal", siendo esto lo único que se exige para que la fianza sea subsidiaria, pero no se exige que el fiador disponga además del beneficio de excusión.
Igualmente, defienden que la distinción entre subsidiariedad y beneficio de excusión tiene una gran importancia práctica, dado que, si el fiador subsidiario es requerido para el pago antes de que el deudor haya sido constituido en mora, no sólo podrá oponer el fiador el beneficio de excusión, sino también la falta de "fundamento material de la demanda, por ausencia de uno de sus presupuestos constitutivos".

El beneficio de excusión es una facultad que la ley atribuye al fiador y que tiene por objeto enervar o paralizar la pretensión ejecutiva del acreedor dirigida contra él[70]. Por lo tanto, permite al fiador obligar al acreedor a que persiga todos los bienes del deudor principal, no debiendo él pagar mientras el obligado principal tenga bienes o derechos suficientes para hacer frente a la obligación garantizada[71]. Ahora bien, hay que tener presente que, la carga del ejercicio de dicha facultad se

---

70 DÍEZ-PICAZO y PONCE DE LEÓN, L., *Fundamentos de Derecho Civil... cit.*, pág. 502.
Sin embargo, el beneficio de excusión no implica que el acreedor tenga la obligación de dirigir necesariamente su demanda en primer término contra el deudor, y solo después de haber agotado su patrimonio, pueda dirigirse contra el fiador. Atendiendo al principio de economía procesal se permite que el acreedor pueda citar al fiador cuando demande al deudor principal, sin perjuicio de quedar siempre a salvo el beneficio de excusión, aunque se dé sentencia contra los dos (artículo 1838 CC). *Vid.* al respecto, ACHÓN BRUÑÉN, M.ª J., "Los problemas de ser fiador de un deudor hipotecario: estado de la cuestión tras la Ley de Contratos de Crédito Inmobiliario", *Diario La Ley*, núm. 9569, Sección Tribuna, 7 de febrero de 2020, pág. 2 (LA LEY 1338/2020), disponible en la Ley Digital; PAGADOR LÓPEZ, J. y SERRANO CAÑAS, J. M., "Sobre el carácter abusivo del pacto de solidaridad en la fianza (o la renuncia mediante cláusulas predispuestas a los beneficios de excusión u orden y división). A propósito de las sentencias del TS 56/2020 (RJ2020/145) y 101 (RJ 2020/39)", *Revista de Derecho del Sistema Financiero*, septiembre, 2020, pág. 217.

71 BASTANTE GRANELL, V., "La cláusula de afianzamiento en préstamos hipotecarios: su abusividad a debate", *Revista Doctrinal Aranzadi Civil-Mercantil*, núm. 3, 2017, pág. 3, (BIB 2017/784). Por su parte, CASTILLA BAREA, M., "Comentario artículo 1822 CC", en *Comentarios al Código Civil*, Bercovitz Rodríguez-Cano, R. (Dir), Tomo IX, Tirant lo Blanch, Valencia, 2013, pág. 12465, lo considera como un "plus", puesto que supone no solo la posibilidad de que, ante la reclamación del acreedor, el fiador le exija un previo requerimiento de pago al deudor principal, sino que además aquél debe perseguir

hace recaer sobre el fiador. Esto significa que, la ley no impone al acreedor la necesidad de la "busca y captura" de los bienes del deudor, de manera que sólo tras una persecución infructuosa le conceda la posibilidad de dirigirse contra el fiador. El fiador es quien debe facilitar la acción del acreedor para poder él mismo liberarse. Recae sobre el fiador la carga del ejercicio del beneficio de excusión, el cual se produce en un doble sentido: primero, debe llevar a cabo el señalamiento de los bienes del deudor; segundo, este señalamiento debe ser realizado en el momento del requerimiento que se le haga para el pago o dentro del plazo de que disponga para contestar a dicho requerimiento[72].

Sin embargo, tal y como se contempla en el Código Civil, este beneficio de excusión reconocido a la persona del fiador es renunciable, en concreto, el artículo 1831 establece que la excusión no tiene lugar, entre otras causas, cuando el fiador haya renunciado expresamente a ella. La renuncia expresa a la excusión[73], se apoya en la autonomía de la voluntad del fiador, el cual hace "renuncia" de esta ventaja de carácter potestativo[74].

En principio, toda fianza subsidiaria concede al fiador el beneficio de excusión, pero, como se ha referido, la renuncia al

---

e intentar ejecutar el patrimonio del obligado principal antes de proceder a la ejecución del patrimonio del obligado en garantía.

72 *Cfr.*, DÍEZ-PICAZO y PONCE DE LEÓN, L., *Fundamentos de Derecho Civil… cit.*, pág. 503.

73 Sobre los casos de validez de renuncias de carácter implícito, *Vid.*, COLÁS ESCANDÓN, A. M.ª, *Efectos del contrato de fianza… cit.*, págs. 58 y 59.

74 *Cfr.*, REYES LÓPEZ, M.ª J., "Comentario artículo 1831", en *Código Civil Comentado,* Cañizares Laso, A./ De Pablo Contreras, P./Orduña Moreno, J./Valpuesta Fernández, R. (Dirs.), Vol. IV, Aranzadi, Navarra, 2011, pág. 1190; "Comentarios artículo 1831", en *Comentarios al Código Civil,* Cañizares Laso, A. (Dir.), Tomo V, Tirant lo Blanch, Valencia, 2023, pág. 8091.

citado beneficio no tiene que "comportar sin más que la fianza sea solidaria y no subsidiaria"[75]. En consecuencia, cuando el fiador procede a la renuncia del beneficio de excusión, solamente está renunciando a que el acreedor tenga que perseguir los bienes del deudor antes de ir contra los bienes del fiador, pero no está renunciando a que el deudor, en todo caso, haya procedido al incumplimiento, para que el fiador pueda ser requerido del pago[76]. En estos casos se habla de "cláusulas de extensión de la fianza".

A esta fórmula se acogen las entidades bancarias, entre otras, para diseñar la cuestionada *"cláusula de afianzamiento"*, adquiriendo el fiador la condición de deudor en las mismas condiciones que el llamado "deudor principal". Si a esto unimos, el carácter solidario de la fianza pactada y la remisión prevista al régimen de la solidaridad, resulta de aplicación el artículo 1144 CC, en virtud del cual el acreedor puede dirigirse contra cualquiera de los deudores solidarios o contra todos ellos simultáneamente[77]. Asimismo, las reclamaciones entabladas contra uno, no serán obstáculo para las que posteriormen-

---

75 CARRASCO PERERA, Á., CORDERO LOBATO, E. y MARÍN LÓPEZ, M. J., *Tratado de los derechos de garantía... cit.*, pág. 87.

76 CARRASCO PERERA, Á., CORDERO LOBATO, E. y MARÍN LÓPEZ, M. J., *ibídem*, pág. 87.

77 En este sentido Sentencia AP de Madrid (Sección 25ª), 5 de febrero de 2020 (JUR 2020/145751), al reconocer que "con ello se está asumiendo un vínculo directo de responsabilidad con el acreedor (...). Al eliminarse la accesoriedad propia de la fianza normal, los controles de transparencia y de abusividad no se hacen respecto a la específica cláusula de fianza, sino valorando la validez del contrato de fianza de acuerdo con los factores que pueden condicionar el cumplimiento de los requisitos del artículo 1261 CC, especialmente los que pueden influir en la decisión del fiador de contratar y obligarse solidariamente con el deudor principal".

te se dirijan contra los demás, mientras no resulte cobrada la deuda en su totalidad.

Por otro lado, hay que tener también en cuenta que, el pacto de solidaridad previsto en el artículo 1822 CC excluye el beneficio de excusión[78], incluso sin renuncia del fiador, atendiendo al contenido del artículo 1831.2º CC. En efecto, como puso de manifiesto DIEZ-PICAZO y PONCE DE LEÓN[79], si el fiador y el deudor principal son solidarios frente al acreedor, el beneficio de excusión carece de sentido, pues hay entre este y la solidaridad una evidente "incompatibilidad".

No obstante, como ha sido referido por CARRASCO PERERA, CORDERO LOBATO y MARÍN LÓPEZ[80], fianza solidaria no es lo mismo que fianza sin beneficio de excusión. Reconocen que, aun cuando el pacto de solidaridad excluye el beneficio de excusión, también lo puede excluir la fianza subsidiaria, en tanto en cuanto una fianza es subsidiaria cuando el incumplimiento del deudor forma parte del supuesto constitutivo de la obligación de pago por parte del fiador. El fiador subsidiario debe pagar cuando incumple el deudor, no siendo consustancial a la subsidiariedad, en lo que respecta a que el fiador goce del beneficio de excusión en los términos de los artículos 1830 y ss. CC. En cualquier caso, aunque la diferencia entre subsidiariedad y beneficio de excusión es clara para la doctrina y la jurisprudencia, el simple pacto de una fianza como solidaria "debe interpretarse como que el garante ha renunciado al beneficio de excusión, y no debe presumirse que por el simple

---

78 Para CARRASCO PERERA, Á., CORDERO LOBATO, E. y MARÍN LÓPEZ, M. J., *Tratado de los derechos de garantía… cit.*, pág. 120, en las relaciones internas entre deudor y fiador nada cambia, y se aplican las normas de la fianza, con independencia de la existencia de la solidaridad.

79 *Fundamentos de Derecho Civil… cit.*, pág. 504.

80 *Tratado de los derechos de garantía… cit.*, págs. 121 y 122.

pacto de solidaridad también haya querido el garante que se le pueda reclamar la deuda antes del incumplimiento del deudor". En consecuencia, para estos autores, cuando "una fianza se pacta como solidaria debe interpretarse *prima facie* que se pacta una fianza subsidiaria sin beneficio de excusión".

Por las razones antes mencionadas, pactado el beneficio de excusión y orden, si el deudor principal incumple, el fiador no entra en escena mientras este deudor disponga de bienes realizables suficientes para poder cubrir la deuda. Pero, si por el contrario, la fianza se pacta como solidaria, lo cual excluye el beneficio de excusión, o de entrada se renuncia al mismo, incumpliendo el deudor principal, el acreedor ya puede dirigirse indistintamente contra el deudor o el fiador[81].

---

[81] Como ha sido referido en la SJMerc de San Sebastián, 30 de septiembre de 2014 (AC 2014/1672), "el carácter solidario de la fianza con renuncia a todos los derechos que protegen al fiador, supone colocarle en una situación semejante al deudor principal, situación que es imposible haya querido realmente. Esos derechos, que desde el siglo XIX amparan a los fiadores, son renunciados sin explicación, porque desde luego la garantía general del artículo 1911 CC respecto de los deudores principales, y la hipoteca que otorga garantía sobre el inmueble, convierten en desproporcionada la renuncia realizada. Se suman y superponen garantías, pues tiene la general del citado artículo 1911 CC respecto a la totalidad del patrimonio del deudor principal, la real sobre el bien hipotecado, y la personal añadida de los avalistas". Asimismo, reconoce que "el deudor solidario que renuncia a los beneficios de excusión, división y orden no es un simple avalista, sino que se transmuta en auténtico deudor, se coloca en idéntica situación que el deudor principal".
En el mismo sentido, Sentencia JMerc de San Sebastián (Provincia de Guipúzcoa), 2 de octubre de 2014 (AC 2014/1674), la cual estima que "el consumidor, con su renuncia, queda en una situación jurídica menos favorable de la que sería razonable suponer atendida la existencia de un deudor principal y un refuerzo de las garantías mediante la hipoteca. Si se hubiera negociado de forma leal y equitativa, no es fácil presumir que se hubieran aceptado dichas renun-

Desgraciadamente, este es el supuesto de hecho que se plantea en la práctica y es adoptado por las entidades bancarias, cuya abusividad se cuestiona. Sin embargo, como cabe apreciar en base a lo establecido hasta el momento, la *"cláusula de afianzamiento"* es diseñada por las entidades bancarias conforme a lo previsto por el Código Civil, lo que conduce a la privación de los derechos del fiador en beneficio de las mismas.

La llamada y cuestionada *"cláusula de afianzamiento"* preestablecida por la entidad bancaria, coloca al fiador solidario y con renuncia a los referidos beneficios en la misma posición que el deudor principal, por lo que cabe cuestionarse, si aun siendo resultado de las previsiones legales del Código Civil, el fiador es objeto de la información suficiente y necesaria en torno a las condiciones de lo pactado y, sobre todo, las consecuencias de las mismas ante el posible incumplimiento por parte del deudor principal.

En cualquier caso, cabe estimar que la renuncia informada, libre y consentida por parte del fiador a los derechos que le son reconocidos en el Código Civil es válida. Igualmente, pactar la fianza como solidaria es de la misma forma válida, siempre que haya sido libremente elegida, es decir, el garante previamente informado conoce del alcance de la fianza en estos términos

---

cias, que colocan al que se cree avalista en idéntica situación que el deudor solidario, pero sin percibir las contraprestaciones de aquél, porque el deudor principal al menos dispone del importe del préstamo, pero el fiador ninguna prestación obtiene a cambio de comprometer la totalidad de su patrimonio en responder de la deuda ajena. Es decir, se trata de una fianza gratuita, no obstante, lo cual se renuncia a todos los derechos que el Código Civil reconoce al fiador, de modo que no se respeta el justo equilibrio de prestaciones". Cuando la fianza se pacta como solidaria con el deudor, se habla de "fianzas a primer requerimiento o a primera demanda". *Vid.* en este sentido, MARQUÉS MOSQUERA, C., "La fianza en los préstamos hipotecarios... cit.", pág. 272.

y emite su consentimiento. No se puede olvidar que el fiador tiene otra carta posible que jugar, tal es, renunciar a prestar fianza, caso menos probable dados los lazos que, como sabemos, existen detrás de la concesión del crédito hipotecario garantizado de esta forma.

El problema surge y estimo que es el que debe ser objeto de crítica, en mi opinión, cuando la solidaridad no deriva de pacto y la renuncia se impone al fiador por parte de la entidad bancaria. El contenido de ambas cláusulas del contrato de fianza no ha sido objeto de negociación y el consentimiento emitido por el fiador no es libre. Por lo tanto, dado el perfil del contrato celebrado, su validez dependerá de la superación de los controles legalmente establecidos para estos casos.

1.3 Protección del fiador en diversas reformas

Cabe recordar que el fiador ha sido objeto de protección por parte de las distintas reformas operadas tras la famosa y mencionada crisis inmobiliaria, que derivó en consecutivas reacciones legislativas.

En este sentido, cabe mencionar al respecto, el Real Decreto Ley 8/2011, de 1 de julio, de medidas de apoyo a los deudores hipotecarios, de control del gasto público y cancelación de deudas con empresas y autónomos contraídas por las entidades locales, de fomento de la actividad empresarial e impulso de la rehabilitación y de simplificación administrativa[82] y la Ley 37/2011, de 10 de octubre, de medidas de agilización procesal[83]. En ambos textos legales se facilita la adquisición a favor de los particulares y por precio razonable, las fincas son

82 BOE núm. 161, de 17 de julio de 2011 (última actualización publicada, 26 de diciembre de 2013).

83 BOE núm. 245, de 11 de octubre de 2011.

vendidas mediante subasta judicial en las ejecuciones hipotecarias, el remate va siendo cada vez mayor, lo que se traduce en que la deuda pendiente se vea reducida, lo que repercute directamente en la persona del fiador y en la responsabilidad por él asumida.

Por su parte, el Real Decreto Ley 6/2012, de 9 de marzo, de medidas urgentes de protección de deudores hipotecarios sin recursos[84], supuso la introducción del Código de Buenas Prácticas, que daba entrada a la posible reestructuración de la deuda, la quita y la dación en pago con dos años de permanencia y con renta asumible, no siendo posible cuando existía un procedimiento de ejecución con subasta ya anunciada o vivienda grabada con cargas posteriores. Esta norma tras la reforma operada por LCCI, permite la aplicación de las medidas en ella previstas a los fiadores (Disposición final décima). Del mismo modo, cabe referir el Real Decreto Ley 1/2015, de 27 de febrero, de mecanismo de segunda oportunidad, reducción de carga financiera y otras medidas de orden social[85].

Por añadidura, apuntar, como luego habrá ocasión de comprobar, la particular protección de la que ha sido objeto el fiador a lo largo del articulado de la LCCI, que resulta aplicable a la concesión de préstamos con garantía hipotecaria u otro derecho real de garantía, siempre que recaigan sobre un inmueble de uso residencial, aunque el prestatario, fiador o garante no reúna la condición de consumidor, siempre que sea persona física (artículo 2.1.a). Esta norma se aplica, también, a la concesión de préstamos personales cuya finalidad sea adquirir o conservar derechos de propiedad sobre terrenos o inmuebles construidos o por construir, sin que sea necesario que el bien al que se destina el préstamo sea de uso residencial;

---

[84] BOE núm. 60, de 10 de marzo de 2012 (última actualización publicada, 23 de noviembre de 2022).

[85] BOE núm. 51, de 28 de febrero de 2015.

aunque en este caso se exige que el prestatario, el fiador o el garante sea no solo persona física, sino también consumidor (artículo 2.1.b). No obstante, quedan excluidos los deudores o garantes personas jurídicas, aunque pudieran ostentar la condición de consumidores.

Protege del mismo modo al fiador, ante la posible renuncia previa de los derechos que le son reconocidos en la presente norma (artículo 3), debiendo los prestamistas evaluar en "profundidad" la solvencia del potencial fiador antes de celebrar un contrato de préstamo (artículo 11.1) e informarle cuando la solicitud del mismo sea denegada de forma escrita y sin demora (artículo 11.6).

La LCCI sí es susceptible de ser aplicada a la persona física que sea fiadora o garante del préstamo. En concreto, el articulo 15.4 sobre la "Comprobación del cumplimiento del principio de transparencia material" establece que "*la obligación de comparecencia y las normas de protección al prestatario previstas en la presente Ley se extenderán a toda persona física que sea fiadora o garante del préstamo*".

Si la parte prestataria es una persona jurídica y el hipotecante no deudor o fiador persona física, la información a esta debe alcanzar a la totalidad del clausulado del préstamo o crédito y no solamente a su posición como fiadora o garante, ya que el garante queda afectado por las mismas condiciones financieras del préstamo, aunque la misma sea subsidiaria de la del prestatario y le quede la posibilidad de reclamar en vía de regreso[86].

Con posterioridad y a título meramente ilustrativo, cabe referir el Real-Decreto-ley 11/2020, de 31 de marzo, por el que se adoptan medidas urgentes complementarias en el

---

86 *Vid.* sobre el particular, ACHÓN BRUÑÉN, M.ª J., "Los problemas de ser fiador de un deudor hipotecario... cit.", pág. 2.

ámbito social y económico para hacer frente al COVID-19[87], que por otra parte modifica el Real-Decreto-ley 8/2020, de 17 de marzo, de medidas urgentes extraordinarias para hacer frente al impacto económico y social del COVID-19[88], en el que se declara la ineficacia total de la renuncia expresa al beneficio de excusión respecto de aquellos fiadores o avalistas a los que sea aplicable la suspensión de las obligaciones derivadas de créditos sin garantía hipotecaria (artículo 22 RD-L 11/2020), o en los casos de deuda hipotecaria para la adquisición de vivienda habitual, para los garantes no deudores que se encuentren en los supuestos de vulnerabilidad económica (artículo 10 RD-L 8/2020).

2. CONTENIDO DE LA LLAMADA "CLÁUSULA DE AFIANZAMIENTO": ¿CONDICIÓN GENERAL DE LA CONTRATACIÓN Y CLÁUSULA PREDISPUESTA EN EL PRÉSTAMO HIPOTECARIO CON CONSUMIDORES?

La existencia de cláusulas generales impuestas por una parte contratante a otra implica una serie de "particularidades", que no están presentes cuando el contrato es producto de una negociación individualizada, tales son las que siguen:

1ª. La fase de tratos preliminares es casi inapreciable, pues no existe negociación previa y, mucho menos en nuestro caso, con el fiador.

2ª. La aceptación del contrato predeterminado puede llegar a producirse sin que el consumidor tenga un conocimiento

---

87 BOE núm. 91, de 1 de abril de 2020 (última actualización publicada, 28 de diciembre de 2023).

88 BOE núm. 73, de 18 de marzo de 2020 (última actualización publicada, 17 de marzo de 2023).

exacto del contenido íntegro y de los efectos del mismo. Cabe pensar que, si el deudor principal no es consciente de esto, en qué situación puede encontrarse el fiador.

3ª. El reivindicado principio de igualdad entre las partes, es casi inexistente debido a las características que confluyen en este tipo de relaciones, es decir, la preeminencia de la parte contratante que impone las condiciones generales frente a la parte contratante débil, en concreto el fiador[89]

La llamada *"cláusula de afianzamiento"*, como se ha referido, es práctica común por parte de las entidades bancarias, imponiendo al prestatario la figura del fiador con el fin de asegurar el pago de la cantidad objeto del préstamo hipotecario suscrito. No se puede dudar que, la inclusión de este tipo de cláusula en virtud de la cual el fiador queda obligado a pagar a la entidad financiera en caso de impago por parte del obligado principal en el préstamo, constituye un modelo contractual "prerredactado". Frente a este tipo de prácticas bancarias nuestro ordenamiento articula dos figuras, con el fin de proteger al adherente, tales son, las condiciones generales de la contratación y las cláusulas predispuestas no negociadas individualmente.

Siendo consideradas prácticamente idénticas desde un punto de vista objetivo, se exige, como luego habrá ocasión de precisar, que ambas cumplan los requisitos de contractualidad, predisposición e imposición. Para que la cláusula sea considerada como condición general de la contratación debe además cumplir el requisito de la generalidad[90].

---

89 Sobre el particular, IZQUIERDO GRAU, G., "La posible abusividad de la cláusula de afianzamiento solidario con renuncia expresa de los derechos de excusión y división", *Revista Derecho Privado,* núm. 4, 2019, pág. 56.

90 *Vid.* ente otras, Sentencias TS 29 de noviembre de 2017 (RJ 2017/5632) y 17 de enero de 2018 (RJ 2018/162).

En términos generales, la contractualidad implica que las cláusulas han sido redactadas para ser incorporadas a un contrato, que son cláusulas contractuales y que su inserción en el contrato no deriva del cumplimiento de una norma imperativa que imponga su inclusión. La predisposición significa que las condiciones generales han sido elaboradas antes del inicio de la fase de negociación del contrato. La imposición supone que la cláusula no ha sido sometida a una posible negociación, es decir, el consumidor se ve obligado a aceptar la cláusula predispuesta si quiere adquirir el bien o servicio[91]. La negociación parcial del contrato no excluye el carácter impuesto de las cláusulas que no han sido negociadas. La generalidad requerida por la LCGC, debe ser entendida como un elemento intencional (artículo 1.1. LCGC), siendo suficiente la simple finalidad de incorporar la cláusula a una pluralidad de contratos, lo cual debe ser valorado bajo criterios objetivos y no puramente

---

91 *Vid.* al respecto, Sentencia TS 9 de mayo de 2013 (RJ 2013/3088), la cual expuso los criterios que determinan la existencia de predisposición en una estipulación contractual, en concreto:
"a) La prestación del consentimiento a una cláusula predispuesta debe calificarse como impuesta por el empresario cuando el consumidor no puede influir en su supresión o en su contenido, de tal forma que o se adhiere y consiente contratar con dicha cláusula o debe renunciar a contratar.
b) No puede equipararse la negociación con la posibilidad real de escoger entre pluralidad de ofertas de contrato sometidas todas ellas a condiciones generales de contratación, aunque varias de ellas procedan del mismo empresario.
c) Tampoco equivale a negociación individual susceptible de eliminar la condición de cláusula no negociada individualmente, la posibilidad, cuando menos teórica, de escoger entre diferentes ofertas de distintos empresarios.
d) La carga de la prueba de que una cláusula prerredactada no está destinada a ser incluida en pluralidad de ofertas de contrato dirigidos por un empresario o profesional a los consumidores, recae sobre el empresario".

psicológicos, de los cuales quepa deducir la intención de dar aplicación general a la cláusula en cuestión. En la medida en que el requisito de la generalidad se dará en la mayoría de las ocasiones, es posible poder afirmar que una cláusula será al mismo tiempo una condición general y una cláusula predispuesta no negociada individualmente[92].

En nuestro caso concreto, la *"cláusula de afianzamiento"* es predispuesta por el acreedor, aunque las condiciones generales de la contratación, atendiendo al contenido del artículo 1 LCGC, también pueden ser impuestas por el fiador quien igualmente se encuentra legitimado para fijar sus propias condiciones contractuales. Sin embargo, es una realidad que, la parte contratante débil rara vez, por no afirmar "nunca", se encuentra en situación de establecer sus condiciones contractuales y menos en un contrato de crédito hipotecario. La imposición por parte del acreedor implica por su lado la renuncia del fiador a los derechos que le son concedidos por ley, otorgando al acreedor una mayor libertad en su relación con el deudor y el fiador.

De cualquier manera, la *"cláusula de afianzamiento"* recibe diversas redacciones en los distintos contratos en los cuales es objeto de incorporación, es decir, puede ser configurada de diferentes formas y de ello va a depender su posible carácter abusivo. Valga a título de ejemplo las que siguen:

1ª. Los tres socios y administradores solidarios de Inversiones Balmoral SL asumen la posición de fiadores de la entidad arrendataria de leasing, mediante la siguiente cláusula: "D. Julián, D. Jaime y D. Nazario, en el presente contrato, en cualquier momento y en cuanto a la totalidad de la deuda total

---

92 En estos términos se han manifestado, CARRASCO PERERA, Á., CORDERO LOBATO, E. y MARÍN LÓPEZ, M. J., *Tratado de los derechos de garantía... cit.*, pág. 780.

de leasing inmobiliario, ***se constituyen en fiadores solidarios de la entidad X, con renuncia expresa a los beneficios de excusión, orden, división y cualquier otro que pudiera corresponderles***[93] con arreglo a lo dispuesto (...) en los artículos 1144, 1822, 1831 y 1837 CC, relevando además a S.A. Nostra de Inversiones, EFC, SA, de toda notificación por falta de pago. Este afianzamiento subsistirá mientras no se hayan recuperado totalmente las cuotas del arrendamiento financiero, haya o no exigido S.A. Nostra de Inversiones, EFC, S.A. a su vencimiento, el cumplimiento de la obligación principal, tanto durante la vigencia del contrato, como de las prórrogas expresas o tácitas concedidas, aun ***sin el conocimiento del fiador***[94], y aunque tales prórrogas se otorguen con posterioridad al requerimiento de pago hecho al deudor".

2ª. "Dña. Aurora y D. Efrain garantizan las obligaciones contraídas por la parte prestataria en esta escritura, en los mismos términos y condiciones en ella expresados, constituyéndose en ***fiadores solidarios al pago solidariamente entre sí y con el deudor principal, con renuncia expresa a los beneficios de orden o excusión y división, con arreglo a los artículos 1144, 1822, 1831 y concordantes del Código Civil***[95], mientras no queden totalmente canceladas las obligaciones que garantizan".

3ª. "***El/los Fiador/es presente/s en este acto constituyen fianza solidaria a favor del Banco garantizando el cumplimiento de las obligaciones asumidas por el/los Prestatario/s dimanantes de esta Póliza, extendiéndose dicha solidaridad con respecto a cualquier otro fiador que concurra, aunque proceda de distinto título, y con renuncia expresa a los beneficios de excusión, orden y división***[96]. La fianza se hará efectiva a primer requerimiento del Banco sin necesidad de que este justifique que ha interpuesto diligencias

93 Cursiva y negrita añadida.

94 Cursiva y negrita añadida.

95 Cursiva y negrita añadida.

96 Cursiva y negrita añadida.

judiciales contra el/los Prestatario/os, o se vea obligado a ejecutar con anterioridad cualesquiera prenda/s u otra/s garantía establecida/s a favor del/los Prestatario/s".

4ª. "En garantía del cumplimiento de las obligaciones derivadas de este contrato, los ***garantes se constituyen en FIADORES, solidariamente entre sí y con cada uno de los PRESTATARIOS, renunciando a los beneficios de excusión, división, orden***[97], notificación de incumplimiento y relevación de fianza por prórroga o liberación del fiador. La fianza subsistirá hasta que se cancelen definitivamente las obligaciones garantizadas, aunque la Entidad acceda a demorar el ejercicio de la pretensión de cumplimiento, considerándose automáticamente extendida a cualquier prórroga de aquellas, aunque hayan sido convenidas sin intervención de los FIADORES".

5ª. "Los afianzadores o garantizadores de la presente operación, por sí y por sus herederos, en su caso, responden del cumplimiento de todas las obligaciones contraídas por el prestatario en virtud de este contrato, y de las consecuencias de aquellas y de éste, relevan a Kutxa de toda obligación de notificación por falta de pago del deudor afianzado y ***renuncia expresamente a los beneficios de orden, excusión, división y al de extinción***[98] determinado por el artículo 1851 del Código Civil que legalmente les pudiera asistir por su condición de fiadores".

6ª. "En cumplimiento de las obligaciones derivadas de este préstamo, además de la garantía personal del prestatario, se constituyen las siguientes:

AVALISTAS.

Los esposos Don Miguel y Doña Sonsoles, y los esposos Don Rogelio y Doña Estrella, se obligan indistinta y solidariamente

---

97 Cursiva y negrita añadida.

98 Cursiva y negrita añadida.

con el prestatario al cumplimiento de las obligaciones estipuladas en el presente contrato, con sujeción a los artículos 1144, 1822 y 1831 CC, haciendo ***renuncia expresa a los beneficios de orden, excusión y división***[99] y manifiestan su voluntad de que la garantía que prestan en el presente documento tenga plena eficacia hasta que sean cumplidas y canceladas totalmente las obligaciones nacidas de este contrato y aunque la Caja Vital Kutka no exija a su vencimiento el cumplimiento de ellas o prorrogara la duración del préstamo.

Los avalistas-fiadores se comprometen a satisfacer a la Caja Vital Kutxa, a simple requerimiento de ésta, la suma total que arrojen los saldos debidos por el prestatario en virtud de este contrato[100], incluso en los casos de resolución del contrato por incumplimiento de las obligaciones del prestatario o de pérdida del derecho al beneficio del plazo por disminución de la solvencia del prestatario, conforme a lo previsto en las estipulaciones decimoquinta y decimosexta de este contrato.

Los avalistas-fiadores se comprometen a hacer frente a todas las cantidades debidas por el prestatario en virtud del contrato de préstamo incluso en el caso de que, habiéndose realizado el pago de las mismas por el prestatario, la Caja Vital Kutxa tuviera que reintegrar cualquier suma recibida del prestatario como consecuencia de la retroacción decretada en una situación concursal de éste último.

Los avalistas-fiadores dan su expresa conformidad a cualquier género de tolerancias que, en régimen de excepción, la Caja Vital Kutxa, tenga con el prestatario, consistente en la concesión de alguna virtual moratoria, sin necesidad de que se le notifique.

---

99 Cursiva y negrita añadida.

100 Cursiva y negrita añadida.

Las mismas partes, el 28 de marzo de 2007, suscribieron un préstamo con garantía hipotecaria que contenía la misma cláusula de afianzamiento"[101].

7ª. "Los fiadores, afianzan solidariamente entre sí y respecto del acreditado (Comercial Musa Olesa) todas las obligaciones que en el mismo se contraen por el documento que antecede y en sus mismos términos, plazos y condiciones, ***con renuncia expresa, en todo caso, en razón a la más completa solidaridad, a los beneficios de orden, excusión y división***[102], respondiendo todos los fiadores y cada uno de ellos por el total de las obligaciones garantizadas. Con especial renuncia a lo dispuesto en el artículo 1851 CC, esta fianza se hace extensiva a cualquiera de las prórrogas, renovaciones, novaciones y modificaciones de cualquier tipo, expresas o tácitas, que pudieran producirse en las obligaciones contenidas en esta póliza y que pesan sobre el deudor principal, por lo cual esta fianza se considerará vigente hasta la total extinción de las obligaciones contenidas, directa o indirectamente, en el presente contrato y de cuantas las noven o sustituyan"[103].

Ante los casos planteados cabe formularse dos simples interrogantes:

1ª. El "consumidor medio" atendiendo al contenido del clausulado en general, y de la llamada *"cláusula de afianzamiento"* en particular, ¿es destinatario de la información precontractual necesaria en torno a lo que está firmando? Recordemos el artículo 60 TRLGDCU[104].

---

101 *Vid.* Sentencia TS 1 de julio de 2019 (RJ 2019/3132).

102 Cursiva y negrita añadida.

103 *Vid.* STS 12 de noviembre de 2020 (RJ 2020/4576).

104 RODRÍGUEZ TAPIA, J. M., "Comentario artículo 60", en *Comentario al Texto Refundido de la Ley de Consumidores y Usuarios*, Cañizares Laso,

2ª. El "consumidor medio" en el momento que emite su declaración de voluntad, en virtud de la cual consiente el contrato de fianza, ¿es consciente de las consecuencias económicas y jurídicas del mismo?

3. EL FIADOR COMO CONTRATANTE DÉBIL ANTE LA "CLÁUSULA DE AFIANZAMIENTO"

Se ha referido que al fiador en la práctica bancaria se le está exigiendo, por un lado, la renuncia a los beneficios de excusión, división y orden; y, por otro lado, que se constituya como fiador solidario.

El carácter abusivo de este tipo de cláusula ha sido ya objeto de debate por parte de la doctrina[105] y la jurisprudencia, como luego habrá ocasión de comprobar. En la actualidad se trata, al parecer, de una "posible", "cuestionada" y "debatida" cláusula abusiva que, de momento, ha tenido poco impacto social, y cuya abusividad está sujeta fundamentalmente a su configuración. Es más, por lo visto dependemos de una posible cuestión prejudicial para que la discutida abusividad de esta cláusula de afianzamiento, así configurada, pueda pasar a formar parte del listado que desde el Tribunal de Justicia de la Unión Europea se viene elaborando en los últimos años y del que forman parte un buen elenco de cláusulas.

A. (Dir.), Zumaquero Gil, L. (Coor.), Tomo I, Tirant lo Blanch, Valencia, 2022, págs. 877 y ss.

105 *Vid.* al respecto, entre otros, ACHÓN BRUÑÉN, M.ª J., "Cláusulas que pasan desapercibidas en las escrituras de hipoteca, que pueden resultar abusivas", *Actualidad Civil*, núm.1, enero, 2019 (LA LEY 1990/2019), págs. 1 y 2; BASTANTE GRANELL, V., "La cláusula de afianzamiento en préstamos hipotecarios… cit.", págs. 1-29:

Ante esta situación cabe preguntarse si no existen ya argumentos suficientes para declarar, sin mayores problemas, la abusividad de esta cláusula así perfilada y no esperar a que se produzca el pronunciamiento del Alto Tribunal para terminar de creernos si es o no es una cláusula abusiva. Es decir, debemos esperar al diálogo entre tribunales, para ello. O, mejor dicho, esperar al "tirón de orejas o llamada de atención comunitaria" para aceptar el carácter abusivo de la *"cláusula de afianzamiento"*, y poder actuar en consecuencia: protegiendo al consumidor, en general, y al fiador, en particular.

En cualquier caso, no se pretende la exclusión de la fianza como garantía, sino el recurso a la misma con plenas garantías para el consumidor. La declaración de abusividad puede ser entendida en claves de protección al fiador/consumidor y de recuperación y restablecimiento de la fianza simple, con las consecuencias que ello conlleva en una economía de mercado y para el tráfico jurídico.

Bien es sabido que, a través del beneficio de excusión, el fiador puede eludir el pago de la obligación afianzada mientras no sea acreditada la insolvencia del deudor. Este beneficio de excusión cesa cuando se renuncia de forma expresa a él y la fianza se constituye como solidaria, práctica bancaria que está siendo habitual. Por lo tanto, no procede la excusión de los bienes del deudor, si el fiador ha renunciado a este beneficio y si la fianza se constituye como solidaria. Esta situación tiene una clara consecuencia, tal es, que el principio de subsidiariedad hasta cierto punto se diluye, lo que permite al acreedor poder dirigirse contra el fiador sin necesidad de actuar frente al deudor principal, previo incumplimiento por parte del mismo. Esto coloca al fiador solidario y privado del beneficio de excusión, en líneas generales, en primera línea de ejecución. De cualquier modo, aunque el fiador pueda renunciar a los beneficios reconocidos, deben ser valoradas las condiciones en las que se lleva a cabo dicha renuncia, en la medida en que la misma compromete solidariamente el patrimonio del deudor.

No significa esto que proceda una equiparación entre la posición del fiador que ha renunciado al beneficio de excusión y la del deudor solidario. Hay que tener claro que los fiadores siguen siéndolo a pesar de la renuncia y no se colocan en igual posición que el deudor principal. Es sabido que, antes del pago, el fiador puede proceder, a diferencia del deudor solidario, frente al deudor en determinadas circunstancias (artículo 1843 CC) y una vez efectuado el pago, nace a favor del fiador la acción de reembolso del importe satisfecho con intereses y gastos (artículo 1838 CC) y la de subrogación en los derechos y acciones que el acreedor tenía con el deudor (artículo 1839 CC). Además, de conformidad con lo establecido en el artículo 1852 CC, los fiadores, aunque sean solidarios, son liberados de su obligación siempre que por algún hecho del acreedor no puedan quedar subrogados en los derechos, hipotecas y privilegios del mismo. Por lo tanto, la similitud del fiador con el deudor se da en la relación respecto del acreedor, pero nunca puede olvidarse que a través de la fianza se constituye una garantía personal y que de ella nace también una relación entre deudor y fiador dirigida a que este queda reparado de la garantía prestada[106].

El fiador así perfilado se convierte en "víctima", si no ha sido objeto de la suficiente y clara información precontractual en torno a las consecuencias jurídicas y económicas que la cláusula predispuesta que está firmado conlleva. Toda fianza celebrada con un consumidor debe satisfacer los requerimientos mínimos de información precontractual a que se refiere el artículo 60 TRLGDCU. Debe facilitarse con la antelación necesaria para que el consumidor pueda asimilarla y tenerla en cuenta para decidir si celebra o no el contrato de garantía. La información ha de versar sobre las características principales

106 En este sentido, Sentencia JMerc de San Sebastián (Provincia de Guipúzcoa), 29 de junio de 2019 (AC 2016/19).

del contrato y, en particular, sobre sus condiciones jurídicas y económicas. Es preciso que se informe al fiador de cuál es el "riesgo real" que asume y de en qué casos ese riesgo se materializa y la entidad bancaria podrá dirigirse contra su patrimonio personal. Sea como sea, la información que se suministre ha de ser "comprensible, clara, suficiente y veraz"[107].

Como claramente se especifica en la Sentencia TJUE 20 de septiembre de 2018, caso OTP Bank Nyrt. Contra T.I. y otros, asunto C-51/17[108], "el consumidor debe contar con la posibilidad real de tener conocimiento de todas las cláusulas del contrato. En efecto, tiene una importancia fundamental para el consumidor disponer, antes de la celebración de un contrato, de información sobre las condiciones contractuales y las consecuencias de dicha celebración con el fin de decidir si desea quedar vinculado contractualmente adhiriéndose a las condiciones redactadas de antemano por el profesional".

Esta afirmación, aunque se refiera a otro tipo de cláusula, es procedente en el caso objeto de estudio, pues "debe interpretarse en el sentido de que la exigencia de que una cláusula contractual esté redactada de manera clara y comprensible obliga a las entidades financieras a facilitar a los prestatarios información suficiente para que estos puedan tomar decisiones fundadas y prudentes. A este respecto, tal exigencia implica que una cláusula (...), debe ser comprendida por el consumidor tanto en el plano formal como en el gramatical y también en cuanto a su alcance concreto, en el sentido de que un consumidor medio, normalmente informado y razonablemente atento y perspicaz pueda no solo ser consciente de la posibilidad de depreciación

---

107 *Cfr.*, CARRASCO PERERA, Á., CORDERO LOBATO, E. y MARÍN LÓPEZ, M. J., *Tratado de los derechos de garantía... cit.*, pág. 777.

108 TJCE 2018/226. *Vid.* también, Sentencia TJUE 20 de septiembre de 2017, caso Ruxandra Paula Andriciuc y otros contra Banca Românească, asunto C-186/16 (TJCE 2017/171).

de la moneda nacional en relación con la divisa extranjera en la que se ha denominado el préstamo, sino también evaluar las consecuencias económicas, potencialmente significativas, de tal cláusula sobre sus obligaciones financieras".

Todo lo referido es susceptible de ser aplicado al caso de la *"cláusula de afianzamiento"*. Por lo tanto, el artículo 4 de la Directiva 93/13 "debe interpretarse en el sentido de que exige que el carácter claro y comprensible de las cláusulas contractuales sea apreciado refiriéndose, en el momento de la celebración del contrato, a todas las circunstancias que rodeaban tal celebración, así como a las demás cláusulas del contrato, aun cuando algunas de esas cláusulas se hayan declarado o presumido abusivas y, por ello, hayan sido anuladas en un momento posterior por el legislador nacional".

El fiador solidario con renuncia a todos los beneficios es el fiador que interesa a las entidades bancarias, pues está diseñado para que, ante el incumplimiento, se coloque en un plano de igualdad en la pretensión frente al deudor principal. Sin embargo, no se debe olvidar que, los pilares básicos de la protección del "fiador consumidor" son el cumplimiento por parte de la entidad bancaria (empresario) de los deberes de información y formalización del negocio y los mecanismos de control de contenido de las cláusulas abusivas llevando a cabo una interpretación *pro consumatore*.

El hecho de que la entidad bancaria establezca como condición para conceder el préstamo que exista un fiador de estas características, debilita la subsidiariedad propia de la fianza en favor de esta, lo que permite que tenga "mayores garantías en aras de obtener la satisfacción de su crédito"[109].

---

109 *Cfr.*, GÓMEZ VALENZUELA, M. Á., "Examen de las cláusulas abusivas en el contrato de fianza… cit.", pág. 639.

Sentadas las bases y contextualizada la realidad en la cual debemos actuar, es preciso verificar ciertas cuestiones íntimamente relacionadas con el objeto de análisis, tales son, si la cláusula de afianzamiento perfilada o configurada de esta manera reúne los requisitos suficientes para ser declarada abusiva y, en consecuencia, el estudio de los efectos que esto tendría, el diálogo entre tribunales para declarar la abusividad y la importancia de la cuestión prejudicial sobre el particular. Analicemos en este orden, para luego centrarnos en el diálogo entre tribunales.

4. ¿ES ABUSIVA LA "CLÁUSULA DE AFIANZAMIENTO" DISEÑADA POR LAS ENTIDADES BANCARIAS?: APLICACIÓN DE LOS CRITERIOS APRENDIDOS

Analizados los criterios de los cuales se dispone para determinar, conforme a los pronunciamientos del TJUE, cuándo una cláusula es abusiva, el perfil de fiador diseñado por las entidades bancarias y el material normativo existente a nivel nacional y comunitario, se está en disposición de proceder a un estudio de la cuestionada abusividad de la llamada *"cláusula de afianzamiento"*.

4.1 El fiador y su necesaria condición de consumidor

En principio, podría considerarse que el fiador, así como el referido anteriormente, hipotecante no deudor, atendiendo al carácter accesorio de la obligación que dimana de la garantía prestada, ostentan el mismo carácter que el obligado en la obligación principal[110].

---

110 *Vid.* al respecto, Auto AP de Santa Cruz de Tenerife, 21 de julio de 2015 (ECLI:ES:APTF:2015:67A).

Sin embargo, otorgar el carácter de consumidor a un fiador dependerá de si su relación contractual se enmarca o no en actividades ajenas al ejercicio de su actividad empresarial o profesional, diluyéndose el criterio que atendía con exclusividad a la naturaleza del contrato principal[111]. En este sentido, el Auto TJUE 19 de noviembre de 2015, caso Dumitru Tarcău e Ileana Tarcău contra Banca Comercială Intesa Sanpaolo România SA y otros, asunto C-74/15[112], establece que la protección que brinda la Directiva 93/13 es especialmente importante

---

111 *Cfr.*, BASTANTE GRANELL, V., "La cláusula de afianzamiento en préstamos hipotecarios...cit.", pág. 9.

112 TJCE 2015/386. Este planteamiento es seguido en el Auto TJUE 14 de septiembre de 2016, caso Pavel Dumitraş y Mioara Dumitraş contra BRD Groupe Société Générale- Sucursala Judeţeană Satu Mare (TJCE 2016/329). *Vid.* sobre el concepto de consumidor y su procedencia atendiendo a los supuestos de hecho planteados, Sentencias TJUE 3 de septiembre de 2015, caso Ovidiu Costea Horace contra SC Volksbank Rumanía SA, asunto C-110/14 (TJCE 2015/330); 21 de marzo de 2018, caso H.P.& M.D. contra Électricité de France (EDF), asunto C-590/17 (TJCE 2018/309).
Vid. también, Autos AP de Ciudad Real (Sección 1ª), 14 de mayo de 2018 (JUR 2018/279981); AP de Barcelona (Sección 14ª), 2 de abril de 2019 (JUR 2019/122799); AP de Granada (Sección 4ª), 13 de diciembre de 2019 (JUR 2020/122771); AP de Badajoz (Sección 3ª), 21 de julio de 2020 (JUR 2020/328448); AP de Barcelona (Sección 1ª), 30 de noviembre de 2020 (JUR 2021/21954). Asimismo, referir las Sentencias AP de Alicante (Sección 8ª), 30 de junio de 2016 (JUR 2016/213526); AP de Barcelona (Sección 17ª), 24 de abril de 2019 (JUR 2019/146461); AP de la Rioja (Sección 1ª), 29 de abril de 2019 (JUR 2019/839); AP de Alicante (Sección 5ª), 29 de mayo de 2019 (JUR 2019/295968); AP de Alicante (Sección 5ª), 18 de mayo de 2020 (JUR 2020/249784); Sentencia JPI de Vitoria (Provincia de Álava), 28 de noviembre de 2018 (JUR 2018/1050); Sentencias JMerc de San Sebastián (Provincia de Guipúzcoa), 24 de noviembre de 2015 (AC 2016/352); JMerc de Valencia, 23 de septiembre de 2019 (JUR 2019/308444) y Sentencia TS 29 de marzo de 2022 (RJ 2022/1903).

en aquellos contratos en los que una persona asume personalmente el compromiso de satisfacer la deuda de un tercero, presentándose el contrato de fianza como un contrato distinto respecto al contrato de préstamo principal, de forma que, la calidad en la que actuaron los fiadores, debe apreciarse respecto al contrato de fianza del que son parte o, dicho de otra manera, según el criterio funcional, equivalente a valorar si en su relación contractual actuaron al margen de su actividad empresarial o profesional.

Resulta de gran interés, la Sentencia TS 12 de noviembre de 2020[113], la cual establece, atendiendo a la jurisprudencia emitida por el TS y TJUE, las siguientes reglas sobre el particular: "a) Cuando el fiador es administrador o gerente de la persona jurídica deudora principal no puede tener la condición de consumidor, porque tiene vinculación funcional con dicha persona jurídica y, por tanto, con la operación financiera o crediticia.

b) Si el fiador tiene una participación significativa en la sociedad deudora, también tiene vinculación funcional y no puede ser consumidor.

c) Cuando el fiador es cónyuge en régimen de gananciales del deudor principal, tampoco es consumidor, porque responde de las deudas comunes y puede que participe de los beneficios de la sociedad en forma de dividendos, lo que supone vinculación funcional con la sociedad mercantil.

d) Cuando el fiador persona física no tiene cargo orgánico alguno que le vincule con la sociedad deudora, no tiene una participación significativa en dicha sociedad, no responde de las deudas de su cónyuge en régimen de separación de bienes y no

---

113 RJ 2020/4576. En el mismo sentido, Auto 25 de octubre de 2023 (JUR 2023/395182).

desempeña actividad profesional relacionada con la operación afianzada, sí puede tener la cualidad legal de consumidor".

A esto añade, refiriéndose al caso concreto que enjuicia que "conforme a todo lo expuesto, a falta de prueba sobre el consentimiento expreso de los cónyuges en separación de bienes para el ejercicio del comercio por sus respectivos cónyuges, no cabe negarles la condición legal de consumidores".

En especial, la Resolución DGRN 13 de junio de 2019[114] (en la actualidad, DGSFP), estima que para poder averiguar la condición o no de consumidor del fiador y para poder determinar el Ordenamiento jurídico susceptible de ser aplicado al caso concreto, debe hacerse según su relación "con el objeto garantizado o con su actividad profesional", y no atendiendo a la naturaleza de la obligación garantizada por la fianza.

Por su parte, la Resolución DGRN 14 de julio de 2017[115], defiende la aplicación de la normativa de protección de los consumidores a "aquellos supuestos en que interviene un fiador, avalista o garante en general que, siendo consumidor, procede a garantizar un préstamo concedido a un no consumidor, porque para la determinación del carácter de consumidor del garante se atiende a las partes que intervienen en el contrato

---

114 RJ 2019/3347.

115 LA LEY 101663/2017. *Vid.* también al respecto, Resolución DGRN 27 de junio de 2019 (LA LEY 103196/2019), en la cual se plantea que "si nos encontramos ante dos relaciones jurídicas distintas y autónomas y si la determinación de la aplicación de las normas uniformes sobre cláusulas abusivas debe apreciarse, (...) en atención a la calidad con la que los intervinientes actúan en el contrato de garantía, el control de abusividad o contenido del mismo debe circunscribirse a sus concretas cláusulas, pero no extenderse a cláusulas específicas del contrato principal de préstamo garantizado, a la que le será aplicable la normativa que corresponda en atención, igualmente, a la condición de las partes contratantes".

de garantía o fianza y no en el contrato principal". Determinada la condición de consumidor del fiador reconoce que será igualmente de aplicación al contrato de fianza, toda la normativa relativa a la información precontractual, requisito de incorporación y transparencia material acerca de la concreta obligación que constituye su objeto, de sus condiciones económicas y de la trascendencia jurídica y económica de las obligaciones que el fiador asume en caso de incumplimiento del deudor principal.

Como ha concretado MARÍN LÓPEZ[116], la fianza prestada por un no profesional no es propiamente un contrato de adquisición de bienes o servicios, ni tampoco un crédito. El fiador que avala a su hijo o la sociedad de la que es socio no realiza con el acreedor ningún contrato en virtud del cual el fiador satisfaga una necesidad familiar o personal. Esto no implica, desde su punto de vista, que no pueda considerarse a la fianza o a la hipoteca un acto de consumo en sentido amplio, y que deba reputarse al fiador como un consumidor en el sentido del artículo 3 TRLGDCU, siempre que celebre el contrato al margen de una actividad empresarial o profesional[117].

---

116 "Cláusulas abusivas en el contrato de fianza. Las SSTS 684/2022, de 19 de octubre, y 685/2022, de 21 de octubre", Publicaciones Jurídicas Centro de Estudios de Consumo (CESCO), 24 de octubre de 2022, pág. 2, disponible en: www.uclm.es/centro/cesco.

117 En opinión de MARÍN LÓPEZ –*ibídem*, pág. 2-, para que el fiador pueda calificarse como consumidor es irrelevante si el deudor principal tiene la condición de consumidor, y si el deudor principal es consumidor, ello no significa que necesariamente tenga que serlo el fiador. Esto se debe a que el contrato principal y el de garantía son dos contratos diferentes, y en uno de ellos el contratante puede ser consumidor, al margen de que también lo sea en el otro. Por ello, aunque la obligación garantizada sea una operación mercantil, el fiador o garante podrán ser considerados consumidor, si concurren los requisitos legales para ello.

Corresponde al Juez nacional que conozca un litigio relativo a un contrato que pueda entrar dentro del ámbito de aplicación de la Directiva 93/13 verificar, teniendo en cuenta todas las circunstancias del caso y el conjunto de las pruebas, si el contratante de que se trata puede calificarse de "consumidor" en el sentido de la citada norma[118].

Por lo tanto, tienen la condición de consumidor, los fiadores que actúen como garantes en los préstamos hipotecarios concertados por particulares y por empresas, siempre que se trate de una actividad ajena al marco profesional[119]. Esta misma regla, quedando por lo tanto sometidas a las normas protectoras de consumidores y usuarios, cabe en relación a los supuestos en los que el fiador es una persona jurídica que garantiza un crédito ajeno, en base a lo establecido en el artículo 3 TRLGDCU, que no excluye a las personas jurídicas del concepto de consumidor, lo que permite que puedan ser protegidas cuando en el caso concreto, actúan sin ánimo de lucro y en un ámbito ajeno a una actividad comercial o empresarial[120].

118 Auto TJUE 14 de septiembre de 2016, caso Pavel Dumitraş y Mioara Dumitraş contra BRD Groupe Société Générale- Sucursala Judeţeană Satu Mare (TJCE 2016/329). Sobre esta Sentencia, *Vid.* GARCÍA ABURUZA, M.ª P., "Problemática en relación a los avalistas… cit.", págs.1-12.

119 En opinión de GÓMEZ VALENZUELA, M. Á., "Examen de las cláusulas abusivas en el contrato de fianza… cit.", pág. 644, queda excluido del concepto de consumidor, por ejemplo, un fiador administrador de la mercantil prestataria o cuando ostenta una participación significativa en el capital social.

120 Opinión que comparto y hago propia, con GÓMEZ VALENZUELA, M. Á., *ídem*, pág. 645.

4.2 La apreciación del carácter abusivo de la cláusula no debe referirse al objeto principal del contrato

Como es establecido en la Directiva 93/13, Considerando 19º:

> *"la apreciación del carácter abusivo no debe referirse ni a cláusulas que describan el objeto principal del contrato ni a la relación calidad/precio de la mercancía o de la prestación".*

Detallando en el artículo 4.2 que:

> *"La apreciación del carácter abusivo de las cláusulas no se referirá a la definición del objeto principal del contrato ni a la adecuación entre precio y retribución, por una parte, ni a los servicios o bienes que hayan de proporcionarse como contrapartida"*[121].

Aunque existen determinados tribunales que han considerado que la fianza afecta al objeto principal del contrato, o a un elemento esencial, como el precio, han permitido determinar su posible carácter abusivo realizando un control de transparencia. No obstante, no es posible obviar que la fianza es un contrato de garantía, caracterizado por las notas de accesoriedad y subsidiariedad, que sólo es exigible cuando el deudor principal incumple. Por lo tanto, si la fianza se extingue, el préstamo hipotecario se mantiene, por lo que existen resoluciones que estiman que este debate no procede, en la medida en que la fianza constituye más bien un elemento accesorio del contrato[122].

---

121 Sobre el particular, la conocida Sentencia TS 9 de mayo de 2013 (RJ 2013/3088).

122 *Vid.* ampliamente el debate sobre el particular, en BASTANTE GRANELL, V., "La cláusula de afianzamiento en préstamos hipotecarios... cit.", pág. 11.

Sin embargo, para BASTANTE GRANELL[123], la prohibición literal de apreciar la abusividad en cláusulas que se refieren al objeto principal del contrato, no constituye un obstáculo para poder determinar el carácter abusivo de la fianza. En opinión del autor, aunque se defienda que esta afecta al objeto principal, la doctrina emitida por el TJUE y el TS diluye esta prohibición cuando señala que ello "no elimina totalmente la posibilidad de controlar si su contenido es abusivo", pudiendo someterse a un doble control de transparencia. Asimismo, continúa defendiendo que, no habrá ningún obstáculo si se habla de cláusulas que determinan la extensión de la fianza o, si se considera la cláusula de fianza un elemento accesorio, en la medida en que se trataría de cláusulas accesorias. En base a esto mantiene que, de seguirse la primera interpretación, sería posible un control de abusividad parcial, no siendo viable el control de contenido por falta de reciprocidad de las prestaciones; si, por el contrario, se opta por la segunda interpretación, procederá un examen pleno, no limitándose exclusivamente al control de transparencia. En consecuencia, todo queda en manos de los jueces, pues según la interpretación que realicen los mismos, así será la extensión del examen de abusividad en el caso concreto, cuando se trata de fianzas de préstamos hipotecarios. Pero como bien concluye "sea cual sea, la fianza podrá ser objeto de control".

4.3 La *"cláusula de afianzamiento"* como cláusula no negociada

Como ha sido reconocido por CAÑIZARES LASO[124], a partir de la distinción entre el contrato como acto y el contrato como norma, la libertad contractual se bifurca en dos aspectos,

---

[123] *Ídem*, pág. 12.

[124] "Control de incorporación y transparencia de las condiciones generales de la contratación: Las cláusulas suelo", *Revista de Derecho Civil*, Vol. II, núm. 3, julio-septiembre, 2015, pág. 70.

por un lado, se encuentra la "libertad de contratar", es decir, celebrar o no el contrato; y, por otro lado, está la "libertad de configuración", en concreto, establecer unas reglas y no otras.

Bien es sabido que, como ya se ha referido anteriormente, para ser condición general de la contratación, deben concurrir una serie de requisitos:

1°. Contractualidad.

2°. Predisposición, identificada con la ausencia de negociación[125].

3°. Imposición, entendida como la expresión de la ausencia de consentimiento, apreciable en la entidad bancaria que concede el crédito hipotecario.

4°. Generalidad, al ser incorporadas a una pluralidad de contratos[126].

---

125 Dependiente de la facultad de predisposición surge un deber de transparencia a cargo de quien ha formulado la cláusula. En concreto, el predisponente debe garantizar que el adherente pueda conocer el conjunto de derechos y obligaciones derivados del contrato mediante una redacción comprensible y perceptible de las condiciones generales y su puesta a disposición. Asimismo, ha de evitar que surjan en el adherente dudas sobre el sentido de las cláusulas por una redacción ambigua y que el adherente no se pueda ver sorprendido por una cláusula con cuyo contenido no podía contar legítimamente de acuerdo con las circunstancias y la naturaleza del contrato. Por último, está obligado a asegurar que el adherente conozca con exactitud antes de la celebración del contrato el montante total del precio y las características esenciales de la contraprestación. En este sentido, *Vid.* PERTÍÑEZ VÍLCHEZ, F., "Los contratos de adhesión y la contratación electrónica... cit.", pág. 1991.

126 Sobre el particular, la conocida Sentencia TS 9 de mayo de 2013 (RJ 2013/3088), en la cual se establecen los requisitos de las mismas: "a) contractualidad: se trata de cláusulas contractuales y su inserción en el contrato no deriva del acatamiento de una norma imperativa que imponga su inclusión; b) predisposición: la cláusula ha de es-

Sin embargo, en opinión de MIQUEL GONZÁLEZ[127], en la contratación con condiciones generales, los problemas derivan de la exclusión en una de las partes de la libertad de configuración del contenido contractual. Así, en lo que al acto de celebración del contrato se refiere, en nada difiere que el contrato tenga o no condiciones generales. No obstante, respecto de su contenido sí existe una marcada diferencia, en la medida en que las condiciones generales las predispone una de las partes, limitándose la otra a consentir dicha regulación establecida unilateralmente.

En concreto, la *"cláusula de afianzamiento"* como tal no es una condición general de la contratación, distinto es la negociación sobre la que es objeto y la que podríamos considerar

---

tar prerredactada, siendo su característica no ser fruto del consenso alcanzado después de una fase de tratos previos; c) imposición: su incorporación al contrato debe ser impuesta por una de las partes, de tal forma que el bien o servicio sobre el que versa el contrato nada más puede obtenerse mediante el acatamiento a la inclusión en el mismo de la cláusula; y d) generalidad: las cláusulas deben estar incorporadas a una pluralidad de contratos destinadas a tal fin". De otro lado, como refiere la Sentencia para que una cláusula contractual sea calificada como condición general de contratación resulta irrelevante: a) La autoría material, la apariencia externa, su extensión y cualesquiera otras circunstancias; y b) Que el adherente sea un profesional o un consumidor. La Exposición de Motivos LCGC indica en el Preámbulo que "la Ley pretende proteger los legítimos intereses de los consumidores y usuarios, pero también de cualquiera que contrate con una persona que utilice condiciones generales en su actividad contractual", y que "las condiciones generales de la contratación se pueden dar tanto en las relaciones de profesionales entre sí como de éstos con consumidores".
Vid. también al respecto, PERTÍÑEZ VÍLCHEZ, F., "Los contratos de adhesión y la contratación electrónica... cit.", págs. 1988-1998.

127 "Reflexiones sobre las condiciones generales", en *Estudios Jurídicos en Homenaje al Profesor Aurelio Menéndez*, Iglesias Prada, J. L. (Coor.), Vol. IV, Civitas, Madrid, 1996, págs. 4941-4962.

su configuración final en la práctica bancaria actual, es decir, como fianza solidaria y/o con renuncia al beneficio de excusión, que sí podría ser considerada como tal[128].

Esto es así, en la medida en que el fiador carece de capacidad alguna para proceder a la negociación en torno a la posible o no incorporación de esta cláusula de renuncia a tales derechos. La misma forma parte de las condiciones económicas predispuestas por el banco y que son ofrecidas por este para concederle al deudor principal la financiación, por lo que se trata de una cláusula impuesta, una condición general, cuya abusividad puede y debe ser controlada[129].

---

[128] Considera GÓMEZ VALENZUELA, M. Á., "Examen de las cláusulas abusivas en el contrato de fianza... cit.", pág. 650, que es posible y habitual que al fiador le resulte negada la posibilidad de negociar el contenido y extensión de la fianza, siendo viable someter dichas cláusulas al triple control de incorporación, transparencia y abusividad. Precisamente el carácter "habitual" de la solidaridad en la fianza, no puede ser utilizado como argumento para negar al pacto de solidaridad el tratamiento como condición general de la contratación, ya que, precisamente, por ser habitual en la práctica bancaria, con el objeto de reforzar la garantía personal, se está reconociendo que las entidades bancarias predisponen la solidaridad con una vocación de ser incorporada a una pluralidad de contratos, estando presente la nota de "generalidad" propia de las condiciones generales de la contratación.

[129] *Vid.* Sentencia JMer de Barcelona, 17 de diciembre de 2015 (JUR 2016/72022). Por el contrario, la Sentencia AP de Barcelona, 6 de noviembre de 2014 (JUR 2015/43530), descarta que las renuncias a los beneficios de excusión, división y orden se traten de condiciones generales de la contratación, al admitir que la fianza con estas renuncias, es una modalidad prevista en los artículos 1831 y 1832 del CC y que la solidaridad de la misma es lo más habitual en estos contratos.

Particularmente, la propia Sentencia TS 9 de mayo de 2013[130], perfila cuando entiende que existe una negociación entre las partes, al precisar que "el carácter impuesto de una cláusula o condición general prerredactada no desaparece por el hecho de que el empresario formule una pluralidad de ofertas cuando todas están estandarizadas con base cláusulas predispuestas, sin posibilidad real alguna de negociación por el consumidor medio, en orden a la individualización o singularización del contrato, ya que, como afirma el Ministerio Fiscal, la norma no exige que la condición se incorpore "a todos los futuros contratos, sino a una pluralidad de ellos". La propia sentencia concluye más adelante que "no puede equipararse la negociación con la posibilidad real de escoger entre pluralidad de ofertas de contrato sometidas todas ellas a condiciones generales de contratación, aunque varias de ellas procedan del mismo empresario".

Con posterioridad, en Sentencia TS 22 de abril de 2015[131], se establece que "para que se considere que las cláusulas de los contratos celebrados con los consumidores en estos sectores de la contratación no tienen el carácter de condiciones generales, o de cláusulas no negociadas, y se excluya el control de abusividad, no basta con incluir en el contrato predispuesto un epígrafe de "condiciones particulares" o menciones estereotipadas y predispuestas que afirmen su carácter negociado, ni con afirmar sin más en el litigio que la cláusula fue negociada individualmente. Para que la cláusula quede excluida del control de abusividad es preciso que el profesional o empresario explique y justifique las razones excepcionales que le llevaron a negociarla individualmente con ese concreto consumidor, en contra de lo que, de modo notorio, es habitual en estos sectores de la contratación y acorde a la lógica de la contratación

---

130 RJ 2013/3088.

131 RJ 2015/1360.

en masa, y que se pruebe cumplidamente la existencia de tal negociación y las contrapartidas que ese concreto consumidor obtuvo por la inserción de cláusulas que favorecen la posición del profesional o empresario. Si tales circunstancias no son expuestas y probadas adecuadamente, la alegación de que ha existido negociación es solo una *fórmula retórica*[132] carente de contenido real, y supone identificar contratación voluntaria y prestación de consentimiento libre en documento intervenido notarialmente con negociación contractual. Tal ecuación no es correcta".

Incluso la existencia de "conocimiento y consentimiento por adhesión, no son sinónimo de que los consumidores tuvieran una influencia en el proceso de comercialización capaz de producir una verdadera negociación individual. El hecho de que los prestatarios hubieran sido informados de forma previa, no constituye una circunstancia que excluya, por sí sola, la consideración de la cláusula litigiosa como predispuesta, en la medida en que se trata de una condición impuesta por el banco y no negociada individualmente"[133]. Por ello, "el conocimiento de una cláusula –sea o no condición general o condición particular- es un requisito previo al consentimiento y es necesario para su incorporación al contrato, ya que, en otro caso, sin perjuicio de otras posibles conse-

---

[132] Cursiva añadida.

[133] En este sentido, Sentencia JPI de Bilbao (Provincia de Vizcaya), 5 de abril de 2018 (JUR 2018/104772), la cual manifiesta que "constatada la falta de cumplimiento de los deberes de transparencia, sólo cabe concluir que, en el caso que nos ocupa, los consumidores llevaron a cabo un pacto con la entidad financiera que, indudablemente no hubieran aceptado de haber sido tratados de una manera leal y equitativa que les hubiera permitido conocer las consecuencias económicas y jurídicas del contrato que estaban celebrando y les imponía un desequilibrio importante en su perjuicio que, indudablemente, determina su abusividad"

cuencias –singularmente para el imponente- no obligaría a ninguna de las partes"[134]. Además, "no excluye la naturaleza de condición general de la contratación el cumplimiento por el empresario de los deberes de información exigidos por la regulación sectorial"[135].

Por otro lado, el artículo 82.2 TRLGDCU no puede ser obviado, considerando que la fianza es un contrato autónomo y no una cláusula contractual. No es posible realizar esta afirmación, sin proceder a una comprobación en torno a si los elementos accesorios de tal contrato, como son la renuncia al beneficio de excusión y la solidaridad, pueden llegar a constituir una condición general de la contratación.

Al respecto referir que, el contrato de fianza por su naturaleza puede constituir un contrato autónomo, lo que no impide otorgar el carácter de condición general a una cláusula de extensión de la fianza, en la medida en que este tipo de cláusulas son contractuales, generales, prerredactadas e impuestas, constituyendo lo que habitualmente se denominan como "cláusulas tipo"[136].

Ante esto, y como es sabido, el carácter negociado, en su caso, de la cláusula debe ser probado por el profesional en cuestión, es decir, por la entidad bancaria[137], la cual tiene que:

1°. Explicar y justificar las razones excepcionales que llevaron a que la cláusula fuera individualmente negociada en estos términos con ese concreto consumidor.

---

134 Sentencia TS 9 de mayo de 2013 (2013/3088).

135 Sentencia TS 9 de mayo de 2013 (2013/3088).

136 Sentencia JMer de Barcelona, 13 de julio de 2016 (PROV 2016/229313).

137 Sentencia TJUE 16 de enero de 2014, caso Constructora Principado, S.A. contra José Ignacio Menéndez Álvarez, asunto C-226/12 (TJCE 2014/7) y Sentencia TS 9 de mayo de 2013 (2013/3088).

2°. Probar la existencia de dicha negociación y las contrapartidas que ese concreto consumidor obtuvo por la inserción de cláusulas que favorecen la posición del profesional[138].

No obstante, en la práctica existen muchas "cláusulas tipo", elaboradas por la entidad bancaria y del fiador como parte adherente sin posibilidad de influir en la negociación o redacción, limitándose a aceptar su contenido. Esta situación permite poder admitir que, con carácter general, y teniendo en cuenta la prueba que aporte el profesional, estamos ante condiciones generales de la contratación, en la medida en que es diferenciada la fianza de las cláusulas que declaran su carácter solidario o renuncia a los beneficios de excusión, orden y división[139].

4.4 La *"cláusula de afianzamiento"* y sus posibles controles

Considerada la *"cláusula de afianzamiento"* con renuncia al beneficio de excusión y pacto de solidaridad como condición general de la contratación, y a la fianza como contrato autónomo, cabe ahora cuestionarse si es posible o no declarar su abusividad. Producto de esta especial forma de contratar resulta el establecimiento por parte de la ley de determinados controles, que solamente deben pasar los contratos en los que existen condiciones generales[140].

---

[138] En este sentido, Sentencias TS 9 de mayo de 2013 (RJ 2013/3088) y 29 de abril de 2015 (RJ 2015/2042).

[139] *Cfr.* BASTANTE GRANELL, V., "La cláusula de afianzamiento en préstamos hipotecarios... cit.", pág. 17.

[140] DÍEZ-PICAZO y PONDE DE LEÓN, L., *Las condiciones generales de la contratación y cláusulas abusivas,* Civitas, Madrid, 1996, págs. 37 y ss.

En concreto, como refiere la Resolución DGRN 27 de junio de 2019[141], "en los contratos de fianza o de garantía hipotecaria de un préstamo o de crédito, las cláusulas que definen o delimitan el riesgo garantizado (las del préstamo) y el propio compromiso del fiador, deben ser objeto de los controles propios de la legislación sobre consumidores".

Bien es conocido por todos que, la validez de una condición general de la contratación, debe superar, en términos generales, una serie de controles:

1°. Control de incorporación o inclusión[142].

Este control tiene por objeto asegurar que el sujeto ha tenido la posibilidad de conocer y comprender la cláusula. Por esto, el control de incorporación se supera cuando la cláusula reúne dos requisitos: comprensibilidad y accesibilidad. En la práctica se aplica primero el requisito de la accesibilidad, es decir, que el adherente haya tenido ocasión real de conocer las condiciones generales, y si se supera, es necesario satisfacer el requisito de la comprensibilidad, en

---

141 LA LEY 103196/2019.

142 En opinión de CAÑIZARES LASO, A., "Control de incorporación y transparencia de las condiciones generales de la contratación... cit.", pág. 71, este control deben traspasarlo las condiciones generales con independencia de que los contratantes sean consumidores o empresarios. También es llamado, como refiere la autora, "control de consentimiento". Para PERTÍÑEZ VÍLCHEZ, F., "Comentario artículo 80", en *Comentarios a las normas de protección de los consumidores. Texto refundido (RDL 1/2007) y otras leyes y reglamentos vigentes en España y en la Unión Europea*, Cámara Lapuente, S. (Dir.), Colex, Madrid, 2011, págs. 696 y 697, el control de incorporación no trata de garantizar, necesariamente, un conocimiento pleno por el consumidor de las cláusulas predispuestas, sino de que este conozca que existen y que tenga, al menos, la posibilidad de conocerlas.

particular, que la cláusula sea comprensible desde el punto de vista gramatical y semántico[143].

Como es referido en el Auto AP de Barcelona (Sección 16ª), 17 de septiembre de 2021[144], para que una condición general de la contratación supere el control de incorporación debe tratarse de una cláusula con una redacción clara, concreta y sencilla, que permita una comprensión gramatical normal y que el adherente haya tenido oportunidad real de conocer al tiempo de la celebración del contrato, es decir, junto al parámetro de la claridad y comprensibilidad, debe concurrir el requisito de la "posibilidad de conocimiento", puesto que el control de inclusión es, fundamentalmente, un "control de cognoscibilidad". La posibilidad de conocimiento es distinto de su efectivo conocimiento[145].

2º. Control de contenido[146].

---

143 *Vid.*, Sentencias TS 28 de mayo de 2018 (RJ 2018/2281) y 25 de enero de 2019 (RJ 2019/137).

144 JUR 2021/393020, el cual reitera la doctrina sentada en la Sentencia TS 28 de mayo de 2018 (RJ 2018/2281).

145 PAGADOR LÓPEZ, J. y SERRANO CAÑAS, J. M., "Sobre el carácter abusivo del pacto de solidaridad en la fianza... cit.", pág. 228.

146 Como defiende CAÑIZARES LASO, A., "Control de incorporación y transparencia de las condiciones generales de la contratación... cit.", pág. 71, el control de contenido solamente deben traspasarlo aquellas condiciones generales incluidas en los contratos en los que uno de los contratantes sea consumidor, por lo que solamente merecen el calificativo de cláusulas abusivas aquellas condiciones generales que no traspasen el control de contenido establecido.
De acuerdo con MIQUEL GONZÁLEZ, J. M.ª, "Comentario artículo 82", en *Comentarios a las normas de protección de los consumidores. Texto refundido (RDL 1/2007) y otras leyes y reglamentos vigentes en España y en la Unión Europea,* Cámara Lapuente, S. (Dir.), Colex, Madrid, 2011, pág. 714, "cuando se habla de control de contenido de las condiciones generales y cláusulas predispuestas se alude a un control de legalidad que comprueba su validez por contraste con unas normas

Este control supone un análisis de la cláusula cuyo parámetro de juicio es la superación del canon del justo equilibrio y la buena fe[147]. En relación con el control de la buena fe y desequilibrio económico en detrimento del fiador cabe considerar que:

1°. La buena fe se refiere a una buena fe objetiva, sin necesidad de que el profesional actúe con mala fe a sabiendas, para que la referida cláusula se estime como abusiva (artículo 82.1 TRLGDCU)[148].

Como ha mencionado MARÍN LÓPEZ[149], la buena fe es la guía que sirve para tachar de abusiva una cláusula cuando, al haber sido negociada con el consumidor, no responde a sus legítimas expectativas respecto a los derechos y obligaciones que el consumidor podía legítimamente esperar. El control de validez que supone la buena fe está directamente relacio-

específicas más exigentes que las que de manera general controlan la validez de los contenidos contractuales".

147 CAÑIZARES LASO, A., *ídem*, pág. 95.

148 *Cfr.*, SENÉS GUERRERO, A., "Condiciones generales de la contratación, cláusulas abusivas e intereses de demora: estudio jurisprudencial", *Práctica de Tribunales*, núm. 12, mayo-junio, 2016 (LA LEY 2610/2016). *Vid.* también al respecto, MORENO GARCÍA, L., *Las cláusulas abusivas... cit.*, pág. 112; CAÑIZARES LASO, A., "Comentario artículo 82", en *Comentarios al Texto Refundido de la Ley de Consumidores y Usuarios*, Cañizares Laso, A. (Dir.), Zumaquero Gil, L. (Coord.), Tomo I, Tirant lo Blanch, Valencia, 2022, págs. 1179 y ss.

149 "La voluntad virtual del consumidor, ¿Un nuevo test para determinar la abusividad de una cláusula no negociada en contratos con consumidores? (STJUE de 14 de marzo de 2013, Asunto C-415/11)", *Revista CESCO de Derecho de Consumo*, núm. 5, 2013, pág. 4, disponible en: www.uclm.es/centro/cesco.

nado con el procedimiento empleado para la creación de las cláusulas. Allí donde hay negociación, la buena fe no sirve de parámetro de validez. Pues si hay desequilibrio entre los derechos y obligaciones, si la regla pactada supone una separación importante del derecho dispositivo, ello se debe a la libertad de los contratantes. Sin embargo, en las cláusulas predispuestas no hay negociación del contenido, las cláusulas se imponen al consumidor. En este caso la buena fe sirve para controlar ese contenido. Proporciona el criterio para analizar las razones por las que la cláusula impuesta se separa considerablemente del derecho dispositivo. Como la cláusula ha sido diseñada por el empresario, no es lícito (es contrario a la buena fe) que satisfaga su exclusivo interés, sin tener en cuenta los intereses legítimos de la otra parte. Deben existir otros motivos, al margen del exclusivo interés del empresario, que justifiquen la validez y el mantenimiento de la cláusula. La buena fe impone la protección de la confianza legítima del consumidor sobre la realidad del contrato, pues el consumidor "confía" en que el contenido de las cláusulas impuestas no afectará a las reglas básicas de la regulación legal ni pondrá en peligro la obtención del fin del contrato.

En opinión de MIQUEL GONZÁLEZ[150], "la contradicción con la buena fe consiste en apartarse de la regulación legal sin otra razón que el interés exclusivo del predisponente". El predisponente, en su opinión, puede actuar en contra de las exigencias de la buena fe, cuando aprovechándose de su capacidad para imponer el contenido del contrato que le atribuye la predisposición, no tiene en cuenta los intereses de la otra parte o cuando aprovechándose del desconocimiento típico

---

150 "Comentario Disposición Adicional 1ª.3", en *Comentarios a la Ley de Condiciones Generales de la Contratación,* Menéndez Menéndez, A. y Díez-Picazo y Ponce de León, L. (Dirs.), Alfaro Águila-Real, J. (Coor.), Civitas, Madrid, 2002, pág. 934.

del adherente del contenido de las condiciones generales a las que ha prestado su adhesión, introduce una regulación de aspectos esenciales del contrato de forma que altere el valor de la oferta en el mercado.

En base a esto y, de acuerdo con PERTÍÑEZ VÍLCHEZ[151], los distintos modos en los que el predisponente puede tener un comportamiento contrario a la buena fe, permiten individualizar tres reglas dentro de la cláusula general del artículo 82.1 TRLGDCU, tales son, las que siguen:

a. Son abusivas las cláusulas no negociadas individualmente que impliquen un desequilibrio objetivo de los derechos y obligaciones de las partes, derivados del contrato.

b. Son abusivas las cláusulas no negociadas individualmente que por un defecto de transparencia afectan subrepticiamente el equilibrio económico sobre el precio y el objeto del contrato.

c. Son abusivas las cláusulas no negociadas individualmente que sean tan sorprendentes conforme a las circunstancias y a la naturaleza del contrato que frustran las legítimas expectativas que el consumidor podía tener sobre el contenido del mismo.

2°. El desequilibrio económico implica un aumento de los derechos del profesional predisponente o una disminución de los derechos del consumidor. De acuerdo con MIQUEL GONZÁLEZ[152], no se trata de comparar los derechos y obligaciones de las partes entre sí, sino que la comparación ha de hacerse con la regulación legal, esto es, con el derecho dispositivo. En consecuencia, hay que comparar los derechos y obligaciones

---

151 "Los contratos de adhesión y la contratación electrónica... cit.", pág. 2036.

152 "Comentario artículo 82... cit.", pág. 741.

que confieren las cláusulas predispuestas y los derechos y obligaciones que resultan del derecho dispositivo. Hay desequilibrio, pues, no cuando las partes tienen distintos derechos y obligaciones, sino cuando estos se separan de manera importante ("desequilibrio importante") del derecho dispositivo, y en perjuicio del consumidor. El derecho dispositivo es el conjunto de reglas jurídicas que habrían de aplicarse si no existieran cláusulas predispuestas, lo que remite a la ley (dispositiva), los usos y la buena fe (artículo 1258 CC).

Para llevar a cabo el control de ambos elementos y, atendiendo a los pronunciamientos del TJUE, como luego habrá ocasión de comprobar, el Juez debe[153]:

1°. Valorar si el contrato deja al consumidor en una situación jurídica menos favorable que la prevista en el Derecho nacional.

2°. Apreciar si existe un desequilibrio importante derivado de la restricción de los derechos del consumidor u obstáculo a su ejercicio.

3°. Comprobar si el profesional puede valorar si el consumidor aceptaría una cláusula de este tipo[154].

Atendiendo a lo establecido, cabe considerar que en este tipo de cláusulas existe un desequilibrio respecto al fiador como consumidor en la medida en que, por un lado, la obligación de afianzamiento contraída resulta más gravosa/onerosa

---

153 *Vid.* sobre el particular, BASTANTE GRANELL, V., "La cláusula de afianzamiento en préstamos hipotecarios... cit.", pág. 24.

154 Según MARÍN LÓPEZ, M. J., "La voluntad virtual del consumidor... cit.", pág. 2, hay que acudir a la "voluntad virtual" o "voluntad hipotética" del consumidor para juzgar la contrariedad o no a la buena fe del desequilibrio instaurado en la cláusula.

para el fiador; y, por otro lado, aumentan los derechos de la entidad bancaria y disminuyen los derechos del consumidor[155].

La consecuencia puede ser que la renuncia a estos beneficios y el pacto de solidaridad sean capaces de generar un desequilibrio importante entre los derechos de las partes (deudor y fiador/entidad bancaria) que sería estimado como contrario a la buena fe, de tal forma que, de haber sido informadas en la fase precontractual el "deudor, fiador o garante" con suficiente transparencia de la obligación, el consumidor probablemente no hubiera aceptado.

3º. Control de transparencia[156].

---

155 De acuerdo con la Sentencia TS 9 de mayo de 2013 (2013/3088), el "desequilibrio importante" contrario a la "buena fe", es necesario "proyectarlo sobre el comportamiento que el consumidor medio puede esperar de quien lealmente compite en el mercado y que las condiciones que impone son aceptables en un mercado libre y abastecido. Máxime tratándose de préstamos hipotecarios en los que es notorio que el consumidor confía en la apariencia de neutralidad de las concretas personas de las que se vale el empresario (personal de la sucursal) para ofertar el producto".

156 Considerado como una especie de tercer control, en cierto modo independiente de los controles de inclusión y de contenido. En concreto, respecto de los elementos esenciales del contrato cabe entender que las cláusulas que se refieran a éstos además de estar redactadas de forma clara y comprensible no deben infringir un especial deber de transparencia porque de hacerlo las cláusulas pueden ser declaradas nulas por abusivas, al provocar en realidad una alteración de los derechos y obligaciones de las partes. En este sentido, CAÑIZARES LASO, A., "Control de incorporación y transparencia de las condiciones generales de la contratación... cit.", pág. 81, quien añade que "posiblemente no sea necesario decidir si el control de transparencia constituye o no un tercer control, porque no se trata de una cuestión de denominación o numeración". Admite que, probablemente, la transparencia se encuentra en ese control de incorporación o inclusión del contrato con condiciones generales no tratándose de un control meramen-

El control de transparencia material requiere que el fiador consumidor, antes de celebrar el contrato, pueda conocer con claridad y sencillez tanto la carga económica del contrato como la carga jurídica, lo que aplicado a la fianza exige que el consumidor sea consciente de que, si el deudor principal no paga, responderá en las mismas condiciones y el acreedor podrá dirigirse contra él por la totalidad de la deuda pendiente[157].

Entre otras cosas, la Sentencia TS 28 de mayo de 2018[158], afirma que en los contratos con consumidores "el control de transparencia no se agota en el mero control de incorporación,

---

te formal, sino que supone también un control del consentimiento material. Por su parte, PANTALEÓN PRIETO, F., *Las cláusulas abusivas en la contratación con consumidores*, Comares, Granada, 2023, págs. 23 y 24, estima que el mal llamado control de transparencia material no se trata de un *tertium genus* de control, junto a los controles de incorporación y de contenido y abusividad. Se trata de un control excepcional y la abusividad resulta excluida cuando la cláusula es materialmente transparente, cuando al tiempo de contratar, el consumidor estuvo en condiciones de valorar correctamente las consecuencias económicas y jurídicas que para él podían derivarse de la cláusula en cuestión.

Atendiendo al contenido de la Sentencia TJUE 23 de abril de 2015, caso Jean-Claude Van Hove CNP Assurances SA., asunto C-96/14 (TJCE 2015/179), "esa exigencia de transparencia debe entenderse de manera extensiva, no siendo suficiente un control de transparencia formal, sino también de transparencia real".

Vid. también, Sentencia TJUE 21 de diciembre de 2016, caso Francisco Gutiérrez Naranjo y Otros contra Cajasur Banco, S.A.U. y Otros, asuntos C-154/15, C-307/15, C-308/15 (TJCE 2016/309), la cual rechazó que el control de transparencia material aplicado en la Sentencia TS 9 de mayo de 2013 fuera un control ajeno a la Directiva 93/13, de nueva creación por parte del TS que permitiera la aplicación de consecuencias diferentes a las previstas en al artículo 6.1 de la Directiva referida.

157 Sentencia TS 29 de noviembre de 2021 (RJ 2021/5286).

158 RJ 2018/2281.

sino que supone un plus sobre el mismo". Específicamente, la Sentencia TS 6 de noviembre de 2020[159] estima que "no solo es necesario que las cláusulas estén redactadas de forma clara y comprensible, sino también que el adherente pueda tener un conocimiento real de las mismas, de forma que un consumidor informado pueda prever, sobre la base de criterios precisos y comprensibles, la carga jurídica y económica del contrato". Por último, la Sentencia TS 16 de enero de 2023[160], reconoce que "el control de transparencia excluye que, en contratos en que el adherente sea un consumidor, pueda agravarse la carga económica que el contrato supone para el consumidor, tal y como éste la había percibido mediante la inclusión de una condición general (...) cuya trascendencia jurídica o económica le pasó inadvertida porque se le dio un inapropiado tratamiento secundario y no se le facilitó la información clara y adecuada sobre las consecuencias jurídicas y económicas de dicha cláusula".

El resultado que se persigue con este control no es otro, sino que el consumidor tenga una completa información sobre la realidad del contenido contractual. Se trata, al fin y al cabo, de comprobar que el consumidor ha podido hacerse una correcta representación de lo establecido en la cláusula y entender su aplicación y trascendencia desde un punto de vista jurídico y económico[161].

---

159 RJ 2020/3857.

160 RJ 2023/33918.

161 Como han referido PAGADOR LÓPEZ, J. y SERRANO CAÑAS, J. M., "Sobre el carácter abusivo del pacto de solidaridad en la fianza... cit.", pág. 232, se trata de que el consumidor conozca y comprenda las consecuencias jurídicas que resulten a su cargo. Para estos autores, el control de transparencia tiene como fundamento el cumplimiento por el predisponente de un especial deber de facilitar al adherente la comprensibilidad real en el curso de la operación comercial. Este control no tiene por objeto el enjuiciamiento

La información precontractual debe ser completa y adecuada, puesto que en esta fase y en base a la información recibida, el consumidor decide si contratar o no. En esto influyen las circunstancias personales del consumidor, es decir, aunque la información fuera insuficiente para un consumidor medio, el control de transparencia material se entiende superado si un concreto consumidor tiene conocimientos suficientes como para hacerse cargo de la trascendencia jurídica y económica de una cláusula concreta[162].

En base a lo hasta aquí dicho, cabe considerar que, las condiciones generales de la contratación son objeto de control por la vía de su incorporación, es necesario verificar si cumplen con condiciones de claridad, concreción, accesibilidad, legibilidad y sencillez de redacción, así como de un segundo control de transparencia centrado en la comprensión (artículos 5.5 y 7.b) LCGC y artículo 80.1 TRLGDCU).

El control de incorporación o inclusión atiende a una "mera transparencia documental o gramatical"[163]. En relación a la cláusula que nos ocupa, los Tribunales casi por unanimidad han considerado que supera el control de transparencia formal, como luego habrá ocasión de comprobar.

Por su parte el TJUE exige, además, una trasparencia real, es decir, si el consumidor tiene una comprensibilidad real de

---

de la validez del consentimiento otorgado, ni el plano interpretativo del mismo, sino la protección del consentimiento negocial prestado por el adherente, mediante la afirmación de este deber de transparencia material en la propia reglamentación predispuesta.

162 Lo que ha sido denominado por AGÜERO ORTIZ, A., "Análisis jurisprudencial de la evolución del control de transparencia en la cláusula suelo", *Revista CESCO de Derecho de Consumo,* núm. 36, pág. 92, disponible en: www.uclm.es/centro/cesco, como "subjetivación del control de transparencia".

163 *Vid.,* Sentencia TS 29 de abril de 2015 (RJ 2015/2042).

la importancia de la cláusula en el desarrollo del contrato. Esto supone que el adherente puede hacerse una idea exacta de las consecuencias económicas y jurídicas que la inclusión de tal cláusula le supondrá[164]. En consecuencia, lo determinante para la transparencia de una cláusula de este tipo es que el fiador comprenda su carga jurídica y económica, es decir, que sea consciente de que, si el deudor principal no paga, responderá en sus mismas condiciones y el acreedor podrá dirigirse contra él por la totalidad de la deuda pendiente[165].

El TS también se manifestó, en su momento, en torno al control de transparencia real, en Sentencia TS 9 de mayo de 2013, en la cual estimaba que "la transparencia documental de la cláusula, suficiente a efectos de incorporación a un contrato suscrito entre profesionales y empresarios, es insuficiente para impedir el examen de su contenido y, en concreto, para impedir que se analice si se trata de condiciones abusivas. Es preciso que la información suministrada permita al consumidor perci-

---

164 *Vid.*, BASTANTE GRANELL, V., "La cláusula de afianzamiento en préstamos hipotecarios… cit.", pág. 18. Como ha referido, BELHADJ BEN GÓMEZ, C., "Pacto de afianzamiento y abusividad. Doctrina del Tribunal Supremo", *Revista Aranzadi Doctrinal*, núm. 5, 2020, pág. 7 (BIB 2020/11311), es necesario "que el adherente conozca o pueda conocer con sencillez tanto la carga jurídica que incorpora el contrato como la carga económica que supone para él, esto es, pueda conocer y prever, sobre la base de criterios precisos y comprensibles, las consecuencias económicas que se deriven del contrato y sean de su cargo".
A tal efecto, Sentencias TJUE 26 de febrero de 2015, caso Bogdan Matei y Ioana Ofelia Matei contra SC Volksbank România SA, asunto C-143/13 (TJCE 2015/93); 23 de abril de 2015, caso Jean-Claude Van Hove contra CNP Assurances SA, asunto C-96/14 (TJCE 2015/179); 21 de marzo de 2013, caso RWE Vertrieb AG contra Westfalen eV., asunto C-92/11 (TJCE 2013/93).

165 Al respecto, entre otras, Sentencia TS 21 de octubre de 2022 (JUR 2023/136369).

bir que se trata de una cláusula que define el objeto principal del contrato, que incide o puede incidir en el contenido de su obligación de pago y tener un conocimiento real y razonablemente completo de cómo juega o puede jugar en la economía del contrato.

No pueden estar enmascaradas entre informaciones abrumadoramente exhaustivas que, en definitiva, dificultan su identificación y proyectan sombras sobre lo que considerado aisladamente sería claro. Máxime en aquellos casos en los que los matices que introducen en el objeto percibido por el consumidor como principal puede verse alterado de forma relevante"[166].

Esto lleva a que me cuestione si la *"cláusula de afianzamiento"* con renuncia al beneficio de excusión, división y orden y "pactada" como solidaria puede ser considerada como una cláusula transparente desde un punto de vista formal y real. De igual forma, cabe preguntarse si el consumidor medio tiene un conocimiento exacto en torno al significado real y las posibles consecuencias económicas de la firma de un contrato en estas

---

[166] RJ 2013/3088. *Vid.* también, Sentencias TS 26 de mayo de 2014 (RJ 2014/3880); 8 de septiembre de 2014 (RJ 2014/4660) y 29 de abril de 2015 (RJ 2015/2042).
En Sentencia TJUE 21 de marzo de 2013, caso RWE Vertrieb AG contra Westfalen eV., asunto C-92/11 (TJCE 2013/93), se pone de manifiesto que "reviste una importancia fundamental para el consumidor disponer, antes de la celebración de un contrato, de información sobre las condiciones contractuales y las consecuencias de dicha celebración. El consumidor decide si desea quedar vinculado por las condiciones redactadas de antemano por el profesional basándose principalmente en esa información". *Vid.* igualmente, Sentencia TJUE 30 de abril de 2014, caso Árpád Kásler y Hajnalka Káslerné Rábai contra OTP Jelzálogbank ZrTomo, asunto C-26/13 (TJCE 2014/105).

condiciones[167]. Ello conduce a plantearse si quizás no sería necesaria una explicación adicional y si la misma se lleva a cabo en la práctica.

Por otro lado, hay que tener presente que "el enjuiciamiento del carácter eventualmente abusivo de una cláusula debe referirse al momento en el que se suscribe el contrato y teniendo en cuenta todas las circunstancias que concurren en su celebración y las demás cláusulas del mismo"[168], de conformidad con el contenido del artículo 4.1 de la Directiva 93/13.

En consecuencia, "para decidir sobre el carácter abusivo de una determinada cláusula impuesta en un concreto contrato, el Juez debe tener en cuenta todas las circunstancias concurrentes en la fecha que el contrato se suscribió, incluyendo, claro está, la evolución previsible de las circunstancias si estas fueron tenidas en cuenta o hubieran de serlo con los datos al alcance de un empresario diligente, cuando menos a corto o medio plazo. También deberá valorar todas las circunstancias

---

167 Para PERTÍÑEZ VÍLCHEZ, F., "Los contratos de adhesión y la contratación electrónica... cit.", pág. 2012, el "contratante medio", es una persona honrada, de inteligencia y nivel cultural medio y jurídicamente inexperta. Por su parte, PAGADOR LÓPEZ, J. y SERRANO CAÑAS, J. M., "Sobre el carácter abusivo del pacto de solidaridad en la fianza... cit.", pág. 219, estiman que "cualquier persona no docta en derecho percibe la fianza como un contrato por el cual el garante asume la obligación de responder para el caso de que no lo haga su fiado", es decir, "dicho en términos jurídicamente relevantes, las legítimas expectativas jurídicas y económicas de un fiador medio estriban en que asume responsabilidad frente al acreedor de su fiado, pero sólo cuando éste no pudo responder, por el importe que reste de la deuda y siempre que el acreedor haya agotado todas las posibilidades de satisfacer su crédito a través del patrimonio del fiado".

168 Sentencia TS 9 de mayo de 2013 (2013/3088).

que concurran en su celebración, así como todas las demás cláusulas del contrato, o de otro contrato del que dependa"[169].

Sobre la necesidad de una mayor explicación en sede de fianza, cabe recordar la Circular 5/2012, de 27 de junio, del Banco de España, a entidades de crédito y proveedores de servicios de pago, sobre transparencia de los servicios y responsabilidad en la concesión de préstamos[170], en la cual se establece el que ha sido considerado como un "deber de comprensibilidad real de los aspectos básicos de la fianza"[171]. En la norma sexta sobre la "información precontractual exigible", en el apartado 2.7 referente a los "avales, fianzas y garantías prestados por la entidad" precisa que debe indicarse, dice el texto "al menos", en la letra b):

> *"el contenido y extensión de la garantía otorgada por la entidad, explicitándose de manera precisa los supuestos y requisitos necesarios para poder instar la ejecución de la misma. En particular, se* ***informará expresamente sobre si se reconocen o no a la entidad garante los beneficios de división, excusión, orden*** *o, en su caso, plazo, y se* ***explicarán de forma comprensible las consecuencias***[172] *derivadas de cada una de esas circunstancias".*

Esto permite cuestionar si la mera referencia, como ha habido ocasión de comprobar al analizar los posibles contenidos de esta cláusula, a la renuncia de los beneficios y el pacto como solidaria cumple con ese deber.

Prueba de la falta de protección del prestatario, en general, y del fiador, en particular, en sede precontractual son las

---

169 Sentencia TS 9 de mayo de 2013 (2013/3088).

170 BOE núm. 161, de 6 de julio de 2012, última actualización publicada el 17 de mayo de 2021.

171 *Cfr.*, BASTANTE GRANELL, V., "La cláusula de afianzamiento en préstamos hipotecarios... cit.", pág. 23.

172 Cursiva y negrita añadida.

previsiones en la LCCI, la cual introduce entre sus aspectos más novedosos una regulación detallada de la "fase precontractual", en un intento de ir más allá de la estricta transposición de la Directiva 2014/17, con el fin de, como bien recoge en el Preámbulo:

> *"garantizar que el prestatario tenga a su disposición la información necesaria para que pueda comprender en su integridad la carga económica y jurídica del préstamo que va a contratar y que, por lo tanto, se puede considerar cumplido el principio de transparencia en su vertiente material".*

Asimismo, a lo largo del articulado de la LCCI cabe observar cómo se sitúa en la misma posición al "prestatario, el fiador o garante" (artículos 2.1 y 3). Igualmente procede, cuando en el artículo 1 determina el objeto, precisando que:

> *"Esta Ley tiene por objeto establecer determinadas normas de protección de las personas físicas que sean deudores,* ***fiadores o garantes*** [173]*de préstamos que estén garantizados mediante hipoteca u otro derecho real de garantía sobre bienes inmuebles (...)".*

En todo caso, habrá que atender también a la redacción de la cláusula concreta, cuyo tenor se erige en una herramienta importante para poder deducir su carácter abusivo o no. Esto va a depender de que se explique con precisión que como consecuencia del afianzamiento solidario y con renuncia al beneficio de excusión, el fiador queda obligado en un plano de igualdad con el deudor principal, pudiendo la entidad bancaria dirigirse de forma indistinta contra el fiador o el deudor principal. En este caso queda cubierto el control de incorporación formal, pero para entender lo semejante con el control de transparencia real, habrá que precisar si el alcance de la cláusula de afianzamiento en estas condiciones impuestas por

---

173 Cursiva y negrita añadida.

la entidad bancaria, ha sido explicada en términos comprensibles al fiador, de tal forma que este sea consciente de su significado jurídico y alcance económico[174].

En consecuencia, cabe entender que, de no ser así el control de incorporación formal y real, y ante la ausencia de transparencia, la cláusula en cuestión debe traspasar un control de contenido en aplicación del artículo 4.2 de la Directiva 93/13, de tal forma que, si el mismo no es superado, procederá la declaración de abusividad y por consiguiente la nulidad[175].

Todo ello sin olvidar que, de cualquier modo, para que se pueda hablar de una cláusula abusiva debe tratarse de[176]:

1º. Una condición general, es decir, una cláusula predispuesta no consentida expresamente.

2º. Una condición general inserta en un contrato celebrado entre consumidor y empresario.

3º. Una condición general que no traspase el especial control de contenido establecido en el artículo 82.1 TRLGDCU[177].

---

174 *Cfr.*, BELHADJ BEN GÓMEZ, C., "Pacto de afianzamiento y abusividad. Doctrina del Tribunal Supremo… cit.", pág. 8.

175 *Vid.*, CAÑIZARES LASO, A., "Control de incorporación y transparencia de las condiciones generales de la contratación… cit.", pág. 92.

176 *Cfr.*, MIQUEL GONZÁLEZ, J. M.ª, "Comentario artículo 82… cit.", pág. 714; CAÑIZARES LASO, A., "Control de incorporación y transparencia de las condiciones generales de la contratación… cit.", pág. 73.

177 En Sentencia AP de Guipúzcoa (Sección 2ª), 30 de septiembre de 2015 (JUR 2015/244535), se consideran como requisitos para poder estimar el carácter abusivo de una cláusula, los que siguen: "a) Ha sido impuesta por el profesional; b) Resulta contraía a la buena fe, pues el profesional estimaba con total seguridad que el fiador no hubiera aceptado las renuncias contenidas en las cláusulas controvertidas, en un marco de negociación libre e individual, de haber conocido lo que ello suponía, en caso de incumplimiento

4.5 Un adelanto sobre los posibles efectos de la declaración de abusividad en la *"cláusula de afianzamiento"*

Como ya ha sido puesto de manifiesto con anterioridad el efecto del carácter abusivo de una cláusula contractual es su ineficacia. En concreto, conforme a la Directiva 93/13 en su artículo 6.1, los Estados se encuentran obligados a establecer que no vincularán al consumidor las cláusulas abusivas insertas en un contrato celebrado entre este y un profesional, así como a disponer que el contrato siga siendo obligatorio para las partes en los mismos términos, si este puede subsistir sin las cláusulas abusivas. Por su parte, el Derecho español sanciona con la nulidad de pleno derecho a las cláusulas abusivas, a las que tendrá por no puestas, siendo obligatorio para las partes el contrato en los mismos términos, siempre que pueda subsistir sin dichas cláusulas (artículo 83 TRLGDCU). Asimismo, la LCGC, aunque con remisión a la normativa de protección especial de

---

del deudor situarse a su mismo nivel, respondiendo incluso con todo su patrimonio; y, c) Genera un desequilibrio importante en perjuicio del consumidor en los derechos y deberes que se derivan del contrato, lo que resulta evidente, pues pierde los beneficios que le reconoce el ordenamiento jurídico y no recibe ninguna contraprestación por ello (lo que determina su abusividad por falta de reciprocidad –artículo 87 TRLGDCU- y por establecerse garantías desproporcionadas al riesgo asumido –artículo 88.1 TRLGDCU-). Por su parte, la Sentencia TS 9 de mayo de 2013 (2013/3088), admite los que siguen: "a) Que se trate de condiciones generales predispuestas y destinadas a ser impuestas en pluralidad de contratos, sin negociarse de forma individualizada; b) Que en contra de exigencias de la buena fe causen un desequilibrio importante en los derechos y obligaciones derivados del contrato; y, c) Que el desequilibrio perjudique al consumidor –en este extremo, en contra de lo que insinúa el Ministerio Fiscal, es preciso rechazar la posible abusividad de cláusulas perjudiciales para el profesional o empresario-". *Vid.* también sobre el particular, Sentencia TS 4 de mayo de 2022 (RJ 2022/2579).

los consumidores y usuarios, sanciona con la nulidad de pleno derecho las condiciones generales que sean consideradas abusivas (artículo 8.2).

En todo caso, hablar de ineficacia implica determinar el tipo que conlleva la abusividad de una cláusula contractual, en la medida en que como ya dijera De CASTRO y BRAVO[178], la concreción del tipo de ineficacia es de particular importancia para la práctica judicial, "en cuanto el alegado implicará la petición de una determinada condena (se darán tales consecuencias y no otras)".

En términos generales, en relación a la nulidad de las cláusulas abusivas, la doctrina dominante ha calificado esta ineficacia de nulidad de pleno derecho relativa[179]. De la propia interpretación literal del artículo 83 TRLGDCU cabe deducir que la sanción establecida por el legislador para las cláusulas abusivas es la nulidad de pleno derecho, pero que, como ha sido reconocido, es una nulidad relativa, en la medida en que la ley la configura en interés del consumidor[180].

Establecida la nulidad de pleno derecho de la cláusula abusiva, el artículo 83 TRLGDCU indica que:

---

178 *El negocio jurídico,* Civitas, Madrid, 1985, pág. 468.

179 *Vid.* sobre el particular, MIQUEL GONZÁLEZ, J. M.ª, "Comentario artículo 83", en *Comentarios a las normas de protección de los consumidores. Texto refundido (RDL 1/2007) y otras leyes y reglamentos vigentes en España y en la Unión Europea,* Cámara Lapuente, S. (Dir.), Colex, Madrid, 2011, pág. 754; CAÑIZARES LASO, A., "Comentario artículo 83", en *Comentarios al Texto Refundido de la Ley de Consumidores y Usuarios,* Cañizares Laso, A. (Dir.), Zumaquero Gil, L. (Coord.), Tomo I, Tirant lo Blanch, Valencia, 2022, pág. 1197.

180 MIQUEL GONZÁLEZ, J. M.ª, *ibídem,* pág. 754; CAÑIZARES LASO, A., *ibídem,* pág. 1197; MORENO GARCÍA, L., *Las cláusulas abusivas... cit.,* pág. 182.

"el Juez, previa audiencia de las partes, declarará la nulidad de las cláusulas incluidas en el contrato, el cual, no obstante, seguirá siendo obligatorio para las partes en los mismos términos, siempre que pueda subsistir sin dichas cláusulas".

De ello puede deducirse que la finalidad de la norma es la declaración de la "nulidad parcial del contrato", en concreto, el mantenimiento del negocio jurídico en los mismos términos, pero siendo excluidas aquellas cláusulas que sean estimadas como abusivas. Sin embargo, atendiendo al tenor literal del precepto cabe considerar que esa regla de nulidad parcial está condicionada a la posible subsistencia del negocio jurídico sin la aplicación de las cláusulas abusivas. La nulidad total del contrato se contempla en la normativa de protección de consumidores y usuarios como un supuesto excepcional para cuando el negocio jurídico en cuestión no pueda subsistir sin dichas cláusulas[181].

En relación a los efectos que produce la declaración de abusividad de la cláusula y atendiendo a lo establecido por el TJUE en Sentencia 21 de enero de 2015, caso Unicaja Banco, S.A. y otros contra José Hidalgo Rueda y otros, asuntos acumulados C-482/13, C-484/13, C-485/13 y C-487/13[182], bien es sabido que si los jueces nacionales aprecian el carácter abusivo de una cláusula de un contrato que vincula a un consumidor y un profesional, están únicamente obligados a dejar sin aplicación la cláusula contractual abusiva, para que estas no produzcan efec-

181 En este sentido, MIQUEL GONZÁLEZ, J. M.ª, *ídem*, pág. 762; MORENO GARCÍA, L., *ídem*, pág. 192 y PERTÍÑEZ VÍLCHEZ, F., "Los contratos de adhesión y la contratación electrónica... cit.", pág. 2082.

182 TJCE 2015/4. *Vid.* también, Sentencias TJUE 30 de abril de 2014, caso Árpád Kásler y Hajnalka Káslerné Rábai contra OTP Jelzálogbank ZrTomo, asunto C-26/13 (TJCE 2014/105); 14 de junio de 2016, caso Banco Español de Crédito, asunto C-618/10 (TJCE 2012/143).

tos vinculantes para el consumidor, no estando facultados para modificar el contenido de la misma, moderarla o integrarla[183].

Ante esta situación la vacilante jurisprudencia existente sobre la materia adopta, en términos generales, aunque con matices, como luego será posible comprobar, una posición dual al respecto, manteniendo, bien la nulidad parcial del contrato de fianza[184]; o bien, la nulidad absoluta[185], cuando estima que la cláusula diseñada de esta forma por las entidades bancarias es abusiva.

Esto conduce a pensar que la abusividad se declara respecto de aspectos concretos de la fianza, tales como, el carácter solidario o la renuncia al beneficio de excusión, permitiendo a pesar de todo, la subsistencia del contrato sin las mismas. No se tiene por qué atender a la *"cláusula de afianzamiento"* considerada en su totalidad, ya que esta sí ha sido negociada, siendo estimadas como prerredactadas por la entidad bancaria su carácter solidario y la renuncia al beneficio de excusión[186].

---

183 Sentencias TJUE 25 de noviembre de 2020, caso Banca B. SA contra A.A.A., asunto C-269/19 (TJCE 2020/286); 29 de abril de 2021, caso varios contra varios, asunto C-19/20 (TJCE 2021/110).

184 *Vid.* entre otras, Sentencias AP de Guipúzcoa, 30 de septiembre de 2015 (2015/244535) y 6 de noviembre de 2015 (JUR 2016/38610); Autos JPI de Madrid, 3 de febrero de 2014 (AC 2014/379) y de Almería, 16 de febrero de 2016 (JUR 2016/88094); Sentencia JMerc de San Sebastián, 18 de febrero de 2018 (JUR 2016/88059).

185 En este sentido, Sentencias JPI San Sebastián, 14 de noviembre de 2016 (JUR 2016/265473); JPI Bilbao (Provincia de Vizcaya), 5 de abril de 2018 (JUR 2018/104772); Sentencias AP de Álava, 12 de junio de 2017 (AC 2017/494); AP de Valencia, 17 de octubre de 2018 (JUR 2018/292476).

186 Sobre el particular se ha manifestado BELHADJ BEN GÓMEZ, C., "Pacto de afianzamiento y abusividad. Doctrina del Tribunal Supremo… cit.", pág. 9, admitiendo que con la declaración de abusividad del pacto de solidaridad y de la renuncia a los beneficios de orden,

Al ser declaradas abusivas por no superar el control de incorporación (transparencia formal) y de transparencia real, la declaración de nulidad no afecta a la existencia en sí de la fianza suscrita por el préstamo hipotecario. Se desplaza el equilibrio formal por un equilibrio real, restaurando la igualdad entre las partes y no se utiliza la discutida facultad excepcional de integración del contrato[187].

---

división y excusión no se afecta a la subsistencia del contrato de fianza y el hecho de declarar la nulidad de la cláusula, única y exclusivamente, en cuanto a la solidaridad del afianzamiento y en cuanto a la renuncia a los indicados beneficios, no supone una integración o modificación del contenido de la fianza, sino simplemente se restaura el equilibrio real entre los derechos y obligaciones de las partes. Y ello en la medida en que la fianza es una relación jurídica contractual y no una cláusula contractual reguladora del contrato de préstamo, aunque el pacto de afianzamiento se documente en la propia escritura de préstamo hipotecario; el contrato de fianza es un contrato accesorio del contrato de préstamo en cuanto a su objeto y, al mismo tiempo, es un contrato distinto desde el punto de vista subjetivo, cuestión esta última que otorga al contrato de fianza sustantividad propia en función de la obligación principal que contiene.

Vid. también al respecto, BASTANTE GRANELL, V., "La cláusula de afianzamiento en préstamos hipotecarios… cit.", pág. 27.

187 *Cfr.*, BASTANTE GRANELL, V., *ibídem*, pág. 27. En este sentido, Sentencia AP de Barcelona (Sección 4ª), 5 de abril de 2018 (JUR 2018/112881), la cual especifica que "la declaración de abusividad del pacto de solidaridad y de la renuncia a los beneficios de orden, división y excusión no afecta a la subsistencia del contrato de fianza y el hecho de declarar la nulidad de la cláusula, única y exclusivamente, en cuanto a la solidaridad del afianzamiento y en cuanto a la renuncia a los indicados beneficios, no supone una integración o modificación del contrato de la fianza, sino simplemente, restaurar el equilibrio real entre los derechos y obligaciones de las partes".

Por el contrario, en el Voto Particular que acompaña a esta Sentencia se estima que "la anulación, por abusiva, de la renuncia a los beneficios establecidos en la Ley para la fiadora contenida en

Ante esta situación, cabe preguntarse qué consecuencias tendría la admisión de esta posibilidad. Al respecto cabe precisar, en principio, lo que sigue:

1°. No se trata en ningún momento de anular la fianza, si se comprueba que ha sido negociada y el consumidor es consciente de las consecuencias de la misma. Se trata de excluir las condiciones no negociadas, las cuales privan al consumidor de determinados derechos.

2°. Resulta infundado el temor que la anulación podría tener en el mercado hipotecario[188].

---

dicha cláusula pero manteniendo la relación de fianza, en el caso solo simple, entiendo que supondría una integración no admitida por reiterada jurisprudencia comunitaria amen contemplar, de esta forma, la posibilidad de que el órgano jurisdiccional pueda declarar la abusividad de una parte de una cláusula, manteniendo la validez y eficacia del resto del contenido, identificando el contenido abusivo de la cláusula y segregándolo del resto de la misma para, a continuación, determinar si el resultado, suprimiendo dicho contenido, resultaría congruente, equilibrado (no abusivo) y vinculante para las partes manteniendo, por tanto, parcialmente la cláusula", lo que supondría un incumplimiento del artículo 7 Directiva 93/13, en virtud del cual se obliga a los Estados miembros a velar por la existencia de medios eficaces para el cese de la existencia de cláusulas abusivas entre consumidores y profesionales.

188 Referido por MARTÍN FABA, J. M.ª, "La cláusula de afianzamiento también es objeto del control de transparencia cualificado. SAP de Alicante (Sección 8ª) núm. 124/2016, de 12 de mayo (JUR 2016/154381)", *Revista CESCO de Derecho de Consumo*, septiembre, 2016, pág. 6, disponible en: www.uclm.es/centro/cesco, quien considera que si estas condiciones generales son declaradas no transparentes y abusivas en masa debido a que muchas de las escrituras de préstamos de nuestro mercado hipotecario contienen cláusulas de afianzamiento que no definen exhaustivamente las consecuencias para el fiador de la pérdida de los beneficios de excusión, orden y división, pueden producirse los siguientes efectos perversos para el consumidor: i) Una restricción en el flujo del crédito hipotecario

3°. Puede servir para que las entidades bancarias adopten las diligencias adecuadas en la fase precontractual, demandadas desde distintas fórmulas normativas, con el fin de garantizar que el consumidor pueda conocer las condiciones reales en las que pacta la fianza[189]. Recordemos, como ya se ha comentado, el contenido del artículo 60 TRLGDCU.

---

ya que las entidades prestamistas tendrán menos garantías de cobro en casos de impagos de los prestatarios, no pudiendo dirigirse contra el patrimonio del fiador sin antes hacer excusión de los bienes del deudor principal; y, ii) Un incremento del precio del préstamo hipotecario al suponer para las entidades de crédito un coste de gestión hacer excusión de los bienes del deudor principal antes de dirigirse contra el patrimonio del fiador.

189 Como se ha establecido en Sentencia AP de Barcelona (Sección 4ª), 5 de abril de 2018 (JUR 2018/112881), "el consumidor ha de disponer, antes de la celebración del contrato, de información sobre las condiciones contractuales y las consecuencias de dicha celebración. En definitiva, que el consumidor sea consciente de las consecuencias económicas de lo que ha firmado (comprensibilidad)".
Por su parte, la Sentencia TS 24 de noviembre de 2017 (RJ 2017/5063), estima que "tanto la doctrina comunitaria, como la de esta Sala, han resaltado la importancia que para la transparencia en la contratación con los consumidores tiene la información precontractual que se les facilita, porque es en esa fase cuando se adopta la decisión de contratar". De igual forma, resulta de interés la jurisprudencia citada en esta Sentencia.
Asimismo, en Sentencia TJUE 9 de julio de 2020, caso XZ contra Ibercaja Banco, S.A., asunto C-452/18 (TJCE 2020/109), se ha referido que "reviste una importancia fundamental para el consumidor disponer, antes de la celebración de un contrato, de información sobre las condiciones contractuales y las consecuencias de dicha celebración. El consumidor decide si desea quedar vinculado por las condiciones redactadas de antemano por el profesional basándose principalmente en esa información". En el mismo sentido, Auto TJUE 3 de marzo de 2021, caso Ibercaja Banco, S.A. contra otros, asunto C-13/19 (TJCE 2021/50).

4º. Fomentaría el resurgir de la fianza simple y las consecuencias positivas que esto puede tener en el mercado y tráfico inmobiliario, pues no se trata de excluir el contrato de fianza, sino de garantizar que el consumidor sea consciente de las consecuencias económicas y jurídicas del tipo de fianza que suscribe, aunque este posible perfil se encuentre previsto en el Código Civil.

Con este planteamiento se atiende a lo establecido en Sentencia TJUE 26 de marzo de 2019 (Gran Sala), caso Abanca Corporación Bancaria, S.A., contra A.G.S.S., asunto C-70/17[190], que aunque referida a la cláusula de vencimiento anticipado, es susceptible de ser aplicada al caso, por su postura sobre el particular y en virtud de la cual "los artículos 6 y 7 de la Directiva 93/13/CEE del Consejo, de 5 de abril de 1993, sobre las cláusulas abusivas en los contratos celebrados con consumidores, deben interpretarse en el sentido de que, por una parte, se oponen a que una cláusula de *vencimiento anticipado*[191] de un contrato de préstamo hipotecario declarada abusiva sea conservada parcialmente mediante la supresión de los elementos que la hacen abusiva, cuando tal supresión equivalga a modificar el contenido de dicha cláusula afectando a su esencia, y, por otra parte, no se oponen a que el Juez nacional ponga remedio a la nulidad de tal cláusula abusiva sustituyéndola por la nueva redacción de la disposición legal que inspiró dicha cláusula, aplicable en caso de convenio entre las partes del contrato, siempre que el contrato de préstamo hipotecario en cuestión no pueda subsistir en caso de supresión de la citada cláusula abusiva y la anulación del contrato en su conjunto exponga al consumidor a consecuencias especialmente perjudiciales".

---

190 TJCE 2019/59.

191 Cursiva añadida y en nuestro caso "cláusula de afianzamiento solidario y con renuncia a los beneficios de excusión, división y orden".

En el supuesto que nos ocupa, la supresión de las condiciones no negociadas de la *"cláusula de afianzamiento"* no afecta a la esencia, en cuyo caso puede el Juez nacional, poniendo remedio a la posible nulidad, sustituirla por la nueva redacción de la disposición legal que inspiró dicha cláusula, aplicable en caso de convenio entre las partes y siempre que el contrato en cuestión no pueda subsistir si se suprime esta cláusula, lo cual provocaría la nulidad del contrato en su conjunto, colocando al consumidor en una situación especialmente perjudicial.

En consecuencia, cabe estimar que, la supresión del pacto de solidaridad y la renuncia a los beneficios no afecta a la esencia del contrato, pudiendo ser sustituidas estas condiciones de la fianza no negociadas individualmente, por las previstas en la norma, tal es, fianza con el goce de dichos beneficios y sin pacto de solidaridad, salvo que, el consumidor, informado de la situación decida mantener las condiciones de la fianza inicialmente pactadas, lo que responde también a la previsión del Código Civil. Es decir, emita un consentimiento libre e informado en torno al perfil de la fianza diseñado por la entidad bancaria[192]. Todo ello, a la luz de una posible no supervivencia

---

192 En el Auto TJUE (Sala 9ª) 17 de noviembre de 2021, caso M.G.M.G. contra Bankia, S.A. (TJCE 2021/278), y en consonancia con lo ya establecido con anterioridad por parte del TJUE, se especifica que respecto de "la obligación que incumbe al Juez nacional de excluir, de oficio si es necesario, las cláusulas abusivas conforme al artículo 6, apartado 1, de la Directiva 93/13, que ese Juez no está obligado a excluir la aplicación de la cláusula en cuestión si el consumidor, tras haber sido informado por dicho Juez, manifiesta su intención de no invocar el carácter abusivo y no vinculante de tal cláusula, otorgando así un consentimiento libre e informado a esa cláusula.
Así, la Directiva 93/13 no llega hasta el extremo de hacer obligatorio el sistema de protección contra la utilización de cláusulas abusivas por los profesionales que ha instaurado en beneficio de los consumidores. Por consiguiente, cuando el consumidor prefiera no valerse de este sistema de protección, el mismo no se aplicará.

del contrato al ser suprimida la misma, pues se pierde una de las garantías, la fianza, exigida por el banco, lo que puede resultar perjudicial para el consumidor.

A raíz de este planteamiento cabría considerar, en principio, la subsistencia del contrato de fianza con la supresión de las cláusulas o negociadas, siempre que exista convenio entre las partes, ya que la supresión de la misma puede derivar en un perjuicio para el consumidor, que en este caso sería no el fiador, sino el deudor principal, en la medida en que sin la referida fianza el contrato de préstamo no podría subsistir. Sobre este punto se volverá con posterioridad, tras el análisis de la jurisprudencia emitida por parte del TS sobre este tema y será posible precisar cuándo es posible la exclusión o nulidad absoluta del contrato de fianza.

De todas maneras, esta posibilidad depende de las circunstancias del caso, teniendo en cuenta las condiciones que han rodeado la firma del préstamo y las exigencias de la garantía[193].

De manera análoga, en la medida en que dicho sistema de protección contra las cláusulas abusivas no es aplicable si el consumidor se opone a ello, el consumidor deberá tener *a fortiori* el derecho de oponerse a ser protegido, en aplicación de ese mismo sistema, de las consecuencias perjudiciales provocadas por la anulación del contrato en su totalidad cuando no desee invocar tal protección".

193 Como determina el TJUE en Sentencia 30 de abril de 2014, caso Árpád Kásler y Hajnalka Káslerné Rábai contra OTP Jelzálogbank ZrTomo, asunto C-26/13 (TJCE 2014/105), "habida cuenta de tal situación de inferioridad, la Directiva 93/13, obliga a los Estados miembros a establecer un mecanismo que asegure que toda cláusula contractual no negociada individualmente pueda ser controlada para apreciar su eventual carácter abusivo. En ese contexto incumbe al Juez nacional, atendiendo a los criterios enunciados en los artículos 3, apartado 1 y 5 de la Directiva 93/13, determinar si dadas las circunstancias propias del caso concreto esa cláusula cumple las exigencias de la buena fe, equilibrio y transparencia establecidas por esta Directiva.

No hay duda de que la nulidad absoluta de la fianza es la solución más fácil para el fiador privado de una serie de derechos, pero hay que tener presente también que esto podría situar al deudor principal, el otro consumidor en una situación especialmente perjudicial[194].

En palabras de GÓMEZ POMAR[195], dejando de lado la vía de la ineficacia contractual, la supuesta alternativa que consistiría en no completar la laguna dejada por la cláusula suprimida en "realidad no existe". En su opinión, no hay una opción de dejar la laguna sin cubrir y, al tiempo, mantener el contrato. Desde su punto de vista, por hipótesis, en un caso de tutela individual frente a condiciones generales, si una cierta cláusula ha sido suprimida por abusiva, lo es porque el supuesto de hecho,

---

No obstante, el artículo 4, apartado 2, de la Directiva 93/13, puesto en relación con su artículo 8, permite a los Estados miembros prever en la legislación de transposición de esa Directiva que "la apreciación del carácter abusivo" no abarca las cláusulas previstas en dicha disposición, siempre que dichas cláusulas se hayan redactado de manera clara y comprensible".

194 Con anterioridad, sobre las consecuencias del carácter abusivo de las cláusulas en la Sentencia TJUE 30 de abril de 2014, caso Árpád Kásler y Hajnalka Káslerné Rábai contra OTP Jelzálogbank ZrTomo, asunto C-26/13 (TJCE 2014/105), se estimó que la desaparición de una cierta cláusula en el contrato, fruto de la aplicación del juicio sobre su carácter abusivo, puede conducir a que el contrato no pueda mantenerse y de ello acaso resultarían efectos negativos para el consumidor, haciéndose referencia expresa a la anulación del préstamo y el consiguiente deber de restitución inmediata de la cantidad prestada. A tal efecto, el TJUE consideró que el Juez, tras la declaración del carácter abusivo, puede llenar la laguna dejada por la cláusula eliminada con la regla supletoria pertinente del Derecho nacional si en otro caso el contrato no pudiera subsistir tras la supresión de la cláusula en cuestión.

195 "¿Qué hacemos con los créditos hipotecarios impagados y vencidos? El Tribunal Supremo ante la sentencia Abanca del TJUE, *InDret*, 2/2019, pág. 4.

la circunstancia fáctica a la que debiera aplicarse la cláusula en cuestión, concurre en la realidad, lo cual reclama una solución para afrontar el conflicto concreto entre las partes en litigio. Como bien explica "en otras palabras", dejar la laguna sin cubrir solo es posible si se admite que el contrato devenga ineficaz y se sujete al régimen jurídico propio de la ineficacia, pues entonces ya no es necesario dar una solución a la circunstancia existente bajo el contrato, pues este ya habría sido "arrumbado" como ineficaz (o insubsistente, por emplear la terminología de la Directiva 93/13 y el TJUE). Pero si es necesario "eludir", como bien refiere, la vía de la insubsistencia, si el contrato se preserva y se mantiene vinculando a las partes, será imprescindible ofrecer una solución dentro del contrato y al margen de la ineficacia del mismo. El interrogante, se reduce en opinión del autor, no a integrar o no integrar la laguna que deja la cláusula expulsada, sino con qué contenido integrar.

El caso no es fácil y la "titubeante" nulidad parcial y la nulidad absoluta giran en torno al posible régimen de ineficacia de la *"cláusula de afianzamiento"*. Esto deriva de la compleja relación nacida del contrato de préstamo con garantía hipotecaria y garantía personal, en la que el triángulo relacional conlleva, según la opción que finalmente sea adoptada, el perjuicio de uno de los dos consumidores (deudor principal o fiador solidario), pero nunca de la parte contratante fuerte, la entidad bancaria, a pesar de movernos en sede de consumo y de protección del consumidor.

Capítulo Tercero

Diversas soluciones ante la posible abusividad de la llamada "cláusula de afianzamiento"

1. PLANTEAMIENTOS DOCTRINALES SOBRE EL PARTICULAR

El debate doctrinal en torno a la posible abusividad de la llamada *"cláusula de afianzamiento"* se desarrolla de forma paralela a la controversia judicial existente en la materia.

Como ha indicado BASTANTE GRANELL[196], las cláusulas que fijan el carácter solidario de la fianza o la renuncia al beneficio de excusión, y no la fianza como tal, pueden ser objeto de un "juicio de abusividad" ante los Tribunales. Considera el autor que no se trata solo de observar si tales cláusulas superan los controles pertinentes, sino de determinar también su "carácter no negociado". Por este motivo, adquieren la redacción de la cláusula, así como las explicaciones e informaciones suministradas por el profesional en la "fase precontractual", un papel clave. Desde su punto de vista, existen vías para defender su abusividad, cauces interpretativos y de aplicación capaces de permitir que el fiador, consumidor, ya sea en préstamos particulares o mercantiles logre diluir su responsabilidad, recobrando la fianza, mediante la nulidad de tales cláusulas, su carácter

---

196 "La cláusula de afianzamiento en préstamos hipotecarios... cit.", pág. 28.

simple. No se trata de anular la fianza, entendida como elemento accesorio o contrato autónomo, sino ciertas características, no teniendo esta solución una repercusión negativa en el mercado hipotecario. Al contrario, puede servir para que las entidades bancarias adopten diligencias adecuadas en la fase precontractual y al redactar el documento, con la finalidad de que el consumidor conozca de forma "adecuada" en qué consiste una fianza solidaria o una fianza con renuncia al beneficio de excusión.

La validez de esta cláusula es defendida por MARTÍNEZ SANTOS[197], quien estima que esta clase de garantías es habitual en la "práctica bancaria" cuando se trata de préstamos personales, exigidas por el prestamista para asegurar el buen fin de la operación a quien acude a solicitar un crédito. En relación con los fiadores, no pueden desconocer que intervienen en esa operación, pues figuran y firman la póliza en ese concepto. Cuando en las cláusulas en cuestión se recogen los términos de la fianza, como solidaria de la prestataria, con igual carácter solidario entre los fiadores y con renuncia expresa a los beneficios de orden, excusión y división, como práctica frecuente, los considera parte integrante de la declaración de voluntad expresada por quienes intervienen para otorgar la garantía, sin que sea posible esgrimir un posible error o desconocimiento cuando no se prueba, ni incumplimiento de los controles de incorporación y transparencia que, ante la escasa intervención de los fiadores, deben restringirse al examen de una sola cláusula. Niega, asimismo, la existencia de un posible "desequilibrio importante en los derechos y obligaciones de fiador-prestamista acreedor", en tanto en cuanto del contrato de fianza no derivan derechos y obligaciones para ambas par-

---

197 "La dificultad de calificar como abusiva la cláusula de afianzamiento personal", *Práctica de Tribunales*, núm. 128, septiembre-octubre, 2017, págs. 1-2 (LA LEY 1122/2017).

tes, pues lo que precisamente caracteriza a la fianza es que solo genera obligaciones para el fiador sin prestación a cargo del acreedor principal. Del mismo modo, considera que la fianza en los términos pactados no deja a los fiadores en una situación jurídica menos favorable que la prevista por el Derecho nacional vigente, de tal forma que permita concluir un desequilibrio importante en perjuicio del consumidor.

Para BELHADJ BEN GÓMEZ[198], el afianzamiento solidario o con renuncia al beneficio de excusión, implica que el fiador queda obligado de idéntica manera que el deudor principal y que el acreedor puede dirigirse indistintamente contra el deudor o contra el fiador o contra ambos. Dicho esto, estima que la constitución de la fianza no exige "ineludiblemente" la renuncia a los beneficios de exclusión y división por parte del fiador, y no cabe deducir que ha habido "negociación" del mero hecho de su constitución. La solidaridad no puede apreciarse si no se pacta y el consumidor debe disponer antes de la celebración del contrato, de información sobre las condiciones contractuales y las consecuencias de dicha celebración. La transparencia no puede reducirse sólo al carácter comprensible de ésta en un plano formal y gramatical, sino que va más allá al exigir que el consumidor pueda prever, sobre la base de criterios precisos y comprensibles, las consecuencias económicas derivadas de lo que ha firmado. Por ello, la *"cláusula de afianzamiento"* ha de ser producto de un proceso de negociación entablado entre las partes y ese acuerdo ha de extenderse al régimen de la fianza. En su opinión, del tenor literal de la cláusula podrá determinarse su carácter abusivo o no, si se explica que, como consecuencia del afianzamiento solidario o con renuncia al beneficio de excusión, la fiadora queda obligada de idéntica manera que la deudora principal y que el "Banco" puede dirigirse

---

198 "Pacto de afianzamiento y abusividad. Doctrina del Tribunal Supremo… cit.", pág. 4.

indistintamente contra la deudora o contra fiadora o contra ambas, derogando el régimen general del Código Civil para el contrato de fianza. Por lo tanto, se cumple con la exigencia de "transparencia real" si se explica el alcance de la solidaridad, en términos comprensibles para la fiadora, es decir, de forma clara y comprensible la significación jurídica y económica que ello comporta. Siendo, en consecuencia, en otro caso procedente la declaración de abusividad.

Para la autora, las consecuencias de la declaración de abusividad del pacto de solidaridad y de la renuncia a los beneficios de orden, división y exclusión, no afecta a la subsistencia del contrato de fianza y el hecho de declarar la nulidad de la cláusula, única y exclusivamente, en cuanto a la solidaridad del afianzamiento y en cuanto a la renuncia a los indicados beneficios, no supone integración o modificación del contrato de fianza, sino simplemente restaurar el equilibrio real entre los derechos y obligaciones de las partes. Esto se debe a que la fianza es una relación jurídica contractual y no una cláusula contractual reguladora del contrato de préstamo, aunque el pacto de afianzamiento se documente en la propia escritura de préstamo hipotecario. Por este motivo, defiende que el contrato de fianza debe subsistir, en principio, sin otra modificación que la resultante de la supresión de su contenido abusivo, en tanto que, en virtud de las normas del Derecho interno, tal persistencia del contrato sea jurídicamente posible.

En opinión de PAGADOR LÓPEZ y SERRANO CAÑAS[199], el hecho de que la renuncia a los beneficios de excusión, división y orden o de que el carácter solidario de la fianza sean cláusulas predispuestas e impuestas a iniciativa del predisponente, lleva a tratarlas como cláusulas no negociadas individualmente o de las condiciones generales de la contratación someti-

---

[199] "Sobre el carácter abusivo del pacto de solidaridad en la fianza... cit.", págs. 227, 233 y 250.

das al ámbito de aplicación del TRLGDCU y de la LCGC. Su exoneración de los controles previstos en estos textos legales tendrá lugar cuando no se trate de cláusulas predispuestas o impuestas, sino negociadas, sin perjuicio de que en este caso deben de respetar además las exigencias del artículo 1261 CC. Esto ocurrirá cuando estas cláusulas puedan considerarse una verdadera "renuncia negociada, conocida y consentida por el fiador". Para estos autores el denominado control de transparencia no puede reducirse a su reflejo meramente formal o gramatical, es decir, los tribunales no pueden contentarse con que las cláusulas se redacten de modo claro y comprensible en los términos que prevé el artículo 5 de la Directiva 93/13, de modo que puedan ser conocidas por el adherente.

Por todo ello, se permiten afirmar que, las cláusulas cuestionadas solo serán válidas si son conocidas y aceptadas por el fiador. Sin información previa, raro será el consumidor que comprenda que la solidaridad en la fianza conlleva ocupar la misma posición que el deudor, y que el acreedor puede dirigir directamente su acción directamente contra su patrimonio y exigir la totalidad de la deuda. No obstante, esto decae cuando el fiador acepta de manera clara e inequívoca ser fiador solidario, siendo consciente de los riesgos jurídicos y económicos que conlleva la asunción de esta posición obligacional. Por consiguiente, todo se reduce a determinar cuándo existe esa voluntad de constituirse como fiador solidario, cuál es la carga de información que soporta y debe facilitar el predisponente y, por último, cuál es el grado de diligencia exigible al fiador.

En todo caso, las consecuencias de la falta de validez, va a depender, según estos autores, del modo en que estos pactos se hayan conformado. En concreto, si mediante un pacto se conviene celebrar un contrato de fianza y mediante estipulaciones formal y materialmente distintas se pacta el carácter solidario de la fianza o la renuncia del fiador a los beneficios de excusión y división, es posible que tan solo sean declaradas nulas e ineficaces estas últimas, pero no la primera. Sin embargo, si en una misma cláusula, en sentido formal y material, se celebra el contrato de fianza y se configura como solidaria y con exclusión de los beneficios de excusión y división, no es dudoso que la consecuencia habrá de ser la nulidad e ineficacia del afianzamiento mismo.

Admite GÓMEZ VALENZUELA[200] que, aunque el contrato de fianza no pueda considerarse como una condición general de la contratación, por afectar al objeto principal del contrato, las cláusulas relativas al afianzamiento, como el pacto de solidaridad y la renuncia a los beneficios de orden, división y excusión, se configuran en la práctica bancaria, por su carácter habitual y su vocación de generalidad, como condiciones generales de la contratación. Refiere que respecto al carácter abusivo de las cláusulas de extensión del afianzamiento, la regla general en la contratación bancaria ha sido la "opacidad" en detrimento de la "perspicuidad", abundando los contratos de fianza insertos documentalmente en el contrato de préstamo donde el predisponente, lejos de explicar al consumidor las vicisitudes del afianzamiento y, sobre todo, la repercusión económica de la fianza solidaria y la renuncia a los beneficios de orden, división y excusión, se ha limitado, simple y llanamente, a dar una explicación eminentemente "lacónica" o a remitirse a los preceptos del Código Civil que avalan dichas renuncias, sirviéndose a menudo de una letra milimétrica y una redacción sin riqueza topográfica que socavan los requisitos básicos de los controles de incorporación y de transparencia.

Asimismo, denuncia que a menudo la situación del fiador es "sangrante", desde el punto de vista económico y jurídico, por lo que se muestra receloso respecto a que las renuncias predispuestas superen el control de contenido, ya que colocándose el consumidor en fiador gratuitamente y afianzando una

---

200 "Examen de las cláusulas abusivas en el contrato de fianza: a propósito de la fianza solidaria… cit.", págs. 686 y 687

operación que no va ligada a un "cremastístico", pues presta su consentimiento movido por fines como la "generosidad, el altruismo o la amistad con el deudor principal", ve como todo su patrimonio tiene que responder de una deuda que tiene como acreedora a una entidad bancaria, agravándose el desequilibrio en los frecuentes casos en los que esta, además de la garantía personal, ostenta un derecho real de hipoteca. Por este motivo, estima que de acuerdo con los principios comunitarios, las entidades bancarias deben someterse a un proceso de sensibilización adoptando una nueva perspectiva de competencia en la que lo primordial no será reforzar la garantía del crédito a costa de que el consumidor renuncie a derechos y beneficios que le reconoce nuestro legislador, sino de significarse en el mercado bancario como entidades que han instalado eficaces protocolos de transparencia que garanticen una negociación leal y equitativa con la parte más débil.

En consecuencia, admite que los efectos de la nulidad de la solidaridad y la renuncia a los beneficios de excusión, división y orden son una cuestión controvertida en la que entra en conflicto el principio de conservación del contrato y los objetivos nacidos en materia de consumidores y usuarios por la Unión Europea. Por esta razón, reclama el planteamiento de una cuestión prejudicial en aras de resolver el problema como en otras ocasiones respecto a determinadas cláusulas.

Para concluir y como bien han constatado CARRASCO PERERA, CORDERO LOBATO y MARÍN LÓPEZ[201], una fianza es siempre un "contrato de fianza", aunque contenga una única cláusula del contrato, la llamada *"cláusula de afianzamiento"*, del que nace la obligación afianzada. Por este motivo, la *"cláusula de afianzamiento"* no puede considerarse nunca una "cláusula" en el sentido de la Directiva de cláusulas abusivas y

---

201 *Tratado de los derechos de garantía... cit.*, pág. 803.

los artículos 82 y ss. TRLGDCU. Como bien dicen, la jurisprudencia del TJUE ha sostenido con claridad que la nulidad de una cláusula no puede provocar la nulidad de todo el contrato. En consecuencia, no podría ser nula la *"cláusula de afianzamiento"*, porque entonces la nulidad se extendería a todo el contrato de fianza.

2. RESPUESTA DE LOS TRIBUNALES ANTE LA CUESTIONADA ABUSIVIDAD DE LA "*CLÁUSULA DE AFIANZAMIENTO*": REPLANTEAMIENTO DE UN PROBLEMA

Como se ha podido comprobar, la posible abusividad de la *"cláusula de afianzamiento"* no es un tema pacífico a nivel doctrinal, lo que se reitera, como habrá ocasión de comprobar, en la jurisprudencia existente al respecto. A lo largo del estudio se ha hecho referencia a diversos pronunciamientos que van anunciando la existencia de una jurisprudencia divergente y vacilante sobre el particular. Los criterios son dispares y parece ser que la única salida es un nuevo pronunciamiento por parte del Tribunal de Justicia de la Unión Europea.

El hecho de que exista discrepancia a nivel judicial no revitaliza por sí misma una materia, esto se produce fundamentalmente, como ya ha ocurrido respecto de otras cláusulas, cuando entra en escena el "consumidor" y se pone en marcha la maquinaria específica que se encarga de su protección, tal es, el Derecho de Consumo. Así lo que en principio es una discrepancia jurídica, a nivel doctrinal y jurisprudencial, pasa a convertirse en un problema social[202].

---

202 En este sentido, en relación a la ejecución hipotecaria, SENÉS MOTILLA, C., "Cláusulas abusivas y ejecución hipotecaria", *Prác-*

La validez de la referida cláusula es analizada, como ya se ha manifestado, a partir de la Directiva 93/13, la LCGC y el TRLGDCU. De igual forma, la disparidad de criterios entre los JPI, JMerc y Audiencias Provinciales ha privado de la existencia de una doctrina jurisprudencial homogénea y consolidada sobre el particular.

La ausencia de criterios que permitan su determinación o no como condición general, el control al que debe ser sometida, así como los efectos posibles de su declaración como abusiva, siendo cuestionada si afecta a la fianza en su totalidad o solamente a las condiciones en las que ha sido negociada, constituyen el núcleo discutible en los distintos pronunciamientos.

La existencia de resoluciones judiciales coherentes es necesaria para evitar la práctica de esta cláusula y para dejar de poner en peligro el instituto de la fianza, cuya misión no puede ponerse en duda, cuando es utilizada en condiciones de normalidad o lo que podríamos considerar un "uso correcto de la misma", aunque se encuentre previsto el diseño de la que ahora cuestionamos como abusiva en el propio Código Civil. Desde mi punto de vista, esto no plantea duda, sí lo hace su predisposición o predeterminación por la entidad bancaria con el completo desconocimiento por parte del "consumidor medio" de aquello sobre lo que está emitiendo un consentimiento no informado.

La ausencia, en un principio, de una decisión clara y unitaria en torno a este problema, exige un análisis cronológico del devenir de esta cláusula cuya abusividad se cuestiona. En esencia, cabe considerar que las diferencias entre las resoluciones adoptadas por los distintos tribunales responden a una serie de líneas fundamentales que se analizan a continuación.

---

tica de Tribunales, núm. 120, mayo-junio, 2016, pág. 1 (LA LEY 2611/2016).

2.1 Nulidad de la cláusula de afianzamiento atendiendo a la normativa sobre nulidad de los contratos

La fianza como contrato autónomo y típico, no admite su configuración como cláusula contractual, en consecuencia, la acción de nulidad de esta *"cláusula de afianzamiento"* no puede basarse en el régimen de las cláusulas abusivas y, por lo tanto, en la normativa sobre consumidores, sino que el problema debe ser abordado desde las normas generales en materia de nulidad de los contratos[203].

A pesar de defender una posible nulidad a través de las normas generales de los contratos, resulta llamativa la Sentencia AP de Valladolid (Sección 3ª), 20 de abril de 2018[204], pues reconoce que en la práctica y, en concreto, en los contratos bancarios o de financiación, las fianzas se conciertan de forma solidaria y no simple. En estos casos, el Código Civil establece en su artículo 1822 la remisión a la regulación de las obligaciones solidarias (artículos 1137 a 1148). Sin embargo, admite que la fianza no se desnaturaliza en estos supuestos y el propio Código en sus artículos 1831.2 y 1837, sin necesidad de pacto alguno, asocia a esta solidaridad la inaplicación de los beneficios de excusión y división. Por lo tanto, los fiadores solidarios "deben" desde que nació el contrato y el acreedor se encuentra facultado por la ley para dirigirse directamente contra ellos o algunos de ellos por la totalidad de la deuda, sin tener que hacer reclamación previa o simultánea alguna al deudor principal ni de dividir su reclamación. La garantía prestada lo es en

---

203 *Vid.*, Sentencias AP de Valencia (Sección 9ª), 14 de junio de 2016 (JUR 2016/215304); AP de Valencia (Sección 9ª), 9 de febrero de 2017; AP de Tarragona (Sección 1ª), 7 de diciembre de 2017 (JUR 2017/1743); AP de Cádiz (Sección 5ª), 25 de junio de 2018 (JUR 2018/254924); Auto AP de Valencia (Sección 6ª), 19 de julio de 2018 (JUR 2018/272020).

204 AC 2018/945.

toda su extensión, en los mismos términos que le correspondería hacerlo al deudor principal, sin que sea posible hablar de desequilibrio cuando el afianzamiento es claro, contemplando la renuncia a los beneficios de orden, excusión y división, que es, como se ha dicho, tan frecuente en la práctica, habiéndose convertido en la regla general y que de hecho es "lo que da utilidad a esta figura en la práctica, viviendo asociada legalmente la inaplicación de dichos beneficios a la solidaridad pactada sin necesidad de estipulación alguna al respecto".

En favor de la nulidad se manifiesta la Sentencia AP de Cádiz (Sección 5ª), 11 de octubre de 2018[205], al considerar que "la fianza es un contrato autónomo y típico, regulado en los artículos 1822 a 1856 del Código Civil, y no (...), una mera cláusula contractual, siendo de aplicación normal y generalizada en la práctica bancaria. Por ello, la acción de nulidad de la fianza no puede sustentarse a través de la acción de nulidad por abusividad de las cláusulas contractuales con base en la normativa de consumidores, pues no es parte de un contrato sino un contrato en sí misma, que liga al fiador con el acreedor, que podrá ser impugnado (...), a través de las normas generales de nulidad de los contratos (artículos 1300 y siguientes del Código Civil)"[206].

---

205 JUR 2019/24111.

206 No obstante, a pesar de manifestar su oposición a la declaración de nulidad de la cláusula de afianzamiento en base a la normativa de consumidores, procede con posterioridad al examen de las cláusulas controvertidas donde se acuerda el afianzamiento solidario para determinar si es abusiva o no. Reconoce que las cláusulas objeto de enjuiciamiento revisten los caracteres de las condiciones generales de la contratación, ya que no han sido objeto de negociación. Dicho esto, estima procedente el control de inclusión y de transparencia formal o documental, el cual es superado, no siendo posible el control de abusividad, por lo que la cláusula es válida.

Así lo entiende también, la Sentencia AP de Madrid (Sección 25ª), 5 de febrero 2020[207], por esta razón especifica que no cabe la reconvención promovida por los fiadores porque su pretensión se dirige a anular la cláusula de afianzamiento por considerarla abusiva, cosa que "no es procedente porque se trata de fiadores solidarios cuya responsabilidad está determinada por la relación contractual directa con el acreedor, la cual conforma un contrato independiente que no depende para su cumplimiento del impago de la deuda por el deudor principal, de modo que la nulidad del contrato de fianza no puede venir dada denunciando su carácter abusivo, sino por la concurrencia de las causas de nulidad de los contratos contenidas en los artículos 1300 y siguientes del Código Civil".

2.2 Cláusula de afianzamiento y transparencia material

El contenido del contrato de fianza y, en particular, la renuncia a los beneficios de excusión, división y orden, así como el pacto de solidaridad son objeto de un control de transparencia material, y en el supuesto de no ser considerara transparente, procede un control de abusividad conforme al artículo 82 TRLGDCU[208]. Dentro de esta línea cabe, asimismo, verificar dos tendencias:

a) Aquellas resoluciones que dictaminan la nulidad por falta de transparencia, declarando la abusividad de ese pacto

---

207 JUR 2020/145751.

208 La ausencia de dicho control supone una vulneración del derecho a la tutela judicial efectiva. *Vid.* al respecto, AGÜERO ORTIZ, A., "No realizar el control de abusividad vulnera el derecho a la tutela judicial efectiva. STC (Sala Primera), núm. 102/2021, de 10 de mayo (ECLI:ES:TC2021:102)", *Revista CESCO de Derecho de Consumo*, 16 de junio de 2021, págs. 1-2, disponible en: www.uclm.es/centro/cesco.

concreto de renuncia al beneficio excusión, pero manteniendo vigente el contrato de fianza[209], "sin otra modificación que

---

209 *Vid.* al respecto, Sentencia AP de Girona (Sección 1ª), 11 de junio de 2020 (JUR 2020/220782); AP de Girona (Sección 1ª), 30 de julio de 2020 (JUR 2020/250447); AP de Asturias (Sección 5ª), 23 de enero de 2020 (JUR 2020/103470); AP de Barcelona (Sección 4ª), 5 de abril de 2018 (JUR 2018/112881); AP de Guipúzcoa (Sección 2ª), 30 de septiembre de 2015 (JUR 2015/244535) y 6 de noviembre de 2015 (JUR 2016/38610). Según estas sentencias el pacto declarado nulo no permitía al consumidor conocer la significación jurídica y económica que la renuncia al beneficio de excusión implicaba y, además, resultaba abusivo perjudicar al consumidor agravando su posición jurídica en el contrato pues no es necesario establecer el carácter solidario de la fianza para conceder el préstamo.
En concreto, la Sentencia AP de Guipúzcoa de 30 de septiembre de 2015 expresamente determina que "la declaración de abusividad de la renuncia a los beneficios de orden, división, excusión y extinción no afecta a la subsistencia de la relación contractual de afianzamiento y el hecho de declarar la nulidad de la cláusula única y exclusivamente en cuanto a dicha renuncia no supone una integración o modificación de su contenido, sino, simplemente, restaurar el equilibrio real entre los derechos y obligaciones de las partes.
Por consiguiente, procede declarar la nulidad de la cláusula única y exclusivamente en cuanto recoge la renuncia a los beneficios de orden, división y excusión por parte de los fiadores, pero no la cláusula de afianzamiento en sí".
Por su parte, la Sentencia AP de Barcelona de 5 de abril de 2018 especifica que "es claro que la renuncia a los beneficios de orden, división excusión y extinción por parte de la fiadora perjudica de manera no equitativa a la misma gravando su situación sin causa que lo justifique, por lo que procede declarar nulo por abusivo el carácter solidario de la fianza y la renuncia a los beneficios de orden, excusión y división".
Igualmente, la Sentencia AP de Girona de 30 de julio de 2020, manifiesta que "atendida la redacción literal de la cláusula litigiosa, no existe ningún tipo de duda (y no puede existir para cualquier consumidor) que se obligaba a cumplir todas las obligaciones contraídas por el prestatario, por lo que la constitución como fiadora

la resultante de la supresión de su contenido abusivo, en la medida en que, en virtud de las normas de Derecho interno, tal persistencia del contrato sea jurídicamente posible"[210].

A tal efecto, la Sentencia AP de Asturias (Sección 5ª), 23 de enero de 2020[211] establece que "procede la declaración de la nulidad de la cláusula decimoctava del contrato, no en cuanto a su condición de fiadores, que se mantiene, sino por lo que se refiere a la renuncia de beneficios como el de excusión, orden y división, por cuanto dicho apartado no cumple un control de transparencia. Si no se da una explicación comprensible, fácilmente inteligible para un ciudadano medio acerca de lo que implica asumir una garantía en términos de solidaridad, con renuncia a beneficios de "excusión", "orden" o "división",

---

no puede declararse nula por falta de transparencia. Es decir, cualquier consumidor sabe y no puede ignorar lo que significa afianzar o avalar las obligaciones contraídas por otro, es decir, que responde si el deudor principal no cumple. Ahora bien, distinto es deducir que un consumidor normal o medio conoce el alcance de los conceptos netamente jurídicos como son la solidaridad o los beneficios de orden, excusión o división".

Vid. también al respecto, Sentencia JMerc de Valencia, 23 de septiembre de 2019 (JUR 2019/308444).

210 En este sentido la ya referida Sentencia AP Barcelona (Sección 4ª), 5 de abril de 2018 (JUR 2018/112881). No obstante, en el Voto Particular que la acompaña se reclama que "la abusividad debe extenderse a la propia constitución de la relación de afianzamiento y no solo limitarse a la renuncia injustificada de los beneficios legalmente establecidos manteniendo en vigor la relación de fianza, atendiendo que el hecho de la sobregarantía se presenta en el caso, objetivamente como el verdadero fundamento y causa del desequilibrio en las prestaciones, pues impone una situación totalmente desproporcionada en perjuicio de la parte consumidora. En este sentido la entidad profesional predisponente abusó de su posición imponiendo, injustificadamente, la relación de afianzamiento impugnada".

211 JUR 2020/103470.

realizando incluso explicaciones contables, éste desconoce la carga económica que le puede suponer dicha renuncia. En principio, el empleo de términos con importante carga jurídica como "excusión", que implica el que previamente se persiga los bienes del prestatario y sólo cuando éstos son insuficientes se exija el pago del fiador, artículo 1830 del Código Civil, o "división", artículo 1837 del mismo texto legal, exigen una previa explicación que no consta se facilitase en el caso de autor. De ahí que efectivamente se considere que esa renuncia es nula por no superar ese control de transparencia". En base a ello, se "reconoce la validez de la garantía personal, pero manteniendo la fiadora los beneficios de excusión, división y orden".

De igual forma, la Sentencia AP de Girona (Sección 1ª), 30 de julio de 2020[212], reconoce que "el consumidor debe ser informado adecuadamente del alcance económico o jurídico de las cláusulas de un contrato de adhesión y, en el caso concreto, el fiador debe ser informado del alcance de su fianza, no bastando con el conocimiento de que debe responder en el caso de que no cumpla el deudor principal, pues ello es inherente a la fianza, sino que debe conocer en qué momento y en qué condiciones debe hacerlo, debiendo serle informado sobre la diferencia entre fianza simple o fianza solidaria, y tal información debe hacerse de forma clara y comprensible de tal forma que si se pacta de forma solidaria, se le indique que el banco puede dirigirse contra el prestatario o contra él o contra los dos al mismo tiempo, o con términos similares y comprensibles". Asimismo, la Sentencia puntualiza que "la consecuencia no es la nulidad de la fianza, sino de la renuncia a los beneficios de orden, excusión y división, pues la fianza, (...) es un contrato diferente, aunque accesorio del préstamo. La cláusula de la fianza no es una cláusula sin más del contrato de préstamo, sino un contrato distinto, por lo que la nulidad debe

---

212 JUR 2020/250447.

predicarse de aquellas condiciones de la fianza que no sean transparentes, pero no de la totalidad del contrato de fianza. Y, en consecuencia, no podrá proceder contra los bienes de la recurrente y fiadora mientras no se haya hecho excusión de todos los bienes del deudor principal".

b) Aquellas resoluciones que, realizado el control de transparencia material del pacto de renuncia a los beneficios de excusión, división y orden, concluyen que es transparente y válido atendiendo a los criterios del juicio de abusividad, ya que no supone una renuncia de derechos establecidos en la Ley, en la medida en que la fianza solidaria se encuentra expresamente prevista en el Código Civil[213].

---

213 *Vid.* al respecto, entre otros, Autos AP de Castellón (Sección 3ª), 27 de junio de 2016 (JUR 2016/211484); AP de Valencia (Sección 9ª), 10 de julio de 2019 (JUR 2019/283353); AP de Granada (Sección 4ª), 13 de diciembre de 2019 (JUR 2019/122771); Sentencias AP de Barcelona (Sección 15ª), 6 de noviembre de 2014 (JUR 2015/43530); AP de Alicante (Sección 5ª), 29 de mayo de 2019 (JUR 2019/295968); Sentencia JMerc de San Sebastián (Provincia de Guipúzcoa), 29 de junio de 2015 (AC 2016/19).
La Sentencia AP de Islas Baleares (Sección 5ª), 6 de septiembre de 2018 (JUR 2018/280742), determina que "los fiadores eran plenamente conscientes de su obligación de garantía que asumían, y que la misma era solidaria y con renuncia a los beneficios de excusión y división. Dichas modalidades de solidaridad y renuncia a dichos beneficios son expresamente previstas en el Código Civil, en el artículo 1822 y en el artículo 1831.1, en este último caso con renuncia expresa". No se aprecia "que la estipulación de una cláusula de afianzamiento con renuncia a los aludidos derechos comporte una regulación contraria a la legítima expectativa que según el contrato suscrito pudiera tener el adherente, ni un desequilibrio notable en los derechos y obligaciones de las partes derivado del contrato, ni que se trate de cláusulas sorprendentes", pues es habitual en este tipo de supuestos (...), y no puede calificarse de "sorprendente" una renuncia que está expresamente prevista en el Código Civil".

En este sentido, Auto AP de Barcelona (Sección 1ª), 29 de junio de 2020[214], el cual reconoce que "siendo Derecho dispositivo en la regulación del Código civil tanto la fianza simple como la fianza solidaria (prevista expresamente en el artículo 1822 párrafo segundo, del CC), y excluyendo el pacto de soli-

---

Igualmente, la Sentencia AP de Barcelona (Sección 1ª), 10 de febrero de 2020 (JUR 2020/84869), especifica que "en cuanto a la cláusula de afianzamiento, debe destacarse que la posibilidad de que el fiador se obligue solidariamente con el obligado principal se contempla en el artículo 1831 del Código Civil y el concepto y efecto de las obligaciones solidarias (predicable en casos como éste tanto del obligado principal en relación con los fiadores como de éstos en sus relaciones entre sí) se define en el artículo 1137 del mismo Código. Por tanto, la utilización en los contratos de cláusulas de solidaridad o de renuncia a los beneficios de excusión, división y orden no comporta falta de transparencia ni ambigüedad u oscuridad, precisamente porque son cláusulas previstas en la ley, que les atribuye unos efectos determinados y concretos".

Asimismo, *Vid.*, Sentencia JPI de Palma de Mallorca (Provincia de Islas Baleares), 13 de abril de 2015 (JUR 2015/114869), la cual considera que "la cláusula de afianzamiento es perfectamente legible no siendo la misma ni oscura, ni ambigua ni incomprensible, debiendo destacarse que la fianza solidaria con el deudor es una de las modalidades de fianza que establece el Código Civil en el propio artículo 1822".

Vid. también, Sentencias TS 1 de julio de 2019 (RJ 2019/3132); 27 de enero de 2020 (RJ 2020/145); 12 de febrero de 2020 (RJ 2020/329); Autos TS 14 de septiembre de 2022 (JUR 2022/300631); 14 de septiembre de 2022 (JUR 2022/313870); 14 de septiembre de 2022 (JUR 2022/314061); 5 de octubre de 2022 (JUR 2022/15988); 2 de noviembre de 2022 (JUR 2022/348499); 22 de marzo de 2023 (JUR 2023/168957); 29 de marzo de 2023 (JUR 2023/171821); 7 de junio de 2023 (JUR 2023/245172); 13 de septiembre de 2023 (JUR 2023/347278); 20 de septiembre de 2023 (JUR 2023/358152); 25 de octubre de 2023 (JUR 2023/395957); 8 de noviembre de 2023 (JUR 2023/419792).

214 JUR 2020/245179.

daridad por sí mismo, sin necesidad de renuncia, tanto el beneficio de excusión (artículo 1831.2º CC), como el de división (artículo 1837, párrafo primero, del CC), aún en el caso de que pudiese concluirse la nulidad de dichas renuncias por su eventual abusividad, carecería de todo efecto útil, al coincidir sus efectos con los propios de la fianza solidaria con arreglo a la regulación dispositiva prevista en el propio Código".

Igualmente, la Sentencia TS 21 de octubre de 2022[215], manifiesta que tanto la renuncia a la excusión como el pacto de solidaridad están expresamente previstas y autorizadas por el Código Civil y que, tan derecho dispositivo es la regulación del Código Civil sobre la fianza simple como respecto de la fianza solidaria, y que el pacto de solidaridad excluye por sí mismo, sin necesidad de renuncia, tanto el beneficio de excusión, como el de división. En base a esto, la nulidad de dichas renuncias a los beneficios de división, orden y excusión, por su eventual abusividad, en caso de que fuera posible a pesar de estar expresamente prevista en el Código Civil, carecería de todo "efecto útil", al coincidir sus efectos con los propios de la fianza solidaria atendiendo a la regulación establecida en el Código Civil.

2.3 Nulidad de la *"cláusula de afianzamiento"*

La *"cláusula de afianzamiento"*, analizada la transparencia y abusividad es nula, de modo que el fiador queda liberado de su obligación[216].

---

215 JUR 2023/136369.

216 *Vid.*, Sentencias JMerc de San Sebastián, 30 de septiembre de 2014 (AC 2014/1672); JMerc de San Sebastián (Provincia de Guipúzcoa), 2 de octubre de 2014 (AC 2014/1674), la cual reconoce de forma desafortunada, por falta de claridad, la abusividad de la cláusula, ya que ha supuesto "una renuncia injustificada, impuesta por la entidad prestamista, de derechos del consumidor, sin que haya habido

La Sentencia JPI de Bilbao (Provincia de Vizcaya), 5 de abril de 2018[217], estima que "conocimiento y consentimiento por adhesión, no son sinónimo de que los consumidores tuvieran una influencia en el proceso de comercialización capaz de producir una verdadera negociación individual. El hecho de que los prestatarios hubieran sido informados de forma previa, no constituye una circunstancia que excluya, por sí sola, la consideración de la cláusula litigiosa como predispuesta, en la medida en que se trata de una condición impuesta por el banco y no negociada individualmente".

En esta línea, ante la cuestionada abusividad de la *"cláusula de afianzamiento"* considera que "la cláusula, en principio resulta legible y también relativamente comprensible para un jurista o persona que cuente con la capacitación y herramientas técnico-semánticas necesarias, pues resulta obvio que expresiones como "obligados al pago solidariamente" o "beneficios de orden o excusión o división" no resulten expresiones de común conocimiento ni de uso cotidiano, con lo que para determinar si los demandantes estaban en posición de conocer las consecuencias jurídicas y económicas de su contrato, la entidad cumplió o no con las exigencias de transparencia. Es decir, habrá de determinarse si la entidad puede acreditar que actuó de manera leal y equitativa con el consumidor o si, por el contrario, se prevalió en la contratación de su superior

---

una negociación individual que la justifique", por lo que procede la nulidad que "no determina la ineficacia total del contrato", sino la "nulidad de la cláusula que merezca tal sanción".
En el mismo sentido, Sentencias AP de Álava (Sección 1ª), 1 de septiembre de 2016 (JUR 2016/243691); AP de Barcelona (Sección 4ª), 28 de febrero de 2017; AP de Álava (Sección 1ª), 12 de junio de 2017 (AC 2017/494); AP Valencia (Sección 6ª), 10 de noviembre de 2015 (JUR 2016/134339); Auto JPI e Instrucción de Segovia, 1 de febrero de 2016 (JUR 2016/61124).

217 JUR 2014/98896.

posición negociadora y sus superiores medios, incluyendo, sin informar adecuadamente sobre su contenido, unas condiciones que los adherentes no hubieran aceptado razonablemente en el marco de una negociación individual".

Ante esta situación admite que "quedando constatada la falta de cumplimiento de los deberes de transparencia, sólo cabe concluir que, en el caso que nos ocupa, los consumidores llevaron a cabo un pacto con la entidad financiara que, indudablemente no hubieran aceptado de haber sido tratados de manera leal y equitativa que les hubiera permitido conocer las consecuencias económicas y jurídicas del contrato que estaban celebrando y les imponía un desequilibrio importante en su perjuicio que, indudablemente determina su abusividad".

Consecuencia inmediata de la abusividad de la *"cláusula de afianzamiento"* es declarar su nulidad de pleno derecho y acordar que se tenga por no puesta, decayendo el contrato de fianza y continuando vigentes las restantes estipulaciones del contrato de préstamo[218].

---

218 De igual forma, la Sentencia JPI Bilbao (Provincia de Vizcaya), 5 de abril de 2018 (JUR 2018/104772), en la que "teniendo en cuenta la trascendencia de las renuncias efectuadas en perjuicio de los consumidores y para mayor seguridad del banco acreedor y de que estas iban a determinar el contenido del contrato de fianza, la entidad debía informar del mismo a los consumidores y del significado de las renuncias que llevaban a cabo, sin bastar la mera cita de la propia cláusula a algunos preceptos legales (y en ningún caso, a todos los que les afectan, pues ni siquiera se menciona el referente a la solidaridad y renuncia a la división)". Por ello, apreciada la abusividad de la cláusula relativa al afianzamiento, "sólo cabe declarar la misma como nula de pleno derecho y acordar que se tenga por no puesta, decayendo el contrato de fianza y continuando vigentes las restantes estipulaciones del contrato de préstamo, en los mismos términos".
Por su parte, la Sentencia JPI de San Cristóbal de La Laguna (Provincia de Santa Cruz de Tenerife), 13 de diciembre de 2019 (JUR 2020/7958), especifica que "la renuncia a los derechos de excusión,

2.4 Validez de la *"cláusula de afianzamiento"*: a propósito de la función de Notarios y Registradores

La *"cláusula de afianzamiento"* pactada en estas condiciones es válida[219]. En concreto, la Sentencia AP de Alicante (Sección 8ª), 12 de mayo de 2016[220], a pesar de reconocer, primero, que las cláusulas objeto de enjuiciamiento "revisten los caracteres de las condiciones generales de la contratación"; segundo, que los actores tienen la condición de "consumidores cuando ac-

---

división y orden coloca a los fiadores solidarios en una situación semejante a la del deudor principal, pese a no serlo, lo que supone un desequilibrio injustificado que perjudica a los consumidores. Se trata de una estipulación no negociada individualmente que, en contra de las exigencias de la buena fe, causan, en perjuicio del consumidor, un desequilibrio importante de los derechos y obligaciones de las partes que se derivan del contrato".

219 *Vid.,* Autos AP de Barcelona (Sección 19ª), 18 de maro de 2015 (JUR 2015/153925); AP de Pontevedra, Vigo (Sección 6ª), 29 de mayo de 2016; AP de La Rioja (Sección 1ª), 12 de abril de 2018 (JUR 2018/205468); Sentencias AP de Alicante (Sección 8ª), 12 de mayo de 2016 (JUR 2016/154381); AP de Madrid (Sección 19ª), 1 de febrero de 2017; AP de Guipúzcoa (Sección 2ª), 22 de marzo de 2017 (AC 2017/218); AP de Guipúzcoa (Sección 2ª), 31 de marzo de 2017 (JUR 2017/136727); AP de Salamanca (Sección 1ª), 20 de septiembre de 2017; AP Tarragona (Sección 1ª), 7 de noviembre de 2017 (JUR 2017/1743); AP Baleares (Sección 5ª), 27 de diciembre de 2017; AP de Asturias (Sección 6ª), 9 de febrero de 2018 (JUR 2018/330); AP de Vizcaya (Sección 4ª), 5 de marzo de 2018 (JUR 2018/1126); AP de Cádiz (Sección 5ª), 11 de octubre de 2018 (JUR 2019/24111); AP de Alicante (Sección 5ª), 29 de mayo de 2019 (JUR 2019/295968); AP de Vizcaya (Sección 4ª), 30 de mayo de 2019 (JUR 2019/1169); AP de Pontevedra (Sección 6ª), 20 de mayo de 2020 (JUR 2020/194720); AP de León, 25 de junio de 2020 (JUR 2020/241146); AP de Barcelona (Sección 16ª), 17 de septiembre de 2021 (JUR 2021/393020); Sentencia JMerc de San Sebastián (Provincia de Guipúzcoa), 24 de noviembre de 2015 (AC 2016/352).

220 JUR 2016/154381.

túan como fiadores porque operan en un ámbito ajeno a cualquier actividad empresarial o profesional"; y, tercero, "debe procederse a un control de inclusión y de transparencia formal o documental", estima que, en este caso, "es evidente que las cláusulas de afianzamiento forman parte de la escritura y su contenido pudo ser conocido por todas las partes intervinientes en el mismo; y, además, los términos empleados en las cláusulas son claros y sencillos que permiten su fácil comprensión". Igualmente, añade que "al tratarse de la obligación principal del contrato de fianza (...), no es posible realizar el control de abusividad si la cláusula que contiene la obligación principal supera el llamado control real".

Por lo que, ante el caso en cuestión, considera que la cláusula de afianzamiento supera el control de transparencia porque: "i) se regula en una sola cláusula dentro del contrato, es decir, no aparece dispersa u oculta entre varias cláusulas; ii) en ambos casos, se encabeza con la expresión en mayúsculas "AFIANZAMIENTO" con el objeto de destacar esta concreta garantía personal; iii) no se limita a la simple renuncia de los beneficios de orden, excusión y división sino que explica suficientemente los efectos jurídicos y económicos que implica esa renuncia al señalar que la entidad financiera, en su calidad de acreedora, podrá "dirigirse indistintamente contra la parte prestataria contra todos los fiadores o contra cualquiera de ellos o contra unos y otros a la vez puede dirigirse indistintamente" y que los fiadores garantizan "de forma indistinta y solidaria entre sí y respecto de la parte deudora principal, con renuncia expresa a los beneficios de orden, excusión y división, de tal modo que la Caja puede acudir indistintamente a la acción personal contra la parte deudora, a la acción real sobre los bienes hipotecados y a la derivada de este afianzamiento, dirigiéndose contra cualquiera de los fiadores".

En consecuencia, "al haber superado el control de transparencia la cláusula abusiva relativa a la obligación principal del contrato de fianza no cabe entrar al control de su carácter abusivo".

En esta línea de validez se pronuncia también la Sentencia AP de Madrid (Sección 25ª), 5 de febrero de 2020[221] y, ante el supuesto concreto, admite que "pretender, que no fue un acto voluntario la decisión de los recurrentes de avalar el crédito del hermano y cuñado, choca con la lógica de la contratación civil, pues únicamente sería posible concebir tal imposición con un acto coactivo, pues si el fiador no es quien ha pedido y dispuesto del dinero prestado, tampoco puede sentirse constreñido a avalar al prestatario, en cuanto nada recibe a cambio, y si lo hace por ayudarle, por lealtad o por cualquier otra razón personal, el factor desencadenante de su decisión no es la imposición del acreedor, sino el vínculo familiar o afectivo del prestatario. Por lo demás, la redacción dada en el contrato al afianzamiento es perfectamente clara y comprensible, tanto desde su apreciación formal como sustantiva o cualificada, explicándose en ella que la acreedora puede dirigirse indistintamente contra el acreditado, todos los fiadores o uno solo de ellos, respondiendo estos en los mismos términos que aquel, y eso dejando al margen que la fianza es un tipo de concepto contractual de conocimiento general por ser de uso común y regular, de modo que no se precisan muchas explicaciones para comprender su trascendencia económica y las consecuencias derivadas de prestar su consentimiento".

Sobre la misma, poco más que alegar "pura perplejidad y desconcierto", en la medida en que el uso habitual de esta cláusula no implica, por un lado, el conocimiento; y, por otro lado, el cumplimiento del deber precontractual de información. De la misma manera, la existencia de vínculos familiares o de

---

221 JUR 2020/145751.

amistad no pueden justificar el uso abusivo de la fianza, a partir de lo previsto en el Código Civil.

Llama la atención, en igual medida, la reconocida validez de la *"cláusula de afianzamiento"* en la Sentencia AP de Pontevedra (Sección 6ª), 20 de mayo de 2020[222] (JUR 2020/194720), cuando establece que "incluso con independencia de que cualquier consumidor medio entiende las consecuencias de la solidaridad de la fianza en el sentido de que el acreedor puede dirigirse indistintamente frente al deudor y la fiadora para exigir el cumplimiento de la obligación derivada del préstamo personal a interés fijo, ocurre en el caso que la propia fiadora al contestar la demanda reconvencional reconoce expresamente lo siguiente "a mi mandante no se le informó de las condiciones del préstamo, tan solo que respondía igual que su hijo y su nuera", de ahí que no podamos aceptar, por su incoherencia, el alegato de que la apelante no conoció la garantía que asumió en la contratación y que le convertía en deudora solidaria con el prestatario, pues al informarla de que respondía "igual que su hijo y nuera", la estaban informando de las consecuencias de la solidaridad de la fianza en el sentido de que el acreedor podía dirigirse indistintamente frente a cualquiera de los tres para exigir el cumplimiento de la obligación derivada del contrato de préstamo, con lo cual el conocimiento de la carga económica real del contrato es fácil de alcanzar".

Defendiendo la validez de la cláusula ante la cualificación del fiador consumidor, derivada de la cuestionada función a desempeñar por los notarios respecto de esta posible abusividad, indica la Sentencia AP de Alicante (Sección 8), 18 de mayo de 2020[223] que "en nuestro caso, la referida cláusula de afianzamiento supera el control de transparencia en el sentido de que los actores actúan como garantes con su patrimonio

[222] JUR 2020/194720.

[223] JUR 2020/249784.

personal de las deudas que la mercantil acreditada mantenga con la entidad de crédito porque: i) se regula en una sola cláusula dentro del contrato, es decir, no aparece dispersa u oculta entre varias cláusulas; ii) el contrato se denomina póliza de crédito "con garantía personal", lo que evidencia que la fianza forma parte del referido contrato y no puede pasar desapercibido a los actores; iii) los actores no pueden ignorar el significado de fiador o avalista porque la póliza fue suscrita con *intervención notarial*[224], y en su encabezamiento figuran como "fiadores solidarios", en primer lugar; iv) la cláusula no se limita a la simple renuncia de los beneficios de orden, excusión y división, sino que explica suficientemente los efectos jurídicos y económicos que implica al señalar que "en garantía del cumplimiento de las obligaciones derivadas de este contrato, los garantes se constituyen en FIADORES, solidariamente entre sí y con cada uno de los PRESTATARIOS (…); v) la fianza solidaria está especialmente prevista en el párrafo segundo del artículo 1822 del Código Civil, como una modalidad de fianza".

Ante esto concluye admitiendo que "un consumidor medio, normalmente informado y razonablemente atento y perspicaz, puede entender las consecuencias de la solidaridad de la fianza en el sentido de que el acreedor puede dirigirse indistintamente frente al deudor y el fiador para exigir el cumplimiento de la obligación principal derivada de la póliza de crédito". Por lo tanto "al haber superado el control de transparencia de la cláusula relativa a la obligación principal del contrato de fianza no cabe entrar a examinar su posible carácter abusivo"[225].

Sin embargo, cabe decir que la intervención notarial no garantiza nada en este caso concreto. Pero al respecto, resulta fundamental, el perfecto conocimiento de la cláusula, de su

---

[224] Cursiva añadida.

[225] En este mismo sentido, Sentencia AP de Alicante (Sección 8ª), 1 de junio de 2020 (RJ 2020/250035).

trascendencia y de su incidencia en la ejecución del contrato, de forma que el consumidor pueda adoptar su decisión económica después de haber sido informado cumplidamente, lo cual es un resultado insustituible, aunque susceptible de ser alcanzado por una pluralidad de medios y, entre ellos, resulta determinante la actuación del notario desde mi punto de vista, pues puede proporcionar al consumidor ese pleno conocimiento de las consecuencias económicas y jurídicas de la *"cláusula de afianzamiento"* y otras[226].

---

226 *Cfr.,* ARANGUREN URRIZA, F. J., "Control de transparencia por el notario en préstamos hipotecarios con consumidores", en *Estudios de contratos: nuevos escenarios y nuevas propuestas,* Hornero Méndez, C./Oliva Blázquez, F. (Dirs.); Murga Fernández, J. P. (Coor.), Aranzdi, Pamplona, 2016, pág. 134.
Vid., Sentencia TS 9 de marzo de 2017 (RJ 2017/977), donde se declaró que "en la contratación de préstamos hipotecarios, puede ser un elemento a valorar la labor del notario que autoriza la operación, en cuanto que puede cerciorarse de la transparencia de este tipo de cláusulas (con toda la exigencia de claridad en la información que lleva consigo) y acabar de cumplir con las exigencias de información que subyacen al deber de transparencia". No obstante, en base a lo establecido en la Sentencia TS 8 de junio de 2017 (RJ 2017/2509), cabe considerar que "lo anterior no excluye la necesidad de una información precontractual suficiente que incida en la transparencia de la cláusula inserta en el contrato que el consumidor ha decidido suscribir".
Esta postura es igualmente defendida en Sentencia TS 24 de noviembre de 2017 (RJ 2017/5261), la cual añade que "tanto la suficiente información precontractual como la que se aporte al tiempo de la firma del contrato, para que pueda entenderse cumplido el deber de trasparencia, está en función de otras circunstancias, como que el consumidor sea una persona con conocimiento experto en este tipo de contratos". En el caso concreto, la condición de empleada de banco de la prestataria podía hacer innecesaria la información precontractual, y se presume que, a la vista de la claridad de la cláusula, estaba en condiciones de conocer la existencia de la cláusula y cómo operaba o qué incidencia tendría. Reconoce

Por el contrario, existen sentencias que niegan y cuestionan que la intervención del notario pueda suplir la falta de transparencia de las cláusulas. En este sentido, Sentencia TS 8 de septiembre de 2014[227], en donde se determina que "resulta significativo que la parte recurrida (...), descargue el cumplimiento de su propio deber de transparencia en los protocolos notariales de los contratos celebrados. En este sentido debe señalarse, sin perjuicio de la importante función preventiva que los notarios realizan sobre el control previo de las condiciones generales de la contratación que, conforme a la caracterización y alcance del control de transparencia expuesto, la comprensibilidad real debe inferirse del propio juego o desarrollo de la reglamentación predispuesta, de forma que la lectura de la escritura pública y, en su caso, el contraste de las condiciones financieras de la oferta vinculante con la del respectivo préstamo hipotecario, no suplen, por ellos solos, sin protocolo o actuación específica al respecto, el cumplimiento de este especial deber de transparencia". En la misma línea la Sentencia TS 24 de marzo de 2015[228], en la que se reconoce que "la intervención del notario tiene lugar al final del proceso que lleva a la concertación del contrato, en el momento de la firma de la escritura de préstamo hipotecario, a menudo simultáneo a la compra de la vivienda, por lo que no parece

---

que, un empleado de banca que se encuentra familiarizado con este tipo de contratos, aunque tenga la condición de consumidor cuando concierta un préstamo hipotecario con un banco para financiar la adquisición de una vivienda, pues actúa en un ámbito ajeno a su actividad profesional o empresarial, precisa de menos información, sobre todo precontractual relativa a en qué consiste y qué efectos tiene la cláusula en cuestión. Sin embargo, es necesario precisar el grado de familiarización del consumidor con el tipo de cláusula cuestionada atendiendo a sus funciones como empleada de banca.

227 JUR 2014/4660.

228 JUR 2015/845.

que sea el momento más adecuado para que el consumidor revoque una decisión previamente adoptada con base en una información inadecuada"[229].

En relación a la función del Registrador de la Propiedad en este proceso en la Resolución DGRN 14 de julio de 2017[230], se establece que "no solo puede sino que debe comprobar si en el proceso de contratación han sido cumplidos los requisitos de información establecidos en la normativa vigente, ya que se trata de un criterio objetivo de valoración de la transparencia contractual y se incardina dentro del denominado control de incorporación de las condiciones generales a los contratos de adhesión recogido en los artículos 5.1, 7 y 8 de la Ley sobre Condiciones Generales de la Contratación. Ahora bien, ese control de incorporación (...), se refiere a los requisitos de información que afectan al contenido de las cláusulas incorporadas al contrato y posibilitan una adecuada formación de la voluntad contractual del consumidor y su real conocimiento y comprensión de los términos del contrato, es decir, tanto de las consecuencias económicas que supone para él el contrato celebrado, como de su posición jurídica en el mismo y de los efectos que su incumplimiento puede ocasionarle y asume".

---

229 En los mismos términos, la Resolución DGRN 12 de marzo de 2015 (RJ 2015/1586), en la que refiriéndose también a la actuación notarial especifica que "de la forma de cumplimiento por el notario de esta obligación de advertir e informar al prestatario, no puede desconocerse que, según la normativa notarial, la lectura de la escritura pública puede ser realizada por el notario o sólo por los otorgantes, a elección de éstos. Indudablemente, aun cuando los otorgantes lean por sí mismos la escritura, el notario no solo puede, sino que debe explicar las cláusulas de la misma e informar sobre ellas a las partes, prestando asistencia especial al otorgante necesitado de ella".

230 RJ 2017/3931.

Con anterioridad y sobre las funciones propias del Registrador en relación con la calificación de las cláusulas financieras abusivas, la Resolución DGRN 5 de febrero de 2014[231], precisa que "el Registrador, no solo puede, sino que debe comprobar si han sido cumplidos los requisitos de información establecidos en la normativa vigente, pues se trata de un criterio de valoración de dicha transparencia".

Al respecto, en Sentencia TJUE 1 de octubre de 2015, caso ERSTE Bank Hungaruy Zrt. contra Attila Sugár, asunto C-32/14[232] se ha estimado, aunque en relación al sistema húngaro, el cual probablemente sería "correcto seguir" en este punto, que "de las anteriores indicaciones parece desprenderse que, en el sistema procedimental húngaro, el notario está habilitado para desempeñar, concretamente en el momento de autorizar un documento auténtico en el que se formalice un contrato celebrado entre un profesional y un consumidor, un papel preventivo del carácter abusivo de las cláusulas de ese contrato, y que se le impone expresamente el deber de garantizar, mediante su asesoramiento, la igualdad de trato en todos los procedimientos que formen parte de sus atribuciones, incluido el procedimiento de ejecución forzosa"[233].

---

231 RJ 2014/1178.

232 TJCE 2015/464.

233 En este sentido, la Sentencia TJUE 26 de junio de 2019, caso A. contra J, asunto C-407/18 (TJCE 2019/127), aunque referida al derecho esloveno, establece que "es cierto que, como alega el Gobierno esloveno, no cabe excluir, sin perjuicio de las comprobaciones que debe llevar a cabo el tribunal remitente, que, habida cuenta en particular de la Ley del Notariado, los notarios estén sometidos, en especial en el marco de un contrato de crédito hipotecario elevado a escritura pública, a obligaciones de asesoramiento e información de los consumidores, capaces de garantizar un control preventivo del carácter abusivo de las cláusulas de un contrato de este tipo y, por tanto, de contribuir al cumplimiento de las exigencias formuladas

En cualquier caso, haciendo propia la opinión de MIQUEL GONZÁLEZ[234], no debe negarse la posible estimación por parte de Notarios y Registradores del carácter abusivo de una cláusula por su contradicción con la buena fe y el equilibrio de derechos y obligaciones.

El resultado ha sido el nuevo régimen previsto en la LCCI donde se establecen normas de transparencia y de conducta orientadas a la concesión responsable de financiación que afecta a inmuebles, así como a la progresiva implantación de un mercado de crédito fiable, con reglas homogéneas en el espacio europeo y con un mayor grado de confianza de los clientes en las entidades prestamistas. Se trata, al fin y al cabo, de implementar un mercado en el que las personas físicas que buscan financiación hipotecaria puedan hacerlo con la confianza de que las entidades prestamistas se van a comportar de forma profesional y responsable. Para ello, y con el fin de reforzar el equilibrio que debe existir entre las partes en toda relación jurídica contractual, se atribuye al notario la función de asesorar imparcialmente, aclarando todas las dudas que pueda suscitar el contrato y una nueva redacción al apartado 2 del artículo 258 de la Ley Hipotecaria.

---

en los artículos 6, apartado 1, y 7, apartado 1, de la Directiva 93/13". Sin embargo, estima que "un control preventivo de esta naturaleza, aunque exista, no basta para garantizar la efectividad de la protección conferida por la Directiva 93/13".

234 "Comentario artículo 84", en *Comentarios a las normas de protección de los consumidores. Texto refundido (RDL 1/2007) y otras leyes y reglamentos vigentes en España y en la Unión Europea*, Cámara Lapuente, S. (Dir.), Colex, Madrid, 2011, pág. 788,

3. EN CONCRETO, ¿QUÉ POSTURA HA ADOPTADO EL TS ANTE LA POTENCIAL ABUSIVIDAD DE LA "*CLÁUSULA DE AFIANZAMIENTO*" ?: CRITERIOS Y PAUTAS DE ACTUACIÓN

En medio de este vaivén jurisprudencial, a nivel de las AP, JMerc y JPI, y sin perder de vista la postura mantenida por parte del TJUE, el TS se ha manifestado en torno a la cuestionada y posible abusividad de la fianza incorporada al contrato de préstamo hipotecario. Los interrogantes por parte de los prestatarios y fiadores se centran en el control de abusividad y el control de transparencia de la fianza, la posibilidad de pretender su anulación por vía del error como vicio del consentimiento, la aplicación del artículo 88 TRLGDCU, por sobregarantía, la transparencia que debe presidir toda la información precontractual en torno a la renuncia de los derechos de división, excusión y orden, así como el carácter solidario de la fianza contratada.

Sea como fuere, el punto de partida debe ser la protección de ese "consumidor medio" que, aunque conocedor de la fianza como garantía, desconoce el alcance de la misma tal y como en la actualidad es incorporada en los contratos de crédito hipotecario. Se trata de analizar la cuestionada validez de la fianza solidaria y renuncia a los beneficios reconocidos en el Código Civil, como práctica bancaria habitual y configurada mediante cláusulas predispuestas unilateralmente.

Se estima pertinente hacer un repaso de las sentencias existentes sobre el tema, con el fin de exponer la posición defendida por parte del TS al respecto, en aras de proporcionar un cierto orden y ofrecer criterios que permitan la solución de este problema, con independencia de la postura que finalmente sea defendida.

No obstante, antes de iniciar el estudio es necesario poner de manifiesto que en las primeras Sentencias dictadas por el

TS en un intento de aclarar el estado de la cuestión y que han tenido un importante calado, en la medida en que sus postulados son seguidos con posterioridad, como habrá ocasión de comprobar, parece que olvida, desde mi punto de vista una cuestión fundamental, pues en la mayoría de las ocasiones, el referido pacto de solidaridad y la renuncia a los beneficios de excusión, orden y división de los cuales gozan los fiadores, han sido impuestos por parte del predisponente, "parte contratante fuerte" (acreedor y entidad financiera), e introducido sin informar suficientemente a la "parte adherente y débil" (fiador). A esto hay que añadir otra realidad. No se debe olvidar que el Derecho de Consumo trata de asegurar que el consumidor pueda contratar de forma tranquila, con la seguridad de que cualquier desfase que pueda existir entre la imagen que se haya conformado del objeto y lo final y realmente contratado va a ser objeto de la debida protección.

Las sentencias consideradas como más importantes y de mayor trascendencia, pues cabría hablar de un antes y un después de las mismas, son las Sentencias TS 27 de enero de 2020[235] y 12 de febrero de 2020[236], aunque se hará mención a varias sentencias anteriores a esa fecha. En cualquier caso, cabe decir que, desde mi punto de vista, ambos pronunciamientos y los posteriores sobre el particular, no cierran el problema que en torno a la cuestionada abusividad de la *"cláusula de afianzamiento"* existe en la actualidad[237].

---

235 RJ 2020/145.

236 RJ 2020/329.

237 Como han manifestado PAGADOR LÓPEZ, J. y SERRANO CAÑAS, J. M., "Sobre el carácter abusivo del pacto de solidaridad en la fianza... cit.", pág. 215, pese a la existencia de estas dos sentencias, no creemos que sea posible afirmar que ya contamos con una respuesta definitiva al problema, habida cuenta lo cuestionable del razonamiento y de la solución que en ellas se mantienen. Ambos autores, consideran a estos pronunciamientos un "mero punto y seguido"

3.1 Sentencia TS 17 de octubre de 2018: dualidad de soluciones

El recorrido jurisprudencial se inicia con la Sentencia TS 17 de octubre de 2018[238], la cual es analizada no por sus aportaciones, sino por el planteamiento que realiza en torno a las dos posibles soluciones que, ante la declaración de abusividad son posibles, pero sin argumentación jurídica en ambos casos. Precisa la sentencia lo que sigue, con independencia del problema procesal que subyace de fondo, estimando que de haber obtenido una resolución estimatoria de esta causa de oposición, la cláusula no habría podido ser aplicada, por ser nula y no desplegar efecto alguno, de modo que el banco prestamista no habría podido ejercitar acción alguna contra ellos o, en todo caso, de haberse considerado nula solamente la renuncia a los beneficios de orden, excusión, división y al de extinción, no habría podido accionar contra ellos sin haberlo hecho contra los deudores principales.

Resultado de esta Sentencia y como posible criterio de actuación en base a su resolución, es la admisión de la dualidad de efectos en torno a la declarada abusividad de la *"cláusula de afianzamiento"* así perfilada por parte de la entidad bancaria: nulidad absoluta o nulidad relativa que afectaría exclusivamente a las condiciones en que ha sido impuesta la fianza.

3.2 Sentencia TS 28 de noviembre de 2018: control de transparencia real

La Sentencia 28 de noviembre de 2018[239], se centra en el control de transparencia de la *"cláusula de afianzamiento"*, pues

---

en el debate sobre la validez de las cláusulas que de forma unilateral moldean el contenido obligacional asumido por el fiador.

238 RJ 2018/4475.

239 RJ 2018/325435.

las partes (consumidores), niegan haber recibido "previamente a la contratación la información adecuada y comprensible", ante lo que solicitan la declaración de su abusividad. En la Sentencia se lleva a cabo un razonamiento sobre este control, especificando que no solo es necesario que las cláusulas estén redactadas de forma clara y comprensible, sino también que el adherente pueda tener un "conocimiento real" de las mismas, de forma que un consumidor informado pueda prever, sobre la base de criterios precisos y comprensibles, sus consecuencias económicas.

Determina, asimismo, que el control de transparencia, como parámetro abstracto de validez de la cláusula predispuesta, debe aplicarse cuando la "condición general se refiere a elementos esenciales del contrato". Sin duda, el control de transparencia tiene por objeto que el adherente pueda conocer con sencillez tanto la carga económica que realmente le supone el contrato celebrado, esto es, el sacrificio patrimonial realizado a cambio de la prestación económica que quiere obtener, como la carga jurídica del mismo, es decir, la definición clara de su posición jurídica tanto en los elementos típicos que configuran el contrato celebrado, como en la asignación de los riesgos del desarrollo del mismo.

Considera, de igual forma, que a las condiciones generales que versan sobre elementos esenciales del contrato se les exige un plus de información, esto permite que el consumidor pueda adoptar su decisión de contratar con "pleno conocimiento de la carga económica y jurídica" que le supondrá concertar el contrato, sin necesidad de realizar un análisis minucioso y pormenorizado del mismo.

Sin embargo, reconoce que no existen medios tasados que permitan obtener como resultado la existencia de un "consumidor perfectamente informado". El perfecto conocimiento de la cláusula, de su trascendencia y de su incidencia en la ejecución del contrato, a fin de que el consumidor pueda adoptar su decisión económica después de haber sido informado cumplidamente, es un resultado insustituible, aunque susceptible de ser alcanzado por pluralidad de medios. Hay que ser conscientes de que en cada caso pueden concurrir una serie de circunstancias propias cuya acreditación, en su conjunto, ponga de relieve con claridad el cumplimiento o incumplimiento de la exigencia de transparencia.

En todo caso, a pesar de la importancia de su función, la labor notarial "no excluye" la necesidad de una información precontractual suficiente que incida en la transparencia de la cláusula inserta en el contrato que el consumidor ha decidido suscribir.

Dicho lo cual y analizado el supuesto concreto, el TS resuelve que los recurrentes fiadores conocieron la incorporación de la cláusula de afianzamiento porque se *"regula en una sola estipulación dentro del contrato"*, de forma que no aparece ni dispersa ni oculta, está encabezada en mayúsculas y, además, a su parecer, se *"explican suficientemente los efectos jurídicos y económicos que implica la renuncia a los beneficios de orden, excusión y división"*. En consecuencia, como *"supera el control de transparencia"*, no es posible realizar un juicio de abusividad por desequilibrio (artículo 4.2 Directiva 93/13) ni puede considerarse nula de pleno derecho".

Sea como fuere, una vez estudiada la Sentencia, cabe deducir lo que sigue:

1°. Superado el control de transparencia, no se da paso al control de abusividad, como ya ha sido manifestado con anterioridad.

2°. La posible abusividad de la *"cláusula de afianzamiento"* está condicionada por la información precontractual recibida por el fiador, en torno a las condiciones en que se pacta esta "peculiar" fianza, y la prueba al respecto por parte del profesional en torno a esta cuestión.

3º. Las circunstancias que rodean al caso constituyen, desde mi punto de vista, un elemento crucial y un problema a los efectos de poder estimar con carácter general como abusiva esta cláusula, dada la variedad de supuestos que encierra y las peculiaridades de cada uno de ellos. Los términos en los que la cláusula ha sido redactada y la cualificación del fiador, resultan trascendentales para que la cláusula cuestionada vaya superando la escalera del proceso de declaración de abusividad.

Todo esto condiciona la evaluación final en torno a la posible abusividad, lo que aboga en favor de la exclusión de la cláusula pactada como solidaria y con renuncia a los beneficios citados, más que a la nulidad absoluta de la *"cláusula de afianzamiento"*. La nulidad, de ser admitida, dejaría sin garantía personal al crédito, con las consecuencias que ello conlleva, tal es, la imposibilidad de adquirir una vivienda de otra forma, en base a la función que la fianza cumple en determinados casos. No se trata de excluir la fianza como garantía, sino la fianza pactada en condiciones que pueden ser consideradas como "abusivas" según las circunstancias que rodean al caso en particular.

3.3 Sentencia TS 27 de enero de 2020: un antes y un después

La resolución más extensa y comentada del TS en torno a esta polémica cuestión ha sido la Sentencia 27 de enero de 2020[240], cuya postura es reiterada con posterioridad por la Sentencia 12 de febrero de 2020[241] y otras[242]. Se puede afirmar que

---

240 RJ 2020/145.

241 RJ 2020/329.

242 *Vid.*, Autos TS 1 de julio de 2020 (JUR 2020/207366); 23 de septiembre de 2020 (JUR 2020/282523); 24 de noviembre de 2021 (JUR 2021/367684); 15 de marzo de 2022 (JUR 2022/118699); 23 de marzo de 2022 (JUR 2022/119012); 30 de marzo de 2022 (JUR 2022/123465); 20 de abril de 2022 (JUR 2022/138926); 27 de abril

hay "un antes y un después", en esta polémica doctrinal y jurisprudencial en torno a la potencial abusividad de la *"cláusula de afianzamiento"*, aunque su argumentación no lleva hasta sus últimas consecuencias.

El examen de la Sentencia 27 de enero de 2020[243], conduce a destacar una serie de puntos, analizados de forma exhaustiva, dada la trascendencia de esta resolución y cuya solución puede o no ser compartida, pero constata el parecer del Alto Tribunal sobre el particular.

Partimos de los hechos, que como se ha referido, constituyen un punto de salida importante a los efectos de la

---

de 2022 (JUR 2022/144016); 4 de mayo de 2022 (JUR 2022/157101); 25 de mayo de 2022 (JUR 2022/188651); 1 de junio de 2022 (JUR 2022/199340); 14 de septiembre de 2022 (JUR 2022/300631); 14 de septiembre de 2022 (JUR 2022/313870); 14 de septiembre de 2022 (JUR 2022/314061); 5 de octubre de 2022 (JUR 2022/15988); 19 de octubre de 2022 (RJ 2022/4498); 2 de noviembre de 2022 (JUR 2022/348499); 22 de noviembre de 2022 (JUR 2022/373193); 22 de marzo de 2023 (JUR 2023/168957); 29 de marzo de 2023 (JUR 2023/171821); 7 de junio de 2023 (JUR 2023/245172); 21 de junio de 2023 (JUR 2023/266775); 13 de septiembre de 2023 (JUR 2023/347278); 20 de septiembre de 2023 (JUR 2023/358152); 20 de septiembre de 2023 (JUR 2023/356330); 21 de octubre de 2023 (RJ 2023/5183); 25 de octubre de 2023 (JUR 2023/396002); 25 de octubre de 2023 (JUR 2023/395182); 25 de octubre de 2023 (JUR 2023/395957); 25 de octubre de 2023 (JUR 2023/395963); 8 de noviembre de 2023 (JUR 2023/419792) y Sentencia TS 21 de octubre de 2022 (JUR 2023/136369).

243 *Vid.* entre otros, CEPERO ARÁNGUEZ, M. Á. y ESTRADA NOVO, M., "El juicio de abusividad de las cláusulas de fianza incorporadas en un contrato de préstamo hipotecario a la luz de la Sentencia núm. 56/2020, de 27 de enero, de la Sala Primera del Tribunal Supremo", *Diario La Ley,* núm. 9637, Sección Tribuna, 21 de mayo de 2020, págs. 1-17, disponible en la Ley Digital; BELHADJ BEN GÓMEZ, C., "Pacto de afianzamiento y abusividad. Doctrina del Tribunal Supremo… cit.", págs. 9-11.

calificación o consideración de la *"cláusula de afianzamiento"* como abusiva.

El 15 de abril de 2005 D. Jacobo y Dña. Otilia, como deudores principales, suscribieron escritura pública de crédito con garantía hipotecaria, hasta el límite de 156.300 euros, con la entidad Caixa D'Estalvis de Catalunya (Catalunya Banc, S.A.), en cuyo otorgamiento intervinieron en concepto de fiadores Dña. Delia y D. Ceferino, padres de D. Jacobo. La fianza se convino en los siguientes términos:

"AFIANZAMIENTO.

En garantía de la operación de crédito que en este instrumento se formaliza, D.ª Delia y D. Ceferino, aquí comparecientes, afianzan, con ***carácter solidario***[244], de suerte que la Caja pueda dirigirse indistintamente contra el acreditado, contra todos los fiadores o contra uno solo de ellos, ***y con renuncia expresa a los beneficios de excusión, división y orden***[245], el cumplimiento de todas las obligaciones y responsabilidades dimanantes de esta escritura, cuyas cláusulas se dan aquí por reproducidas, haciendo extensivas las alusiones que se hacen de la parte acreditada a los garantes cuyo afianzamiento se regirá por las siguientes normas:

1ª. La fianza así prestada estará vigente durante la vida de este contrato.

2ª. En la determinación del saldo, que se considerará como cantidad líquida exigible a los efectos del pago y, eventualmente, del despacho de ejecución, se procederá en idénticos términos a los prevenidos respecto de la parte deudora principal.

---

244 Cursiva y negrita añadida.

245 Cursiva y negrita añadida.

3ª. El afianzamiento prestado por el garante, se entiende efectuado únicamente como garantía personal, sin depósito de capital e importe alguno (...)".

Los citados fiadores, interpusieron demanda contra la entidad Caixa D'Estalvis de Catalunya, solicitando la declaración de *"la nulidad por abusiva de la cláusula de afianzamiento"* antes transcrita. La Sentencia de Primera Instancia desestima íntegramente la demanda al considerar que no puede entenderse la *"cláusula de afianzamiento"* como una condición general de la contratación, sino como un contrato autónomo con obligaciones propias, lo que hace improcedente la acción ejercitada conforme a los artículos 8 y 9 de la LCGC.

Recurrida la Sentencia de Primera Instancia por los fiadores, la AP desestima el recurso de apelación al considerar, de forma sustancialmente coincidente con el Juzgado de lo Mercantil, que la fianza es un contrato autónomo, típico, regulado en el Código civil y no una mera cláusula contractual, de donde colegía que la acción de nulidad de la fianza no puede sustentarse a través de una acción de nulidad por abusividad de las cláusulas contractuales, pues no es parte de un contrato sino un contrato en sí, que liga al fiador con el acreedor, y que como tal podrá ser impugnado a través de las normas generales de la nulidad de los contratos.

Fijados los hechos, así como el parecer del JMerc y la AP, con los que se comparte en exclusividad la consideración de la fianza como contrato autónomo, pero no que las cláusulas que lo integran puedan ser condiciones generales de la contratación y, por lo tanto, cláusulas no negociadas, cuya posible abusividad pueda ser cuestionada, se lleva a cabo un análisis de las cuestiones fundamentales objeto de tratamiento en la Sentencia:

1ª. Carga de la prueba

Como ya se ha constatado con anterioridad, al tratarse de procedimientos en los que son objeto de discusión derechos de los consumidores y usuarios en contratos de préstamos suscritos con entidades bancarias, corresponde a quien niega que dichas condiciones generales lo sean o, en su caso, a quienes señalan que han sido objeto de negociación, es decir, a la entidad bancaria, probar que ha existido dicha negociación, así como que han proporcionado al consumidor toda la información pertinente para que haya podido comprender el alcance de la responsabilidad económica que contrae cuando firma el contrato en cuestión.

Al respecto, el TS estima que "la carga de la prueba no tiene por finalidad establecer mandatos que determinen quién debe probar o cómo deben probarse ciertos hechos, sino establecer las consecuencias de la falta de prueba suficiente de los hechos relevantes". En el caso, la Sentencia objeto de recurso "no basa su decisión en estimar probada la existencia de una negociación de los términos en que se convino la fianza, sino que la *ratio decidendi* se apoya en el hecho de constituir la fianza un contrato autónomo, bien que accesorio de otro principal (el crédito asegurado) como contrato de garantía que es, y no una mera cláusula contractual que pueda ser reducida a la categoría de condición general de la contratación, cuya *ratio* en nada se ve afectada ni desvirtuada por el hecho de que las concretas estipulaciones de dicho contrato hayan sido objeto o no de una negociación entre las partes, pues hayan sido fruto de una negociación o de una mera adhesión por parte de los fiadores no por ello pierde la fianza su naturaleza de contrato autónomo y distinto del crédito garantizado".

En base a lo establecido en la Sentencia, aunque no se comparta en parte, cabe deducir lo que sigue:

1°. La fianza, como ya se ha dicho de forma reiterada, es un contrato autónomo e independiente cuya abusividad no puede ser cuestionada en sede de consumo, sino de nulidad. El contrato de fianza no es una condición general de la contratación, cuya abusividad pueda ser cuestionada por ausencia de negociación[246].

---

[246] Sobre el particular, con posterioridad, la Sentencia TS 21 de octubre de 2022 (JUR 2023/136369), atendiendo tanto a la jurisprudencia del TJUE, como del TS considera que el contrato de garantía o fianza, aun siendo un contrato accesorio por razón de su objeto respecto del contrato de crédito principal garantizado, es un contrato diferente de éste, que se celebra entre personas distintas de las partes en el contrato principal. El deudor principal es un tercero en la relación obligacional entre el acreedor y el fiador. Aunque se afirma por la doctrina que el contrato de fianza extiende sus efectos sobre el acreedor, el deudor y el fiador, las partes del mismo son solamente el acreedor y el fiador. En consecuencia, si el contrato que da origen a la fianza y a la obligación principal es distinto, sin que el hecho de formalizarse en un mismo instrumento público los integre, si la regulación contractual y legal de ambos vínculos es igualmente diferente, y lo son también las personas contratantes y, finalmente, es o puede ser distinto el contenido de los deberes y facultades de las partes y sus causas de extinción, es evidente que se trata de contratos distintos, no pudiéndose afirmar, desde una perspectiva dogmática y conceptual, que la fianza es una mera cláusula o condición general del contrato de préstamo.
En base a esto, con carácter general y desde un punto de vista dogmático, no cabe pretender que el contrato de fianza en su totalidad, con independencia de su mayor o menor extensión tenga la consideración de mera cláusula, estipulación o condición general del contrato de préstamo, aunque se haya documentado conjuntamente en un mismo instrumento público, y atendiendo a dicha pretendida naturaleza de mera cláusula contractual declarar su íntegra nulidad por abusiva, sobre la base de unas acciones que, en principio, están previstas legalmente no para obtener la nulidad íntegra de los contratos, sino para restablecer el "equilibrio real de las prestaciones de las partes mediante la supresión de las cláusulas abusivas". No obstante, puede ser apreciada la abusividad de la garantía fideiusoria en su totalidad cuando se trate de un supuesto de "garantías desproporcionadas". *Vid.* también al respecto, Auto TS 4 de mayo de 2022 (JUR 2022/157101).

2º. Corresponde a la entidad bancaria probar la existencia de la negociación puesta en duda por el fiador.

En todo caso, al respecto cabe considerar que, puede ser discutida, en base a la normativa sobre consumo, la posible abusividad de las cláusulas contenidas en el contrato de fianza, como luego habrá ocasión de comprobar.

2ª. De la fianza, el beneficio de excusión y la solidaridad

La Sentencia reconoce que aun cuando la fianza puede tener un origen convencional, legal o judicial, en todo caso se trata de una institución de garantía de naturaleza personal. Esa función de garantía del cumplimiento de una obligación ajena se cumple, como ha destacado la doctrina, mediante la constitución de un nuevo vínculo obligatorio, distinto, aunque accesorio de la obligación principal, que está dotado de contenido propio, y que cuenta con su propia y específica causa de garantía, sometiendo al patrimonio del fiador a la eventual acción ejecutiva del acreedor en caso de que el deudor principal, garantizado, no cumpla su obligación. Admite en este sentido, que se ha afirmado que el fiador no es deudor de la obligación garantizada, sino de la suya propia (aunque subordinada al interés del acreedor en obtener la satisfacción de la prestación debida por el obligado principal), lo que excluye la posibilidad de entender que exista una única relación obligatoria con dos deudores (el obligado principal y el fiador).

A partir de esta configuración, estima que surgen las dos notas que caracterizan principalmente la fianza, tales son, la accesoriedad y la subsidiariedad. La primera responde a la existencia de una dependencia funcional de la obligación accesoria respecto de la principal, que si bien no provoca que dichos vínculos obligacionales nazcan y subsistan sin llegar a confundirse, identificarse o reducirse en un único vínculo, sí determina su participación o integración en una relación contractual o negocial compleja por la interdependencia causal existente entre la obligación principal y la garantía fideiusoria, dada la accesoriedad de ésta respecto de aquella[247].

Dentro de ese esquema la subsidiariedad mencionada es elemento típico de la fianza, en el sentido de que el fiador, en principio, solo debe cumplir su obligación en caso de que el deudor incumpla la suya. Al servicio de dicha subsidiariedad está el denominado beneficio de excusión y orden, en virtud del cual el acreedor no puede compeler al fiador al pago "sin hacerse antes excusión de todos los bienes del deudor". Pero siendo de esencia en la fianza dicha subsidiariedad de forma que el incumplimiento del deudor es presupuesto necesario para el ejercicio del derecho de reclamación del acreedor frente al fiador, por el contrario, el citado beneficio de excusión es renunciable por el fiador.

De igual forma, reconoce la posibilidad de que la fianza, como en el caso de la litis, pueda pactarse con el carácter de solidaria, no sólo en cuanto a las obligaciones de los cofiadores entre sí, sino también respecto de la obligación del deudor principal. En este último caso, esto es, si el fiador se obliga solidariamente con el deudor principal, el párrafo segundo del artículo 1822 CC establece que se observarán las reglas propias de las obligaciones solidarias, las cuales, estima, "resultan in-

---

247 Como se especifica *a posteriori* en la Sentencia TS 21 de octubre de 2022 (JUR 2023/136369), existe una estrecha dependencia del contrato de fianza respecto al contrato del que surge la obligación principal garantizada, dependencia que se traduce en el hecho de que el riesgo asumido por el fiador queda definido comúnmente por la prestación que integra la obligación del deudor principal, en el hecho de la contextualidad o coetaneidad de ambos contratos, en su formalización conjunta en un mismo documento, y en el hecho de que el común acreedor del deudor principal y del fiador es el que como oferente profesional impone y predispone la redacción de los términos del afianzamiento, tal y como resulta de la observación del tráfico jurídico y de las máximas de experiencia.

compatibles con el mismo derecho o beneficio de excusión". En consecuencia, el beneficio de excusión es propio únicamente de las fianzas simples, no de las solidarias (y únicamente para el caso de que no haya sido objeto de renuncia).

Ahora bien, incluso en el supuesto de la impropiamente denominada "fianza solidaria"[248], no existe una obligación única con pluralidad de deudores, sino que subsiste la concurrencia de dos vínculos obligatorios de naturaleza distinta. Así lo ha afirmado la Sala aclarando que, aunque el fiador se obligue solidariamente con el deudor principal la fianza no queda desnaturalizada.

De lo analizado, parece que resulta la inutilidad de la *"cláusula de afianzamiento"* con pacto de solidaridad y renuncia al beneficio de excusión, aunque se trate de una práctica habitual. Esto se erige en un motivo añadido para excluir el recurso a esta cláusula diseñada por parte de la entidad bancaria. Esta se muestra reiterativa en los efectos que para el fiador tiene el contrato de fianza que suscribe, lo que genera aún más desconcierto en torno al alcance económico y jurídico de la *"cláusula de afianzamiento"* no negociada individualmente.

No se logra entender, si la fianza es pactada como solidaria, que se añada como práctica habitual por parte de las entidades bancarias la renuncia al beneficio de excusión el cual ya está excluido por la propia solidaridad.

3ª. Viabilidad de los controles y condición de consumidor del fiador

Como bien es sabido y se especifica en la Sentencia, "el control de incorporación es aplicable a cualquier contrato en que

---

248 Expresión que "acaso no sea adecuada", en opinión de GUILARTE ZAPATERO, V., "Comentario artículo 1822", en *Comentario del Código Civil,* Paz-Ares Rodríguez, J. C./Díez-Picazo y Ponce de León, L./ Bercovitz Rodríguez-Cano, R./Salvador Coderch, P., Tomo II, Ministerio de Justicia, Madrid, 1991, pág. 1784.

se utilicen condiciones generales de la contratación, en tanto que los controles de transparencia material y abusividad están reservados a los contratos celebrados con consumidores". Por lo tanto, "el concepto de abusividad queda circunscrito a los contratos con consumidores".

Asimismo, y en lo que afecta a quién debe ostentar la condición de consumidor dada la complejidad de la relación negocial que surge en este tipo de contratos, solamente constatar que el contrato de garantía o fianza, aun siendo un contrato accesorio por razón de su objeto respecto del contrato de crédito principal garantizado, es un contrato diferente de éste, que se celebra entre personas distintas de las partes del contrato principal, por lo que "aunque el contrato de fianza extiende sus efectos sobre el acreedor, el deudor y el fiador, sólo son parte del mismo el acreedor y el fiador". En consecuencia, "la condición de consumidor debe apreciarse, no en el contrato principal, sino en el contrato de garantía o fianza"[249].

---

249 En este sentido hace hincapié la Sentencia, cuando reconoce que "el contrato podrá ser unilateral, si se conviene como gratuito, o bilateral, cuando se constituya con carácter oneroso, por fijarse obligaciones para ambas partes contratantes. La existencia de las acciones de regreso o reembolso y subrogatoria a favor del fiador que paga no suponen por sí mismas la bilateralidad de la fianza, como tampoco deviene la fianza en bilateral por el hecho de que, como contrato consensual, se perfeccione mediante la aceptación del acreedor.
Cualquier acuerdo paralelo entre el fiador y el deudor permanecerá al margen de la propia fianza, sin perjuicio de su posible consideración (...), como causa de la fianza. En consecuencia, si el contrato que da origen a la fianza y a la obligación principal (crédito en este caso) es distinto, sin que el hecho de formalizarse en un mismo instrumento público los funja o integre, si la regulación contractual y legal de ambos vínculos es igualmente diferente, y lo son también las personas de los contratantes (el acreditado es tercero en la fianza y el fiador en el préstamo, sin perjuicio de que éste delimite el ries-

Por todo ello concluye que, los contratos de fianza también entran dentro del ámbito de aplicación de la Directiva 93/13/CEE, el fiador puede disfrutar de la protección propia de la citada Directiva incluso en el caso de que el contrato del que nace la obligación garantizada sea una operación mercantil, siempre que el fiador tenga la condición de consumidor; y dicha protección se aplica tanto a la fianza simple como a la fianza solidaria pues, sin perjuicio de sus efectos, la solidaridad no funge ambos vínculos, ni convierte en consumidor al fiador que actúa fuera del ámbito de su actividad profesional o empresarial y que carece de los citados vínculos funcionales.

De lo hasta aquí dicho, cabe poder deducir, lo que sigue:

1°. La fianza es un contrato autónomo, no una cláusula o condición general del contrato de préstamo o crédito hipotecario, como ya se ha constatado anteriormente y se reitera nuevamente.

2°. La condición de consumidor debe ser predicada del fiador, con independencia de que la misma sea ostentada o no por el deudor principal.

3°. El régimen de protección previsto en la Directiva 93/13 puede ser aplicado a la fianza solidaria, la cual, como se ha comprobado, hace inútil la renuncia al beneficio de excusión.

---

go que asume el fiador como garante), y finalmente es o puede ser también distinto el contenido de los deberes y facultades de las partes (vgr. arts. 1824, 1825 y 1826 CC), y sus causas de extinción (con el pago por el fiador se extingue su obligación y paralelamente nace sus facultades de reintegro e indemnización y de subrogación frente al deudor ex arts. 1838 y 1839 CC); no cabe duda de que se trata de contratos distintos, sin que pueda afirmarse, desde una perspectiva dogmática y conceptual, que la fianza es una mera cláusula o condición general del contrato de préstamo o crédito hipotecario".

4ª. Cláusulas abusivas en el contrato de fianza y sus posibles efectos

Partiendo de lo establecido en el artículo 6.1 de la Directiva 93/13 y otros, según el TS, "no cabe poder considerar que los contratos de fianza suscritos por personas consumidoras en relación con operaciones de préstamo con garantía hipotecaria sean ***nulos per se***[250], ni que dichos contratos tengan el carácter de meras cláusulas contractuales o condiciones generales de la contratación". No obstante admite que ***"sí podrán estimarse abusivas, o contrarias a normas imperativas, determinadas cláusulas contractuales o condiciones generales de la contratación que se integren en el mismo"***[251].

Por lo tanto, no se puede pretender que el contrato de fianza en su totalidad, con independencia de su mayor o menor extensión, tenga la consideración de mera cláusula, estipulación o condición general del contrato del préstamo o crédito hipotecario, incluso si se ha documentado conjuntamente en un mismo instrumento público, y en base a la pretendida naturaleza de mera cláusula contractual, declarar su íntegra nulidad por abusiva, sobre la base de unas acciones que, en principio, están previstas legalmente no para obtener la nulidad íntegra de los contratos, sino para restablecer el equilibrio

---

[250] Cursiva y negrita añadida.

[251] Cursiva y negrita añadida. Cita como ejemplos, el pacto por el que el fiador se obligue a más que el deudor principal (artículo 1826 CC), el que permita al acreedor exigir otro fiador aun cuando el inicial no viniere al estado de insolvencia (artículo 1829 CC), el que exonere al acreedor negligente en la excusión de los bienes señalados cuando no concurra ninguna de las causas de exclusión de la excusión (artículos 1831 y 1833 CC), el de renuncia a la extinción de la fianza cuando por algún hecho del acreedor no pueda quedar subrogado en los derechos o hipotecas del mismo (artículo 1852 CC), o el que le impida oponer al acreedor las excepciones propias del deudor principal y que sean inherentes a la deuda (artículo 1853 CC).

real de las prestaciones de las partes mediante la supresión de las cláusulas abusivas.

En base a lo establecido en la Sentencia, es posible considerar lo que sigue:

1º. Los contratos de fianza suscritos por consumidores vinculados a préstamos hipotecarios no son meras cláusulas contractuales, aunque sean documentados en el mismo instrumento público. Por ello, no se admite que, en base a su pretendida consideración como mera cláusula, se proceda a declarar su íntegra nulidad por abusiva, y en función de unas acciones que se encuentran previstas para restablecer el equilibrio real de las prestaciones de las partes mediante la supresión de las cláusulas abusivas.

2º. Por el contrario, sí cabe la posibilidad de ser estimadas como abusivas o contrarias a normas imperativas, determinadas cláusulas contractuales o condiciones generales de la contratación que sean integradas en el contrato de fianza.

3º. Por ello, cabe incluso pensar que, el término *"cláusula de afianzamiento"* no sea el más acertado, en la medida en que el contrato de fianza no es una cláusula del contrato de crédito hipotecario, ya que únicamente ha sido documentado en el mismo instrumento público, lo que no le hace perder su autonomía como contrato en favor de su posible consideración como cláusula y, en consecuencia, ser una condición general de la contratación, cuya abusividad pueda ser cuestionada. No se discute pues, la abusividad del contrato de fianza, sino de las cláusulas que lo componen.

5ª. Las llamadas "garantías desproporcionadas": el último eslabón a cuestionar

Sin embargo, de este planteamiento hay que excepcionar, como refiere la Sentencia, los casos en que resulte de aplicación la previsión legal contenida en la actualidad en el artículo 88.1 TRLGDCU, sobre "la imposición de garantías desproporcionadas al riesgo asumido". Al respecto, la Sentencia determina que "en vía de principios, la tacha de abusividad se predica en este caso respecto de las cláusulas o estipulaciones que constituyan imposición de garantías desproporcionadas, y no del íntegro contrato de garantía que las contenga". No obstante, y a pesar de la interpretación extensiva del concepto de "garantías", se requiere para quedar afectado por la grave ineficacia de la nulidad del contrato en que se haya constituido "que pueda apreciarse con claridad la desproporción entre la garantía impuesta y el riesgo asumido por el acreedor"[252].

En concreto, para el presente caso de un crédito hipotecario con pacto de afianzamiento, estima el TS que esta valoración sobre la desproporción entre las garantías pactadas (en concreto respecto de la fianza) y el riesgo asumido por la entidad acreditante, ha de realizarse teniendo en cuenta diversos criterios, en virtud de los cuales es posible apreciar el carácter abusivo de la referida cláusula. Estos son los que siguen[253]:

a) El importe de la totalidad de las cantidades garantizadas por todos los conceptos mediante la hipoteca (capital, intereses y costas).

---

252 En el mismo sentido ulteriormente, Sentencia TS 21 de octubre de 2022 (JUR 2023/136369).

253 En opinión de CEPERO ARÁNGUEZ, M. Á. y ESTRADA NOVO, M., "El juicio de abusividad de las cláusulas de fianza... cit", págs. 6-10, todos ellos basados en: a) Excepcionalidad de la apreciación de la abusividad de la cláusula de fianza, no es suficiente cualquier desproporcionalidad, sino que la misma debe ser clara; b) El juicio de abusividad de esta cláusula se centra en casos "verdaderamente excepcionales"; y, c) La existencia de varias garantías respecto del mismo crédito no implica la existencia de una "sobregarantía" susceptible de determinar la abusividad cuestionada.
Vid. también, BELHADJ BEN GÓMEZ, C., "Pacto de afianzamiento y abusividad. Doctrina del Tribunal Supremo... cit.", pág. 10.

b) La tasación de los inmuebles hipotecados, relacionada con las limitaciones que impone la legislación del mercado hipotecario en cuanto a la proporción máxima entre la tasación de los inmuebles hipotecados y el capital prestado.

c) Las cantidades no cubiertas por dicha cifra de responsabilidad por la hipoteca.

d) La solvencia personal de los deudores (artículos 1911 CC y 105 LH).

e) La correlación entre las mayores garantías y el menor tipo de interés remuneratorio pactado en el crédito, como compensación a la disminución del riesgo para el acreedor.

f) La fianza constituida se ajuste o no a su normativa específica.

g) El riesgo de depreciación del inmueble hipotecado (por razón de daños materiales, limitaciones urbanísticas u otras).

Dicho lo cual, y ante las circunstancias del caso estima finalmente el TS que la hipoteca constituida no cubre la totalidad de las responsabilidades derivadas del crédito por todos los conceptos, tanto por la limitación derivada del artículo 114 LH, como por las impuestas por la legislación del mercado hipotecario secundario, ni hay datos que permitan concluir que, atendida la solvencia personal de los deudores, o la alta improbabilidad de insuficiencia del valor de la finca hipotecada para cubrir la deuda, o la ausencia de disminución del tipo de interés pactado correlativa a la mayor garantía que representa la fianza, exista una desproporción entre las garantías pactadas y el riesgo asumido por el acreedor contraria a las exigencias de la buena fe. Esto se debe a que la existencia de varias garantías respecto de un mismo crédito, no se traduce en opinión del TS, en incurrir en la situación de “sobregarantía”, que anteriormente ha sido denunciada.

En consecuencia, el TS partiendo de la fianza como contrato autónomo del préstamo, estima que la denominada *"cláusula de afianzamiento"* puede ser enjuiciada como abusiva por medio del caso singular de imposición de garantías desproporcionadas *ex* artículo 88.1 TRLGDCU. En concreto, según el TS no hay sobregarantía porque no existe desproporción entre las garantías pactadas y el riesgo asumido por el acreedor, partiendo de la solvencia del deudor y de la alta probabilidad de pérdida de valor futuro del inmueble objeto de gravamen. Ante esta situación, resulta evidente que es muy difícil que una fianza personal incluida en un contrato de crédito hipotecario pueda llegar a ser calificada como una "sobregarantía" [254].

No obstante, como se ha referido, el hecho de que la *"cláusula de afianzamiento"* se encuentre incorporada en un documento único, no se traduce en su consideración de estipulación contractual del contrato de préstamo hipotecario al cual

---

[254] Aunque existen excepciones, ya que como especifica en un momento posterior la Sentencia TS 12 de diciembre de 2022 (JUR 2023/60804), la mera existencia de varias garantías respecto de un mismo crédito no supone *per se* incurrir en la situación de sobregarantía, pues el artículo 1844 CC admite la existencia de dos o más fiadores de un mismo deudor y por una misma deuda, y del artículo 1860 CC se deduce la admisión de que para el aseguramiento de un mismo crédito se den varias cosas en prenda o hipoteca, y que la posibilidad de la concurrencia cumulativa de garantías personales y reales deriva del artículo 105 LH al prescribir que la hipoteca "no altera la responsabilidad personal ilimitada del deudor que establece el artículo mil novecientos del Código Civil". Sin embargo, considera sobregarantía el afianzamiento personal, solidario e ilimitado asumido por los fiadores, pues existe en el caso concreto, una desproporción entre la garantía y el riesgo asumido por el acreedor que determina la nulidad del afianzamiento personal y solidario de los fiadores. En base a esto, mantiene la declaración de nulidad de la *"cláusula de afianzamiento"* personal y mantiene la validez de la hipoteca constituida por los fiadores sobre la vivienda de su propiedad en garantía del préstamo.

garantiza. La constitución de la fianza implica que de forma unilateral el fiador consiente y garantiza, sin recibir ninguna contraprestación, una obligación previa del deudor principal asumida en un contrato o pacto que se perfecciona en el mismo momento, o antes, incorporándose el nacimiento de la garantía como una estipulación adicional[255].

Esta es la cuestión principal y novedosa de esta sentencia, en virtud de la cual la *"cláusula de afianzamiento"* inserta en un contrato de préstamo hipotecario suscrito por consumidores puede ser considerada nula por abusiva en caso de que constituya una imposición de garantías desproporcionadas, *ex* artículo 88.1 TRLGDCU. Esto conduce a que esta cláusula no pueda ser enjuiciada desde la perspectiva de ningún otro supuesto de abusividad previsto en el TRLGDCU, y claro está, no desde la cláusula general prevista en el artículo 82 TRLGDCU[256].

Por consiguiente, en base a lo establecido en la Sentencia, cabe entender que la *"cláusula de afianzamiento"* solamente puede ser declarada como abusiva al amparo del artículo 88.1 TRGDCU, es decir, cuando la garantía así pactada resulte desproporcionada, en cuyo caso, procederá la nulidad del contrato de fianza en su totalidad.

Pero llegados a este punto cabe formular ciertos interrogantes, tales como:

1°. ¿Qué ocurre cuándo la garantía (fianza) perfilada por la entidad bancaria en los términos que venimos denunciando, no resulte desproporcionada? El contrato de fianza se mantiene y con él su clausulado cuya abusividad sí puede ser cuestionado. No parece la mejor solución.

---

[255] CEPERO ARÁNGUEZ, M. Á. y ESTRADA NOVO, M., "El juicio de abusividad de las cláusulas de fianza... cit.", pág. 4.

[256] CEPERO ARÁNGUEZ, M. Á./ESTRADA NOVO, M., *ídem*, pág. 5.

2º. ¿Qué ocurre con el "fiador medio" que se ha adherido a un contrato de fianza de estas características en base a los lazos de parentesco y amistad que le unen con el adquirente de vivienda?

3º. ¿Sería posible ante el caso, declarar la validez del contrato de fianza que no es condición general de la contratación, y declarar la abusividad de las cláusulas pactadas en el mismo (solidaridad y renuncia a los beneficios)?

Entiendo que, ante el supuesto concreto, el TS estima que no se puede declarar la nulidad del contrato de fianza vía normativa de consumo, pues no es condición general de la contratación, pero sí procede la aplicación de esta normativa, y en concreto, la causa del artículo 88.1 TRLGDCU cuando la garantía resulte desproporcionada. Por lo tanto, aunque la *"cláusula de afianzamiento"* incluida en un préstamo es un contrato autónomo, y como tal no puede ser íntegramente declarado nulo, existe al respecto una excepción, tal es, considerarse como cláusula nula por abusiva cuando constituye una sobregarantía prohibida por el artículo 88.1 TRLGDCU. En este caso, la nulidad procede respecto de las cláusulas que imponen garantías desproporcionadas y del mismo contrato de garantía como unidad[257].

En cualquier caso y ante el supuesto objeto de discusión y análisis ¿se entiende que los padres eran conocedores del alcance económico y jurídico del contrato de fianza que firmaban con ese clausulado impuesto por el banco? o ¿consintieron al mismo para que su hijo pudiera adquirir una vivienda?

---

[257] En este sentido, CARRASCO PERERA, Á., CORDERO LOBATO, E. y MARÍN LÓPEZ, M. J., *Tratado de los derechos de garantía... cit.,* pág. 806, quienes consideran que, según este precepto, se presume que no existe desproporción en los contratos de garantías pactadas por entidades financieras que se justen a su normativa específica.

¿No merece este fiador protección, a pesar de no haber sido informado de la trascendencia del contrato que firmaba?

Dicho lo cual y ante lo establecido por parte del TS, cabe estimar lo que sigue:

1°. El contrato de fianza, como ya se he referido, no es condición general, ya que se trata de un contrato autónomo, aunque accesorio del contrato de crédito hipotecario al cual garantiza.

2°. La llamada *"cláusula de afianzamiento"*, no es el contrato de fianza cuya abusividad se cuestiona, sino las cláusulas de las cuales se compone. No es posible obtener la nulidad de esta cláusula por no superar el control de contenido o de transparencia material, pero sí pueden ser declaradas abusivas determinadas cláusulas del contrato de fianza.

6ª. A propósito de la renuncia a los beneficios de excusión división y orden

Como expone la Sentencia "ante la subsunción de los contratos de fianza en que el fiador actúe como consumidor en el ámbito de la Directiva 13/93/CEE, cabe la posibilidad de extender los controles de incorporación y transparencia material a las cláusulas de los contratos de fianza y, entre ellas, a la cláusula de renuncia de los beneficios de excusión, orden y división (artículos 1831 y 1837), en cuanto afectantes a las obligaciones de pago del fiador, en conexión con las normas vigentes en cada momento sobre las obligaciones de información en la fase precontractual (claramente reforzadas, en particular respecto de los garantes, en la reciente Ley 5/2019, de 15 de marzo, reguladora de los contratos de crédito inmobiliario), la claridad de su redacción, y el tratamiento secundario o no dado a la misma en el contrato, a fin de permitir el conocimiento por el fiador de las consecuencias jurídicas y económicas de la cláusula (...), aunque en este caso la finalidad de dicha información no es tanto permitir comparar ofertas (...), cuanto permitir al fiador conocer el alcance del riesgo asumido".

Sentado lo cual, considera que en el presente caso, se observa que la redacción de los términos de la fianza son claros, pues no contiene una exposición farragosa e innecesariamente extensa u oscura; se encabeza con un epígrafe breve e inequívoco ("Afianzamiento") que aparece destacado en mayúsculas y negrita; y su contenido no se limita a referirse a la renuncia de los reiterados beneficios de excusión, orden y división, sino que incorpora una explicación breve y clara sobre sus consecuencias jurídicas y económicas al afirmar que "afianzan, con carácter solidario, de suerte que la Caja pueda dirigirse indistintamente contra el acreditado, contra todos los fiadores o contra uno solo de ellos".

Por tanto, estima que "el alcance del compromiso obligacional del fiador, en cuanto a su contenido esencial de garantía, sobre el que se ha de proyectar específicamente la atención del fiador, está delimitado de forma concreta, sin que su conocimiento y posibilidad de comprensión quede dificultada por la extensión, oscuridad o farragosidad de su contenido, como puede suceder en el caso de otros contratos más complejos".

El TS descarta la falta de transparencia de la *"cláusula de afianzamiento"* por el mero hecho de que "los términos de la fianza son claros". Al respecto cabe considerar que, el TS olvida que la validez de las cláusulas insertas en condiciones generales no se reduce a su mera redacción clara y comprensible. Su eficacia depende de la superación de distintos controles, y la claridad expositiva solamente afecta a la transparencia formal[258].

Vincula pues la declaración de abusividad a la información precontractual recibida por el fiador en base a los términos en los que se encuentran redactados la referida *"cláusula de afian-*

---

258 PAGADOR LÓPEZ, J. y SERRANO CAÑAS, J. M., "Sobre el carácter abusivo del pacto de solidaridad en la fianza… cit.", pág. 233.

zamiento", aunque habrá que atender a la fecha de celebración de los contratos para que proceda la aplicación de la LCCI[259].

Asimismo, admite la realización del control de contenido o abusividad respecto de estas cláusulas, en función de las particulares circunstancias concurrentes en el momento de la celebración del contrato, analizadas en su totalidad y en relación con las demás cláusulas del contrato, en concreto, respecto de "la imposición de renuncias o limitación de los derechos del consumidor".

Sin embargo, especifica la Sentencia que, no se puede obviar la dificultad inicial que supone el hecho de que se trate de estipulaciones (renuncia a la excusión y pacto de solidaridad) expresamente previstas y autorizadas por el Código Civil, así como el hecho de que en los casos en que la fianza tenga carácter gratuito el criterio del "justo equilibrio entre los derechos y obligaciones de las partes" (artículo 80.1, c) TRLGDCU), resulta de difícil aplicación. Tema cuya complejidad está vinculada a la difícil cuestión de la "causa de la fianza", en particular cuando no se ha pactado una contraprestación mediante una atribución patrimonial directa a favor del fiador, sin perjuicio de que la propia garantía, junto con la promesa de pago del deudor, constituyen el correspectivo del crédito concedido por el acreedor.

Por último, considera que, no se puede obviar que tan Derecho positivo es la regulación del Código Civil en relación con

---

259 En cuya Exposición de Motivos se determina que "las innovaciones en la fase precontractual, derivadas de la aplicación de esta Ley, no serán de aplicación, salvo a lo que expresamente se atribuya efecto retroactivo, a la cartera hipotecaria concedida. Y no lo serán ni siquiera como parámetro de comparación, en la medida en que nos encontramos ante contratos que se celebraron al amparo de una legislación que determinaba en su integridad los requisitos de transparencia a los que quedaban sujetos tales contratos".

la fianza simple como respecto de la fianza solidaria y que el pacto de solidaridad excluye por sí mismo, sin necesidad de renuncia, tanto el beneficio de excusión (artículo 1831.2 CC), como el de división (artículo 1837, párrafo primero CC). En base a esto, concluye que la nulidad de dichas renuncias por su eventual abusividad, en caso de que pudiera estimarse posible a pesar de estar expresamente prevista en el Código, carecería de todo efecto útil, al coincidir sus efectos con los propios de la fianza solidaria con arreglo a la regulación dispositiva prevista en el propio Código. A partir de lo establecido, cabe concluir que, existiendo solidaridad la renuncia a los beneficios referidos resulta improcedente o, como dice la Sentencia, "carecería de todo efecto útil".

Sobre el particular y como bien han referido PAGADOR LÓPEZ y SERRANO CAÑAS[260], es necesario matizar el alcance de la "inutilidad" de declarar abusivos la renuncia de los derechos del fiador cuando se está ante una fianza solidaria. En su opinión, la falta de efectos de la nulidad por abusividad sólo es posible cuando el pacto de solidaridad no haya sido impuesto y predispuesto, es decir, que haya sido objeto de negociación por parte del fiador. Lo que justifica que un fiador acepte la solidaridad en un contrato es que, habiéndola conocido, la hubiera aceptado. Por ello, es posible admitir que, la renuncia a los derechos del fiador y el pacto de solidaridad no hacen más que colocar al fiador en la misma posición deudora que al sujeto que garantizan (deudor principal). Se trata de dos cláusulas predispuestas e impuestas, no negociadas, salvo que el predisponente demuestre lo contrario.

Sin embargo, la reducción por parte del TS de la transparencia a poder meramente controlar que las cláusulas resulten comprensibles en el plano formal y gramatical, resulta

---

260 "Sobre el carácter abusivo del pacto de solidaridad en la fianza... cit.", págs. 236 y ss.

insuficiente, en la medida en que el consumidor ante la entidad bancaria siempre juega con desventaja. El consumidor debe conocer las condiciones en las cuales contrata, contando con una información precontractual suficiente (artículo 60 TRLGDCU), que le permita decidir libre y voluntariamente si quiere o no estar vinculado en base al perfil de fianza dibujado por la entidad y de la que depende siempre la concesión del préstamo. Emitir en aras de su propia seguridad lo que se ha denominado un "consentimiento informado o consciente"[261].

La solución ofrecida por el TS en este caso, no afecta a la subsistencia del contrato de crédito hipotecario, pues en la realidad jurídica del mismo, la existencia del contrato de fianza se mantiene en la medida en que no se ha apreciado la "desproporción de la garantía".

Para la valoración del carácter desproporcionado o excesivo de una garantía, hay que tener en primer lugar en cuenta el "riesgo de insatisfacción del interés del acreedor que se pretende asegurar". Este riesgo, como ha sido ya puesto de manifiesto[262], puede depender de diversos factores, tales como, la solvencia del deudor, la concurrencia de la garantía en cuestión con otras garantías, el contexto económico global en el que se desenvuelve la operación o, tratándose de contratos de crédito, el riesgo inherente a la operación o al acto que se financia.

---

261 Sobre este consentimiento se han manifestado, PLAZA PENADÉS, J., "Delimitación del control de transparencia de las condiciones generales de la contratación sobre la base de la STS de 9 de mayo de 2013 sobre cláusula suelo", *Diario La Ley*, núm. 8112, junio 2013, pág. 9 y ÁLVAREZ MORENO, M.ª T., *La protección jurídica del consumidor en la contratación en general (Normas imperativas y pactos al respecto)*, Reus, Madrid, 2015, pág. 44.

262 PERTÍÑEZ VÍLCHEZ, F., "Comentario artículo 88", en *Comentarios a las normas de protección de los consumidores. Texto refundido (RDL 1/2007) y otras leyes y reglamentos vigentes en España y en la Unión Europea,* Cámara Lapuente, S. (Dir.), Colex, Madrid, 2011, págs. 901 y 902.

No obstante, este no es el modelo generador de conflicto habitual, el cual va a responder a la vinculación de la permanencia del contrato de crédito hipotecario al mantenimiento del contrato de fianza. En concreto, no siendo apreciada la desproporción de la garantía, el contrato de fianza así diseñado por la entidad bancaria se mantiene, no mereciendo al parecer protección el fiador que ante la ausencia de la suficiente información en torno a las consecuencias económicas y jurídicas del contrato que suscribe, no es objeto del beneficio de aplicación del artículo 88.1 TRLGDCU. Es decir, solamente merecen protección los fiadores cuyas garantías sean desproporcionadas al riesgo asumido.

Ante esto estimo que, la misión del TS como máximo órgano de justicia *inter privatos* en España[263], es configurar esa *"cláusula de afianzamiento"* con el máximo respeto a las exigencias de la Directiva 93/13, pero también de forma ajustada a las características propias de un contrato de financiación hipotecaria a largo plazo. Como bien considera GÓMEZ POMAR[264], aunque se refiere a la cláusula de vencimiento anticipado, "el Tribunal Supremo ha de encontrar, sin acudir a la vía de la ineficacia del contrato derivada de la abusividad de la cláusula que existía, una regla de vencimiento anticipado por incumplimiento del prestatario que venga a reemplazar la que ha quedado o quedaría expulsada del contrato por efecto de incompatibilidad con las exigencias de la Directiva 93/13".

Con este planteamiento y trasladado al ámbito objeto de estudio, sería posible no reducir la abusividad exclusivamente a los casos de *"desproporción de la garantía al riesgo asumido"*, pues la misma no siempre va a tener las mismas consecuencias. Cabe pensar en el supuesto en el que esa desproporción derive de

---

263 En este sentido se manifiesta, GÓMEZ POMAR, F., "¿Qué hacemos con los créditos hipotecarios impagados y vencidos?... cit.", pág. 10.

264 *Ibídem*, pág. 10.

la existencia de una "sobregarantía", es decir, se lleva a cabo la provisión de una garantía que vale más que suficiente para cubrir pérdidas potenciales en casos de incumplimiento. En estos casos, declarada la nulidad de la cláusula, no afecta al mantenimiento del contrato de crédito. Es decir, son supuestos en los que la ineficacia no tiene mayor trascendencia. Pero, no ocurre lo mismo en aquellos en los que la permanencia del contrato de crédito hipotecario depende del contrato de fianza, cuya abusividad manifiesta con este perfil de cláusulas impuesto por las entidades bancarias y que constituyen el mayor número de casos. Ante esto, es mejor al parecer no referir y, en consecuencia, no proteger.

No es nada nuevo, se trata de una manifestación más del problema general existente en este ámbito conflictual, tal es, el "encontrar o configurar una solución a la laguna contractual que deja o puede dejar la caracterización como abusiva de una cierta cláusula contractual"[265].

3.4 Sentencia TS 12 de febrero de 2020: continuidad de un planteamiento

En la misma línea, en relación con un contrato de préstamo personal, cabe referir la Sentencia TS 12 de febrero de 2020[266], en virtud de la cual:

1°. El pacto de fianza accesorio de un préstamo no es necesariamente nulo, sino que es susceptible de ser sometido a los controles de incorporación, transparencia y contenido de las cláusulas no negociadas, a lo que cabe añadir y con el fin de especificar, "en los contratos concertados con consumidores".

---

265 GÓMEZ POMAR, F., *ídem*, pág. 11.

266 RJ 2020/329.

2º. Lo determinante para la transparencia de una cláusula o pacto de esta naturaleza es que el fiador comprenda su carga jurídica y económica, es decir, que sea consciente de si el deudor no paga, responderá en sus mismas condiciones y el acreedor podrá dirigirse contra él por la totalidad de la deuda pendiente.

En consecuencia, en la medida en que la redacción de la cláusula sea considerada como "fácilmente comprensible" y el fiador solidario sea conocedor de la "funcionalidad de la fianza solidaria", la cual es en muchas ocasiones, condición esencial para que el prestamista conceda el crédito, no es posible vislumbrar una posible falta de transparencia en una cláusula relativa a la solidaridad en la fianza, en tanto en cuanto el fiador comprende que pueden dirigirse indistintamente contra el patrimonio del deudor y contra el suyo

A esto se une, como refiere la Sentencia, el hecho de que es derecho dispositivo la regulación en el Código Civil, tanto de la fianza solidaria, como de la simple. Asimismo, como ya ha sido constatado, el pacto de solidaridad excluye por sí mismo, sin necesidad de renuncia, el beneficio de excusión y división. Por ello, la nulidad de dichas renuncias por su eventual abusividad, en caso de que pudiera estimarse viable a pesar de su previsión en el Código Civil carecería de utilidad, pues coinciden sus efectos con los propios de la fianza solidaria atendiendo a la regulación dispositiva prevista en el propio Código (artículo 1.2 de la Directiva 93/13)[267].

A la luz de lo establecido en estas sentencias objeto de análisis cabe referir que parece ser que con esta postura el TS cierra

---

[267] En la misma línea interpretativa, Autos TS 1 de julio de 2020 (RJ 2020/207366); 23 de septiembre de 2020 (RJ 2020/282523); 9 de diciembre de 2020 (RJ 2020/361680); Sentencia TS 29 de noviembre de 2021 (RJ 2021/5286).

la puerta a una posible declaración de abusividad del pacto de renuncia a los beneficios de excusión, división y orden, dado que puede ser transparente o careciendo de transparencia, no es abusivo porque deriva de lo previsto en el Código Civil, y hasta el punto de que como prevé la posibilidad de pactar la fianza como solidaria, esta excluye su operatividad.

En todo caso, la validez de estas cláusulas no puede basarse en el hecho de tratarse de una operación habitual y generalizada por parte de la banca y en que se encuentre prevista en el Código Civil.

3.5 Sentencia TS 2 de noviembre de 2021: el error

Por su parte, en la Sentencia TS 2 de noviembre de 2021[268], se solicita la nulidad por vicio del consentimiento de la *"cláusula de afianzamiento"*, por la que los fiadores solidarios de un préstamo hipotecario garantizan la obligación que ha sido contraída por los prestatarios con renuncia a los beneficios de excusión, división y orden. La Sentencia del JPI estima la demanda y considera que los fiadores habían prestado su consentimiento por error, en la medida en que no habían sido informados sobre la diferencia entre la fianza simple y la solidaria y no haber sido conscientes de las implicaciones que conlleva su renuncia a los beneficios que comporta la fianza simple. Se denuncia pues la infracción del artículo 1266 CC sobre la esencialidad del error.

---

268 RJ 2021/5444. La nulidad de la cláusula basada en el error ya fue reconocida en Sentencia JPI de Vitoria (Provincia de Álava), 28 de noviembre de 2018 (JUR 2018/1050), la cual estima que el mismo es esencial y excusable, cumpliendo los requisitos del artículo 1266 CC, por lo que el consentimiento es nulo de pleno derecho. Asimismo, niega la aplicabilidad de la doctrina de la abusividad, el Auto TS 21 de noviembre de 2021 (JUR 2021/352841).

Ante esta situación, la entidad prestamista interpone recurso de apelación, siendo desestimado por la AP en base a los siguientes argumentos:

"(i) una cláusula que reproduce una institución prevista expresamente en el Código Civil –la fianza solidaria- no puede ser ilícita per se;

(ii) la cuestión estriba, pues, en determinar si los fiadores prestaron su consentimiento a dicha cláusula de manera consciente o viciada y la prueba permite concluir que hubo error porque: la cláusula no explica que los fiadores responderán en las mismas condiciones que los prestatarios, se limita a mencionar unos preceptos del Código de Comercio y del Código Civil que los fiadores no tenían por qué conocer y no consta que se le hubiera explicado mínimamente en que consistían las renuncias que realizaban en el documento y qué implicaciones tenían;

(iii) a los fiadores no se les podía exigir un plus de comprobación e interpretación de las normas aplicables a la solidaridad, por lo que su error resultó excusable".

La entidad prestamista interpone recurso de casación, el cual ha sido admitido, considerando el TS que "la esencialidad se refiere a la gravedad o trascendencia que todo error, por su carácter excepcional, ha de tener para que pueda ser tomado en consideración. Se pretende evitar que alguien quiera liberarse de la obligación contraída alegando la existencia de errores sin verdadera trascendencia en la prestación del consentimiento". Parte de una interpretación objetivadora "que vincula la esencialidad al hecho de que las circunstancias que han impulsado a una de las partes (o a ambas) a contratar estén presentes en el contrato, no exige necesariamente que se expresen materialmente en el mismo cuando de las circunstancias de toda índole que concurran en el negocio deba entenderse que fueron tenidas en cuenta como determinantes en la formación de la voluntad que da lugar al consentimiento".

En consecuencia, para que el error en el consentimiento tenga efecto invalidante "debe recaer sobre elementos esenciales del negocio considerados básicos para los contratantes". En base a esto estima que "el beneficio de excusión no constituye un elemento esencial del contrato de fianza en tanto que puede ser excluido, sin merma de la validez de la garantía, en los supuestos que prevé el artículo 1831 CC, entre los que se encuentran expresamente la renuncia a este beneficio y que el fiador se haya obligado solidariamente con el deudor". En concreto "si la propia ley permite que el derecho de excusión no forme parte del negocio jurídico de fianza, a lo sumo el error se proyectaría sobre su consecuencia: la solidaridad, pero no sobre la fianza en sí. La solidaridad elimina la subsidiariedad de la fianza, de la que el beneficio de excusión constituye tan solo su manifestación más destacada, por lo que una cláusula que, al mismo tiempo, establece la solidaridad de la fianza y la renuncia al beneficio de excusión es, cuando menos, redundante".

Ante esta situación el TS admite que "al no concurrir el requisito de esencialidad", el recurso de casación debe ser estimado, "puesto que al faltar uno de los elementos para estimar la existencia de error vicio del consentimiento –la esencialidad del error- es innecesario examinar si además concurría el elemento de la excusabilidad".

Sobre el particular referir, y como ha constatado el TS, que lo "esencial" en el contrato de fianza es obligarse a cumplir frente al acreedor, cuando el deudor principal no lo hace. Un error sobre la naturaleza de la fianza (simple o solidaria) y la renuncia a los beneficios referidos, no es esencial, por lo que ese error no puede ser alegado para lograr la nulidad por vicio del consentimiento.

Por lo tanto, el caso que nos ocupa no responde a un supuesto de error. Se trata de un simple desconocimiento por parte del garante de las consecuencias que tiene la fianza solidaria y la pérdida de los referidos derechos, derivada de la ausencia de la información necesaria que como consumidor debe recibir por parte de la entidad bancaria[269].

4. EL NECESARIO DIÁLOGO ENTRE TRIBUNALES Y EL VALOR DE LA RESPUESTA: NUEVO PUNTO DE PARTIDA DE UN PROBLEMA POR RESOLVER

Como es sabido, el Tribunal de Justicia de la Unión Europea, cumple a través de las cuestiones prejudiciales que le son planteadas por parte de los tribunales españoles, sobre todo en materia de consumo, como es la que nos ocupa, una función esencial, centrada en disipar las dudas interpretativas que afectan a los operadores jurídicos en este ámbito concreto. Esto hace que sea posible poder afirmar que, el diálogo entre tribunales se produce desde el punto de vista procesal mediante la cuestión prejudicial[270] y desde el punto de vista material, me-

---

269 Resulta de interés la perspectiva que sobre el caso particular presenta MARÍN LÓPEZ, M. J., "Irrelevancia del error del fiador sobre el carácter solidario de la fianza", Publicaciones Jurídicas Centro de Estudios de Consumo (CESCO) 13 de enero de 2022, disponible en: www.uclm.es/centro/cesco. *Vid.* también al respecto, SÁNCHEZ HERNÁNDEZ, C., "El garante vulnerable: ¿Nulidad por error o nulidad parcial por abusividad de la llamada "Cláusula de Afianzamiento"? Comentario a la Sentencia del Tribunal Supremo (Sala de lo Civil,Sección 1ª), núm. 745/2021, de 2 de noviembre", *Revista de Estudios Jurídicos*, Segunda Época, 22, e7515, disponible en: https://doi.org/10.17561/rej.n22.7515.

270 En opinión de LÓPEZ GUERRA, L., "El Tribunal Europeo de Derechos Humanos, el Tribunal de Justicia de la Unión Europea y Le mouvement nécessaire des choses", *Teoría y Realidad Constitucional*, núm. 39, 2017, pág. 173, se trata de un procedimiento que aparece como pieza clave para la homogeneización de la aplicación del Derecho europeo en los países de la Unión y para la relación

diante la inaplicación del Derecho del Estado miembro que entra en conflicto con el Derecho europeo. Bien entendido que este "diálogo entre tribunales" es una consecuencia directa del sistema jurídico multinivel en el cual se sitúa nuestro Ordenamiento[271].

Por vía de la cuestión prejudicial el Tribunal de Justicia, como ha constatado SENÉS MOTILLA[272], "ayuda al Juez nacional" proporcionándole una respuesta útil a la controversia que tiene que discernir, aunque formalmente el pronunciamiento del Tribunal de Justicia versa siempre sobre la interpretación de la norma europea y su compatibilidad con el contenido de la norma nacional aplicable al litigio principal. Por lo demás, como bien refiere la autora, no entra a enjuiciar los hechos que fundamentan la reclamación, en el doble sentido, de que no integra la exposición de los hechos que efectúe el órgano pro-

---

entre los jueces nacionales como jueces del Derecho de la Unión, y el Tribunal de Luxemburgo. *Vid.* también al respecto, MARTÍN y PÉREZ DE NANCLARES, J., "El TJUE como actor de la constitucionalidad en el espacio jurídico europeo: la importancia del diálogo judicial leal con los tribunales constitucionales y con el TEDH", *Teoría y Realidad Constitucional*, núm. 39, 2017, págs. 235-269; FREIXES, T., "El diálogo entre tribunales en el marco Europeo", *Cuadernos Constitucionales* 1, pág. 73, disponible en: https://doi.org/10.7203/cc.1.19053.

271 En este sentido, FREIXES, T., *ídem*, pág. 66. Como ha referido ÁLVAREZ OLALLA, P., "Vulneración del derecho a la tutela judicial... cit.", pág. 98, el principio de primacía del derecho comunitario significa que el derecho emanado de las instituciones europeas tiene un valor prevalente sobre las normas nacionales de los Estados miembros, por lo que ninguna norma de derecho interno puede contradecir lo establecido en la normativa comunitaria.

272 "Cláusulas abusivas y ejecución hipotecaria... cit.", pág. 3. *Vid.* también, LÓPEZ CASTILLO, A., "La confluencia entre Tribunales Constitucionales, TEDH y TJUE", *AFDUAM* 22, 2018, pág. 140.

ponente, si la exposición resulta ser suficiente, ni los enjuicia, decidiendo la controversia que pende ante el Juez nacional. Cuestión diferente es que el tribunal tome en consideración tal exposición de hechos para calibrar la dimensión de la controversia jurídica empeñada en el caso, es decir, para constatar el problema real, no meramente hipotético, que es objeto de decisión prejudicial[273].

Se ha convertido en una práctica habitual que la "cuestionada abusividad" de una cláusula de consumo determinada, generadora de diversas líneas interpretativas, sea resuelta por el TJUE, después de un periodo de espera más que prudencial y con las consecuencias que ello conlleva. Cuando se produce la resolución de este órgano, los debates doctrinales y jurisprudenciales habidos hasta el momento, bien salen reforzados, si se confirma la tesis mantenida hasta el momento; bien decaen o se pierde la que cabe considerar como lucha o interpretación mantenida hasta el momento; o bien, nadie gana o pierde, sino que lo defendido por el TJUE se estima y acepta, en mayor o menor grado, como el nuevo camino a seguir pues es la decisión adoptada por el citado Tribunal.

Llegados a este punto cabe cuestionarse si ante la pretendida abusividad de la *"cláusula de afianzamiento"*, es necesaria una

---

273 Como ha sido puesto de manifiesto por GARCÍA-VALDECASAS DORREGO, M.ª J., *Diálogo entre los tribunales españoles y el Tribunal de Justicia de la Unión Europea sobre la tutela judicial del consumidor al amparo de la Directiva 93/13/CEE,* Centro de Estudios Registrales, Madrid, 2018, pág. 27, "los jueces españoles han hecho uso de este instrumento en aquellos supuestos en los que estimaban que era necesaria la intervención clarificadora del Tribunal de Justicia para dictar sentencia en un asunto determinado, y, de esta forma, han cuestionado no sólo aquellas normas nacionales que consideraban contrarias al Derecho de la Unión, sino también la propia jurisprudencia del Tribunal Supremo de España".

nueva cuestión prejudicial sobre el caso concreto, para que sea el TJUE el que declare la existencia de un ganador y un vencido, o establezca un nuevo camino a seguir, en la medida en que los tribunales internos no resuelven, o tienen miedo y prefieren que otro les trace el camino; o, por el contrario, contamos ya con criterios lo suficientemente claros y argumentados, herramientas al fin y al cabo, para declarar sin problema la abusividad de esta cláusula.

Se trata de verificar si el TJUE ha cumplido ya su misión, estableciendo y precisando cuáles son los principios generales que deben guiar las resoluciones en torno a la "potencial abusividad" de una cláusula. Esto supondría que corresponde al TS tomar las decisiones oportunas sobre el particular, lo que tendría un doble efecto. En primer lugar, evitaría las dilaciones procesales que derivan del planteamiento de la cuestión prejudicial, a lo que debe unirse el periodo de tiempo previo hasta que alguien se lanza a plantearla y, en consecuencia, el TJUE a resolverla; y, en segundo lugar, el empoderamiento o reconocimiento quizás del lugar que corresponde al TS. No se trata de predicar la disociación entre TS y TJUE, sino que, una vez que ha sido mantenido un diálogo previo entre estos tribunales en relación a otras cláusulas, cuya abusividad ya no se cuestiona, y establecidos los principios o reglas que marcan la declaración de abusividad, ya se ha aprendido la lección y no es necesario realizar nuevas consultas.

Entiendo que el diálogo entre tribunales surge ante las dudas interpretativas que se plantean en el derecho interno, pero que, una vez resueltas y establecidas las que podemos considerar "como reglas del juego", salvo raras excepciones, no es necesario recurrir a la cuestión prejudicial y al TJUE cada vez que en el derecho interno sea cuestionado el carácter abusivo de una nueva cláusula, pues esto implica, desde mi punto de vista, que el diálogo no funciona y que el TS o nuestros tribunales internos no aprenden o no se han enterado de la primacía del ordenamiento europeo, o lo que sería peor que estamos en la UE[274].

Con esto no se cuestiona la virtualidad práctica de la cuestión prejudicial en materia de cláusulas abusivas, en concreto, sino la falta, quizás, de querer aprender por parte de nuestros tribunales la lección emitida por el TJUE. Se trata de dialogar entre tribunales para aprender y avanzar, el TJUE nos ha facilitado los medios, y no podemos estar permanentemente preguntando lo mismo, por el hecho de que varíe el perfil de una cláusula que, con la normativa en la mano, puede llegar a ser claramente abusiva.

Misión del TJUE es resolver las dudas que la interpretación de la normativa europea plantea en relación con una norma o jurisprudencia internas. Es posible que planteada la esperada cuestión prejudicial en materia de abusividad de la *"cláusula de afianzamiento"*, la respuesta del TJUE sea tan amplia que genere un vasto margen de interpretación para el tribunal interno que haga perdurar las mismas interpretaciones que se venían otorgando.

El diálogo entre tribunales no puede ser entendido como el reconocimiento de la supremacía del ordenamiento estatal sobre el nacional, sino como un proceso dialéctico mediante el cual se construye el concepto moderno de Justicia[275], un proceso natural y necesario en el desarrollo de la Justicia.

---

274 Se habla ya de un cierto "agotamiento de la cuestión prejudicial". Sobre el particular, *Vid.*, SOLER SOLÉ, G., "¿Está menguando la fuerza de la cuestión prejudicial como instrumento jurisprudencial de avance jurídico?, *Revista Jurídica sobre Consumidores,* núm. Especial, septiembre, 2020, pág. 94, disponible en: https://vlex.es/vid/menguando-fuerza-cuestion-prejudicial-850180511.

275 *Cfr.*, IGLESIAS SEVILLANO, H., "La construcción de un concepto de justicia europeo: la visión desde el diálogo entre el TJUE y los Tribunales nacionales", *Revista de Estudios Europeos,* núm. 71, enero-junio, 2018, pág. 125.

Capítulo Cuarto

Estado de la cuestión y valoración final

1. EL FIADOR O GARANTE EN LA LCCI

El artículo 2.1 LCCI determina que la ley será de aplicación cuando "el prestatario, el fiador o garante sea una persona física". Este precepto ha planteado no pocas interrogantes a la doctrina, centrándose, por un lado, en si los fiadores deben ser objeto de la misma protección que los deudores principales; y, por otro lado, en el requisito de que el fiador sea una persona física.

La primera cuestión no plantea dudas, el fiador merece la misma protección que el deudor principal[276]. Esta postura es defendida por parte de la doctrina por tres razones fundamentales[277]:

---

276 SERRANO FERNÁNDEZ, M., "El ámbito de aplicación de la Ley Reguladora de los Contratos de Crédito Inmobiliario" en *Estudios sobre la ley reguladora de los contratos de crédito inmobiliario*, Murga Fernández, J. P./Hornero Méndez, C. (Coors.), Reus, Madrid, 2020, págs. 15 y ss., justifica su protección por tratase de personas que responden de la solvencia, en ocasiones dudosa, de los prestatarios y por la falta de intervención de los fiadores en la formación del contrato, por lo que resulta "loable" la extensión por parte del legislador de la protección a estos colectivos. *Vid.* también al respecto, TENZA LLORENTE, M.ª, *La tutela del deudor y del garante hipotecario en la contratación de préstamos inmobiliarios. El ámbito de aplicación de la Ley 5/2019, de 15 de marzo, reguladora de los contratos de crédito inmobiliario,* Thomson Reuters Aranzadi, Pamplona, 2022, págs. 132 y ss.

277 GÁLVEZ CRIADO, A., "Los terceros garantes en los préstamos hipotecarios con consumidores: deberes de información y de evaluación

1ª. La crisis económica ha afectado a deudores y terceros garantes, siendo el fiador en la mayoría de las ocasiones universal y solidario, lo que conlleva que frente al acreedor responda al mismo nivel que el deudor.

2ª. La concesión de créditos hipotecarios a personas de dudosa solvencia, situación extensible a la persona del garante.

3ª. El garante como tal y por su condición asume obligaciones nacidas del contrato principal en cuya formación no ha participado.

Esta situación que derivó en un alto grado de litigiosidad a raíz de la forma en la que fueron concedidos los créditos hipotecarios, ha provocado que las normativas en época de crisis, las posteriores a la misma y las más recientes incluyan entre los sujetos objeto de protección al fiador o garante. Las obligaciones precontractuales o contractuales de información[278], así como la obligación de evaluar la situación de solvencia, en este caso de los fiadores, constituyen el centro de las nuevas medidas de protección.

En este sentido, la LCCI representa un antes y un después en lo que concierne a la protección del fiador. Esto se traduce, por ejemplo, en lo previsto en al artículo 3.2 LCCI en donde se establece la nulidad de la renuncia de los derechos que la Ley reconoce al deudor, al fiador, garante o hipotecante no deudor. Asimismo, la obligación de comparecencia ante el notario,

---

de la solvencia", *Revista de Derecho Bancario y bursátil*, año 35, 2006, págs. 17 y 29; SERRANO FERNÁNDEZ, M.ª, "El prestatario, el fiador o el garante en la Ley reguladora de los contratos de crédito inmobiliario", *Revista de Derecho Civil*, Vol. VI, núm. 2, abril-junio, 2019, pág. 85.

278 *Vid.* al respecto, HIDALGO GARCÍA, S., *Los préstamos de la ley reguladora de los contratos de crédito inmobiliario y sus garantías*, Thomson Reuters Aranzadi, Pamplona, 2021, págs. 101 y ss.

para que este lleve a cabo una comprobación del cumplimiento de la transparencia material y las normas de protección al prestatario establecidas en la Ley, se extienden a toda persona física que sea fiadora o garante

De igual forma, atendiendo al contenido del artículo 15.4 LCCI *"la obligación de comparecencia y las normas de protección al prestatario previstas en la presente Ley se extenderán a toda persona física que sea fiadora o garante del préstamo"*. Esto deriva en la obligación que tiene el prestamista de proporcionar al prestatario una información personalizada, llamada "precontractual", que tiene como objetivo que el cliente pueda comparar los préstamos existentes en el mercado, evaluar sus implicaciones y poder tomar una decisión fundada en la conveniencia o no de celebrar el contrato de préstamo en cuestión (artículo 10 LCCI). Como es sabido, esta información se facilita a través de la Ficha Europea de Información Normalizada (FEIN). La comprensión de esta "información precontractual" determina el cumplimiento del deber de transparencia material[279].

La LCCI supone un cambio, pues en el artículo 83.II TRLGDCU se establece que las condiciones incorporadas de modo no transparente en los contratos en perjuicio de los consumidores serán nulas de pleno derecho. Por lo tanto, en sede de cláusulas no negociadas en contratos con consumidores, se

---

279 *Vid.* sobre el particular, la postura de CÁMARA LAPUENTE, S., "Transparencia material y función notarial en la Ley 5/2029 ¿control, carga o trampa?", *Notario del siglo XXI*, 2019, núm. 85. Disponible en: https://www.elnotario.es/hemeroteca/revista-84/9290-transparencia-material-y-funcion-notarial-en-la-ley-5-2019-control-carga-o-trampa-, quien estima que "la Ley no define qué ha de entenderse por transparencia material ni transpone, censurablemente, el artículo 4.2 de la Directiva 93/13 sobre cláusulas abusivas donde la jurisprudencia ha ubicado ese control, y ni siquiera transpone el concepto de consumidor de la Directiva".

prevé un efecto legal específico para la falta de transparencia, tal es, la nulidad[280].

En todo caso, este deber de transparencia material se cumple entregando el prestamista, el intermediario del crédito o su representante dedignado al prestatario, con una antelación mínima del 10 naturales respecto de la firma del contrato, un conjunto de documentos que se encuentran especificados en el artículo 14 LCCI[281]. Con el fin de comprobar el grado de comprensión de la documentación recibida, el prestatario debe comparecer ante el notario elegido por él, el cual debe verificar que el prestamista ha remitido toda la documentación exigida en el plazo establecido. De igual forma el notario debe levantar un acta en la que debe especificar:

1°. El cumplimiento de los plazos legalmente previstos de puesta a disposición de la documentación.

2°. Las cuestiones planteadas por el prestatario y el asesoramiento prestado por el notario.

3°. La información individualizada por parte del notario, quien lo hará constar en el acta, de todo lo referente a la prestación de asesoramiento relativo a las cláusulas específicas recogidas en la FEIN y FIAE. La información que se consigne debe ser individual y expresa respecto de cada cláusula sobre la que ha asesorado, sin que sea suficiente una afirmación genérica.

De la misma manera, en presencia del notario, el prestatario responderá a un test que tendrá por objeto concretar la documentación entregada y la información suministrada. Si no queda acreditada la entrega de la documentación en

---

280 *Vid.*, artículo 5.5 LCGC.

281 Entre estos documentos se encuentra la ya citada Ficha Europea de Información Normalizada (FEIN) y una Ficha de Advertencia Estandarizada (FIAE), en la que se informa al prestatario de la existencia de cláusulas o elementos relevantes.

el plazo previsto, o si no se compareciese para recibir asesoramiento en el plazo señalado, el notario expresará esta circunstancia en el acta. No pudiendo autorizarse la escritura de préstamo (artículo 15 LCCI).

Asimismo, los prestamistas tienen la obligación de evaluar en profundidad la solvencia no solo del prestatario, sino también del fiador o garante antes de celebrar el contrato de préstamo.

En relación a la segunda cuestión, en concreto, si es necesario que el prestatario sea persona física para poder extender las normas de protección del prestatario a toda persona física que sea fiadora o garante del préstamo, me remito a lo dicho a lo largo del trabajo en base a establecido en el Auto TJUE 19 de noviembre de 2015, caso Dumitru Tarcău e Ileana Tarcău contra Banca Comercială Intesa Sanpaolo România SA y otros, asunto c-74/15[282], en virtud del cual, presentándose el contrato de fianza como un contrato distinto respecto al contrato de préstamo principal, de forma que, la calidad en la que actuaron los fiadores, debe apreciarse respecto al contrato de fianza del que son parte o, dicho de otra manera, según el criterio funcional, equivalente a valorar si en su relación contractual actuaron al margen de su actividad empresarial o profesional.

2. DESEQUILIBRIO CONTRACTUAL Y PROTECCIÓN DEL FIADOR CONSUMIDOR

Llegados a este punto, no existen dudas en torno a la situación en la que se encuentra el fiador en la mayoría de las ocasiones, cuando de buena fe y en base a las previas relaciones

---

282 TJCE 2015/386. Este planteamiento es seguido en el Auto TJUE 14 de septiembre de 2016, caso Pavel Dumitraş y Mioara Dumitraş contra BRD Groupe Société Générale- Sucursala Judeţeană Satu Mare (TJCE 2016/329).

que mantiene con el deudor principal se presta a garantizar el crédito hipotecario que permite la adquisición de una vivienda. Bien es sabido que, lo pactado entre las partes respetando los límites de la autonomía privada y no existiendo vicio de la voluntad, debe ser cumplido en sus propios términos.

Como bien ha referido GÓMEZ CALLE[283], este principio suele apoyarse en la autonomía de la voluntad y en que el Derecho asume la racionalidad del comportamiento humano, entendiéndose que nadie consiente un acuerdo sin buenas y adecuadas razones para ello. Se parte pues de que las partes de un contrato actúan con pleno conocimiento para "maximizar racionalmente la utilidad subjetivamente esperada". Por ello estima que, imperando la autonomía de la voluntad, el Derecho no tiene que ocuparse de los supuestos en que las prestaciones están desequilibradas en la medida en que ese desequilibrio haya sido aceptado libremente por las partes. Son las partes las que, en el ejercicio de su autonomía, valoran su propio interés y juzgan lo que están dispuestas a sacrificar. Consecuentemente, esa decisión adoptada puede vincular a una parte y el contrato debe cumplirse conforme a lo pactado, aunque es posible que a la otra parte le suponga un beneficio que pueda incuso ir más allá de los parámetros habituales en el mercado.

Partiendo de que el principio de la equivalencia de las prestaciones no es requisito de validez del contrato[284], en tanto en cuanto el ser humano se comporta racionalmente y nadie mejor que el mismo sujeto puede decidir acerca de sus propios intereses, hay que tener presente que, esto es así cuando hay libertad y una consciencia reales. Si el consentimiento no ha sido consciente o libre, no vincula.

---

283 *Desequilibrio contractual y tutela del contratante débil*, Thomson Reuters Aranzadi, Navarra, 2018, pág. 20.

284 GÓMEZ CALLE, E., *ídem*, pág. 21.

La situación de necesidad del deudor principal y su relación con el fiador puede conducir a pactar un contrato en el que la debilidad de ambos provoque una situación de abuso por parte de la entidad bancaria. La debilidad es aprovechada por el acreedor dotando al contrato de fianza de un clausulado que le reporta un beneficio, que puede llegar a resultar excesivo e injusto. Como dice GÓMEZ CALLE [285], a la falta de justicia sustantiva, es decir, desequilibrio o sacrificio excesivo, se une la falta de justicia procedimental, en concreto, la explotación consciente de la situación ajena de vulnerabilidad.

3. UNA CUESTIÓN PROCESAL: LEGITIMACIÓN DEL DEUDOR PRINCIPAL PARA IMPUGNAR LA VALIDEZ DE LAS CLÁUSULAS DEL CONTRATO DE FIANZA

La Sentencia TS 19 de octubre de 2022[286] trata una importante e interesante cuestión de naturaleza procesal, tal es, la posible legitimación del prestatario para denunciar la abusividad de algunas de las cláusulas del contrato de fianza.

Sobre el particular el TS estima que "como la pretensión ejercitada respecto de esta obligación de fianza es que se declare su nulidad, en principio, los afectados por este pronunciamiento serían el acreedor y los dos fiadores. Pero, sin perjuicio de que el deudor principal sea un tercero en la relación de obligación entre acreedor y fiador, en la medida en que el contrato de fianza extiende sus efectos no sólo sobre el acreedor y el fiador, sino también sobre el deudor, en esa medida ostenta un interés legítimo que le legitima para formular la concreta acción ejercitada de nulidad de la fianza, basada en su carácter abusivo. Razón por la cual habérsela negado constituye una

[285] *Ídem*, pág. 30.

[286] RJ 2022/4498.

infracción del derecho a la tutela judicial efectiva del artículo 24 CE, que ha generado indefensión del demandante".

En consecuencia, el TS reconoce legitimación activa al prestatario para impugnar las cláusulas del contrato de fianza, lo cual no significa que admita la abusividad de las mismas.

4. PROBLEMAS DETECTADOS A LA LUZ DE LA CASUÍSTICA: ANÁLISIS CRÍTICO

El punto de partida para defender la abusividad conforme a lo establecido por el TJUE[287], radica en que "el sistema de protección establecido por la Directiva se basa en la idea de que el consumidor se halla en una situación de inferioridad respecto al profesional, en lo referido tanto a la capacidad de negociación como a nivel de información, situación que le lleva a adherirse a las condiciones redactadas de antemano por el profesional sin poder influir en el contenido de éstas".

Partiendo de esto, cabe referenciar una serie de problemas derivados del estudio realizado de la casuística, sobre lo que proceden ciertas reflexiones sobre el particular. En concreto, cabe apuntar lo que sigue:

1.º La delimitación conceptual de cláusula abusiva y condición general de la contratación, cuya diferenciación genera equívocos. Como bien ha sido establecido[288], el término cláusula abusiva se emplea para expresar la cualidad del contenido

---

287 Sentencias TJUE 27 de junio de 2000, caso Océano Grupo Editorial y Salvat Editores, asunto C-240/98 a C-244/98 (TJCE 2000/14); 26 de octubre de 2006, caso Elisa María Mostaza Claro contra Centro Móvil Milenium, asunto C-168/05 (TJCE 2006/299); 30 de abril de 2014, caso Árpád Kásler y Hajnalka Káslerné Rábai contra OTP Jelzálogbank ZrTomo, asunto C-26/13 (TJCE 2014/105).

288 MORENO GARCÍA, L., *Las cláusulas abusivas... cit.*, pág. 32.

de un determinado clausulado, mientras que, las condiciones generales son, junto con las cláusulas predispuestas en un contrato particular y a las prácticas no consentidas expresamente, el objeto de ese juicio de abusividad.

2.º Precisar la autonomía entre el contrato de hipoteca y el contrato de fianza, aunque vayan en el mismo documento escrito. Por este motivo, alegar que el préstamo hipotecario ha sido negociado y que esto es extensivo al contrato de fianza, es desde mi punto de vista insostenible, dado el carácter autónomo de la fianza respecto al crédito hipotecario, aunque se documenten en el mismo escrito.

Esto pone de manifiesto la imprecisión que existe en torno al concepto de "negociación" y dónde se encuentran los límites de la misma, es decir, cuándo se puede interpretar que ha existido negociación y cuál ha sido su alcance. Pues no todo contacto entre consumidor (deudor y fiador) y entidad bancaria puede ser interpretado en términos de negociación. Asimismo, se plantea el problema de la prueba de la misma por parte del profesional (entidad bancaria).

3.º Los vaivenes en la delimitación del "concepto de consumidor" es una constante en la jurisprudencia menor.

4.º La determinación del alcance del término "integración del contrato", ya que la misma se encuentra prohibida por la jurisprudencia del TEDH. Esto nos conecta con el problema de si ante la nulidad parcial (pacto de solidaridad y renuncia a los beneficios) en virtud de la cual se mantiene el contrato de fianza y se excluyen el pacto de solidaridad y la renuncia a los beneficios podría ser esta exclusión establecida por el Juez como integración del contrato y, por lo tanto, implicar una violación del artículo 7 de la Directiva 93/13, ya que supondría la adopción de una medida que se podría interpretar como no eficaz para lograr el cese de la existencia de cláusulas abusivas entre consumidores y profesionales.

Al respecto estimo, que la declaración de la nulidad del pacto y renuncia de los beneficios, no es integración del contrato, en la medida en que el contrato de fianza puede subsistir sin las referidas cláusulas.

5.º La superposición de garantías siempre en favor de la entidad bancaria, tales son, hipoteca (incluso de varios inmuebles), artículo 1911 CC y fianza (en ocasiones, varios avalistas). Esto nos puede llevar a considerar la posible declaración de nulidad absoluta de la *"cláusula de afianzamiento"*, en la medida en que la misma implica una sobregarantía (artículo 88 TRLGDCU), una "garantía desproporcionada al riesgo asumido", aun procediendo a la exclusión o declaración de nulidad relativa del pacto de solidaridad y la renuncia a los beneficios. En este caso, la sobregarantía sería la causa del verdadero desequilibrio entre las prestaciones. Pero considero que esta no puede ser la regla general, en tanto en cuanto no siempre existirá esa sobregarantía o una garantía desproporcionada generadora de un desequilibrio importante, sino que la concesión del crédito puede depender de la fianza constituida en estas condiciones. Si la abusividad se contempla en este tipo de cláusulas desde esta perspectiva solamente, se otorgará protección a un grupo sectario y concreto de consumidores, dejando al margen de la citada protección a aquellos consumidores que han necesitado la fianza, en estas condiciones pactada, para poder acceder al crédito hipotecario y a lo que será en la mayoría de las ocasiones, la vivienda habitual. La abusividad desde la perspectiva de la garantía desproporcionada deja al margen de la protección de la Directiva 93/13 al consumidor realmente más débil.

6.º En la redacción de las cláusulas con pacto de solidaridad y renuncia a los beneficios se observa una constante, es decir, se hace meramente alusión a estos particulares, pero no se lleva a cabo una explicación expresa y detallada de la trascendencia económica y jurídica que puede llegar a tener el perfilar o diseñar la fianza en estos términos para el fiador. Un claro ejemplo de esta práctica permanente se puede apreciar en la

Sentencia AP de Barcelona (Sección 15ª), 6 de noviembre de 2014[289], en la que se recurre a una fórmula abierta con expresiones como ***"renuncia expresa a los beneficios de orden, excusión, división y cualquier otro que, con carácter general o particular, pudiera corresponderles"***, lo que no solamente implica la renuncia a los beneficios habituales, sino que incluye más.

Esto puede ser interpretado en términos de una mayor desprotección, pues cabe preguntarse si ese "abstracto consumidor medio" se encuentra cualificado para saber, conocer y, en consecuencia, emitir un consentimiento libre e informado, en torno al alcance de ***"cualquier otro"***, si probablemente no llegue a comprender la trascendencia económica y jurídica que para él puede tener el pacto de solidaridad (considerado como habitual) y la renuncia, en exclusiva y no a más, de los beneficios de excusión, división y orden. No se debe olvidar que, el fiador puede carecer de libertad de decisión si no tiene experiencia negocial, también ha podido ser presionado psicológicamente, pues la concesión del crédito está condicionada al otorgamiento de la fianza y en muchas ocasiones se basa en relaciones de amistad o parentesco y, siempre, el acreedor, es decir, la entidad bancaria se va a aprovechar en su beneficio tanto de la inexperiencia negociadora del fiador, como de la situación de presión psicológica que este sufre ante la incertidumbre de la concesión o no del crédito[290].

7.º La práctica arroja un dato importante, se suele denunciar más, ejercitando la pertinente acción de nulidad, la re-

---

289 JUR 2015/43530.

290 Como ha dicho VEIGA COPO, A. B., "Eficiencia y función de la garantía... cit.", pág. 2, "crédito es confianza, *credere,* pero también incertidumbre, riesgo en la insolvencia del deudor, en la solidez de su patrimonio, en las posibilidades recuperatorias del mismo. Dudas e incertidumbres en lograr la efectiva reintegración de lo prestado, de la financiación".

nuncia a los beneficios referidos, y no el pacto de solidaridad. Esto no tiene mucho sentido en la medida en que, existiendo solidaridad, no cabe la excusión, derivando esta en inútil a los efectos de la práctica. Por el contrario, la denuncia de la renuncia a los beneficios, no afecta a la solidaridad. Asimismo, las pretensiones se sustentan en una denuncia reiterada de la falta de información sobre el alcance de la citada renuncia, lo que no permite lograr un consentimiento "cabal y firme" de los fiadores. Esto cuestiona la posible violación de los artículos 7 y 8 LCGC.

8.º Resulta llamativo que la jurisprudencia se "agarre" de forma reiterada y permanente a la previsión legal del CC sobre la renuncia a los beneficios, para justificar el perfil del fiador en la cláusula cuestionada. Estimo que es justo diferenciar entre lo previsto en la norma y el uso abusivo que al amparo de lo dispuesto en la misma se puede llegar a hacer, en la medida en que el fiador consumidor no es informado correctamente de las consecuencias que conlleva la aplicación de lo establecido en la norma.

9.º No es argumento para defender la licitud de esta cláusula, el hecho de que se "recurra" a este perfil de fianza de forma "habitual". Esto sería para justificar un posible uso abusivo de la misma, negando que la intención sea ser incorporada a una pluralidad de contratos. La situación se agrava aún más cuando como ocurre en algunos casos[291], la fianza se hace extensiva no solo a los fiadores, que podrían ser considerados como "principales", sino también a sus herederos.

10.º Concluyente es diferenciar entre el contrato de fianza y la renuncia a los beneficios. En el primer caso el fiador interviene voluntariamente, por lo que es posible afirmar que,

---

291 Sentencia AP de Guipúzcoa (Sección 2ª), 30 de septiembre de 2015 (JUR 2015/244535).

si participa en la fianza y firma el contrato de fianza, es perfectamente consciente de lo que esto significa, es decir, que se obliga a pagar por un tercero si este no lo hace. Cuestión distinta es el modo en el que en la práctica bancaria se ha perfilado aquello frente a lo que responde el fiador, que es lo que permite colocarlo en una situación de franca desventaja. La constitución de la fianza no exige de forma ineludible que se renuncie a estos beneficios. Tampoco se puede deducir que ha existido negociación sobre la renuncia por el hecho de haber negociado la fianza, pues es posible que los términos de la misma no hayan sido aclarados.

Por este motivo, adquiere un papel fundamental la información de la que debe ser objeto el fiador en la fase precontractual, en torno al alcance de la fianza que contrata. Estimo que en esto está la clave, no en excluir la fianza como tal. Es necesario diferenciar, asimismo, entre el pacto de fianza solidaria que para que revista este carácter ha debido ser objeto de pacto, de lo contrario el régimen de solidaridad no es viable; y la renuncia a los beneficios citados, lo que no exige pacto al respecto.

11.º La libertad de contratar que ostenta el fiador debe ser objeto de una reflexión. En relación a la *"cláusula de afianzamiento"* es necesario diferenciar entre el hecho de participar en la redacción del contrato y el carácter negociado o no de una cláusula contractual. No obstante, a efectos de la tutela de los consumidores las cláusulas prerredactadas, sean condiciones generales o particulares, deben ser consideradas como impuestas cuando no han sido negociadas de forma individualizada. La imposición del contenido, no debe ser confundida con la imposición del contrato, en el sentido de "obligar a contratar" [292].

---

[292] Como bien diferencia la Sentencia TS 9 de mayo de 2013 (JUR 2013/3088).

Bien es sabido que es el consumidor el que, ponderando sus intereses, en el ejercicio de su libertad de contratar, deberá decidir si contrata o no y con quien, ya que una cosa es la prestación del consentimiento de forma individualizada, voluntaria y libre –razonablemente garantizado por la intervención notarial-; y, otra identificar tal consentimiento en el contenido con la previa existencia de negociación individualizada del mismo. Máxime cuando se trata de productos de consumo no habitual y de elevada complejidad técnica, en el que la capacidad real de comparación de ofertas y la posibilidad real de comparación para el consumidor medio es reducida, tratándose con frecuencia de un "cliente cautivo" por la naturaleza de las relaciones mantenidas por los consumidores con sus bancos que minoran su capacidad real de elección[293].

Por ello, y atendiendo al principio de conservación del negocio jurídico, debe tratarse de mantener la eficacia del mismo en su integridad sin reducirlo, pero cuando esto no es posible debe ser privado[294] de las cláusulas ilícitas y mantener la eficacia del negocio reducido. La nulidad parcial si es posible en los contratos con condiciones generales en base al artículo 9.2 LCGC.

Por lo tanto, el contrato debe subsistir, en principio, sin otra modificación que aquella que resulta de la supresión de la cláusula abusiva, en la medida en que, en virtud de las normas de Derecho interno, la persistencia del contrato sea jurídicamente posible (artículo 6.1 Directiva 93/13).

Si el contrato no puede subsistir, el artículo 6.1 de la Directiva 93/13, permite que el Juez nacional suprima la cláusula abusiva y la sustituya por una disposición supletoria de Derecho nacional en aquellos casos en que la declaración de nulidad

---

293 *Vid.*, Sentencia TS 9 de mayo de 2013 (JUR 2013/3088).

294 "Podado" según la Sentencia TS 9 de mayo de 2013 (JUR 2013/3088).

de la cláusula abusiva obligue al Juez a anular el contrato en su totalidad quedando el consumidor expuesto a consecuencias especialmente perjudiciales (artículo 6.1 Directiva).

Las consecuencias de la declaración de abusividad de la cláusula, como ha referido la jurisprudencia, se centran en la consecución de dos objetivos:

1°. El Juez debe velar porque pueda restablecerse la igualdad entre las partes del contrato, que ha sido puesta en peligro por la imposición al consumidor de una cláusula abusiva.

2°. Es preciso cerciorarse de que el profesional se vea disuadido de incluir tales cláusulas en los contratos que ofrece a sus consumidores.

Las facultades del Juez no pueden ir más allá de lo estrictamente necesario para restablecer el equilibrio contractual entre las partes del contrato y proteger así al consumidor de las consecuencias especialmente perjudiciales que podría provocar la anulación del contrato de fianza y, en situación extrema, limitar el acceso al crédito hipotecario.

Cabría plantearse una modificación de la *"cláusula de afianzamiento"* así perfilada por una cláusula de afianzamiento simple y sin renuncia a los referidos beneficios, siempre que el fiador emitiera un consentimiento libre e informado y esta nueva cláusula no fuera susceptible de ser catalogada como abusiva. El fiador renuncia a la cláusula abusiva originaria y la nueva cláusula no es abusiva, lo que debe ser comprobado por el órgano jurisdiccional remitente. Se trataría de una modificación vía contractual del carácter abusivo de una cláusula originaria[295]. Esto va en consonancia con el objetivo perseguido por el legislador comunitario en el marco de la Directiva

---

295 Sentencia TJUE 29 de abril de 2021, caso varios contra varios, asunto C-19/20 (TJCE 2021/110).

93/13, tal es no anular todos los contratos que contengan cláusulas abusivas.

5. REFORMULACIÓN EN CLAVE DE PROGRESO

Llegados a este punto y manifestadas a lo largo del trabajo determinadas inquietudes, procede verificar ciertas premisas que deben ser aclaradas, con el fin de progresar en una dialéctica que debe avanzar.

Se parte de que la imposición de cláusulas o condiciones generales por el empresario a los consumidores, no comporta ilicitud. Se trata de un mecanismo de contratar propio de la contratación en masa, ante la imposibilidad y los costes de mantener diálogos individualizados[296], pero esto no justifica el recurso y uso de cláusulas de naturaleza abusiva. Por ello, es posible que la *"cláusula de afianzamiento"* no sea ilícita *per se,* es decir, su abusividad puede provenir de los términos en los que la condición general predispuesta se encuentra redactada y el desconocimiento por parte del consumidor del alcance, ante la falta de información precontractual, de la fianza que contrata.

Como especifica la DGRN en Resolución de 13 de junio de 2019[297], el aval prestado no es nulo *per se,* sino que será el Juez nacional, quien deberá valorar en cada caso, y con las pruebas existentes, si efectivamente la cláusula de garantía en sí misma es nula, o bien, solo determinadas cláusulas del propio contrato de garantía, o eventualmente también del contrato de préstamo, son inaplicables al consumidor garante. El tribunal, deberá apreciar la nulidad de la cláusula si considera que no se informó adecuadamente al consumidor de las consecuencias

[296] Sentencia TS 9 de mayo de 2013 (2013/3088).

[297] RJ 2019/3347.

que lleva, en el caso de impago del avalado, la firma del contrato de garantía, o si se produce para la entidad financiera una ventaja desproporcionada. También, puede declarar la *"cláusula de afianzamiento"* válida, pero apreciar que no le sean aplicables, la renuncia a los derechos de excusión, orden y división; o incluso que no le sean aplicables algunas de las cláusulas del contrato de préstamo, en el caso de que no se hayan cumplido respecto de las mismas con el avalista los requisitos de transparencia material y las concretas cláusulas se consideren abusivas aplicando la legislación de consumidores.

En este sentido, como regla general, cabe estimar que si nos encontramos ante dos relaciones jurídicas distintas y autónomas y, si la determinación de la aplicación de las normas uniformes sobre cláusulas abusivas debe apreciarse, en atención a la calidad con la que los intervinientes actúan en el contrato de garantía, el control de abusividad o de contenido del mismo debe circunscribirse a sus concretas cláusulas, pero no extenderse a las cláusulas específicas del contrato principal del préstamo garantizado, a las que les será aplicable la normativa que corresponda en atención, igualmente, a la condición de sus partes contratantes.

Por ello y conforme a lo establecido en el artículo 6, apartado 1 de la Directiva 93/13 y la jurisprudencia sobre el particular "no vincularán al consumidor, en las condiciones estipuladas por los Derechos nacionales de los Estados miembros, las cláusulas abusivas que figuren en un contrato celebrado entre este y un profesional y que el contrato seguirá siendo obligatorio para las partes en los mismos términos, si este puede subsistir sin las cláusulas abusivas". Esto "no tiene por objetivo anular todos los contratos que contengan cláusulas abusivas, sino que pretende reemplazar el equilibrio formal que el contrato establece entre los derechos y obligaciones de las partes por un equilibrio real que pueda restablecer la igualdad entre estas, especificándose que el contrato en cuestión debe, en principio, subsistir sin ninguna otra modificación que la resultante de la supresión de las cláusulas abusivas. Siempre que se cumpla este último requisito, el contrato en cuestión podrá mantenerse, en virtud del artículo 6, apartado 1 , de la Directiva 93/13, en la medida en que, conforme a las normas del Derecho interno, tal persistencia del contrato sin las cláusulas abusivas sea jurídicamente posible, debiendo apreciarse esta circunstancia según un criterio objetivo" [298].

En este sentido y a partir de lo establecido en la Sentencia TS 11 de septiembre de 2019[299], teniendo presente la decisión del TJUE, "no se oponen a que el Juez nacional ponga remedio a la nulidad de tal cláusula abusiva sustituyéndola por la nueva redacción de la disposición legal que inspiró dicha cláusula, aplicable en caso de convenio entre las partes del contrato, siempre que el contrato de préstamo hipotecario en cuestión no pueda subsistir en caso de supresión de la citada cláusula abusiva y la anulación del contrato en su conjunto exponga al consumidor a consecuencias especialmente perjudiciales".

Corresponde a los tribunales nacionales determinar si, una vez declarada abusiva la cláusula en cuestión, el contrato puede subsistir. Para determinar si un contrato puede subsistir sin las cláusulas abusivas, procede señalar que tanto el tenor del artículo 6, apartado 1, de la Directiva 93/13, como los requisitos relativos a la seguridad jurídica de las actividades económicas abogan por un enfoque objetivo a la hora de interpretar esta disposición de manera que, la posición de una de las partes en el contrato, en el presente caso el consumidor, no puede considerarse el criterio decisivo que decida sobre el ulterior destino del contrato. Por ello, "únicamente si se entendiera que el contrato puede subsistir sin la cláusula, sería relevante la

---

298 En este sentido, Sentencia TJUE 3 de octubre de 2019, caso VARUIS contra Raiffeisen Bank International AG, asunto C-260/18 (TJCE 2019/219).

299 RJ 2019/3343.

postura (opción) del consumidor. No así cuando se considere que el contrato puede subsistir".

En relación con eso, se estima en la Sentencia en atención a los criterios del TJUE, que "una normativa según la cual la eficacia de un contrato en su conjunto dependa únicamente del interés de una parte contractual puede no solo fomentar esa confianza, sino que podría quebrantarla a largo plazo. De la misma manera que, de tal modo, podría reducirse la disposición de los profesionales a llegar a acuerdos con los consumidores, la finalidad del establecimiento del mercado interior podría eventualmente fracasar. El artículo 6 de la Directiva 93/13 también tiene en cuenta esta finalidad al limitarse a procurar el equilibrio en las relaciones contractuales". Por ello, "la actitud subjetiva del consumidor hacia él, por lo demás, contrato residual que no haya de calificarse de abusivo no puede considerarse un criterio decisivo que decida sobre su ulterior destino. (...) serían, en cambio, decisivos otros factores como por ejemplo la posibilidad material objetivamente apreciable de la aplicación subsiguiente del contrato. Lo último podría eventualmente negarse cuando, como consecuencia de la nulidad de una o de varias cláusulas, hubiera desaparecido el fundamento para la celebración del contrato desde la perspectiva de ambas partes contratantes. Excepcionalmente podría por ejemplo considerarse una nulidad total del contrato cuando pudiera darse por supuesto que el negocio no se habría realizado sin las cláusulas nulas conforme a la voluntad común real o hipotética de ambas partes porque la finalidad o la naturaleza jurídica del contrato ya no sean las mismas".

Este planteamiento aboga en favor de la defensa de la validez del contrato de fianza, con la supresión de la cláusula abusiva perfilada como solidaria y con renuncia a los beneficios de excusión, división y orden. La declaración de abusividad de la llamada *"cláusula de afianzamiento"* depende en gran medida de los términos de la redacción del contrato. Cabe entender que si el fiador, consumidor, es consciente del alcance de la obligación a la cual se compromete, es decir, fue objeto de la información precontractual necesaria y suficiente para ser conocedor de lo que implica la renuncia a los derechos que en base a esta modalidad de cláusula realiza y la solidaridad, no es procedente la declaración de abusividad. Si, por el contrario, el fiador no ha sido objeto de la información suficiente sobre el particular, la cláusula podría ser abusiva por falta de transparencia real. No obstante, esta situación puede ser matizada admitiendo la nulidad de las condiciones de la cláusula, pero no del contrato de fianza como tal.

La declaración de abusividad y la información que debe recibir el fiador está también condicionada por la cualificación del mismo, es decir, su perfil[300]. Habrá que atender al denominado "consumidor medio". Al respecto, en la Sentencia AP de Islas Baleares (Sección 5ª), 6 de septiembre de 2018[301], se especificó que "el demandante es Notario de profesión, y, además, en ejercicio, y la escritura se tramitó en su Notaría, si bien por motivos de incompatibilidad actuó un compañero en funciones notariales. Por tanto, conoce perfectamente la regulación legal sobre la fianza y la habitualidad con que dicho contrato accesorio se utiliza en el tráfico jurídico en el ámbito de los préstamos, siendo también notoria la frecuencia con la renuncia de estos derechos, prevista expresamente en el artículo 1831 del CC. Por tanto, conoce el significado y consecuencias de tales cláusulas y resulta totalmente falta de credibilidad la alegación de que antes de la firma no tuvo la oportunidad real de conocer de manera completa las cláusulas del contra-

---

300 *Vid.*, Sentencia JMerc de Segovia, 28 de marzo de 2016 (JUR 2016/72022); Sentencias AP de Guipúzcoa, 30 de septiembre de 2015 (JUR 2015/244535); AP de Guipúzcoa, 6 de noviembre de 2015 (JUR 2016/38610); AP de Islas Baleares (Sección 5ª), 6 de septiembre de 2018 (JUR 2018/280742).

301 JUR 2018/280742.

to, cuando este ha sido preparado en las oficinas de su propia Notaría, y en persona que sabía perfectamente que, con sus dos socios y mediante una sociedad, llevaba a cabo un negocio inmobiliario de envergadura. De no ser así, también sorprendería su silencio en el momento de la firma de escritura". Por ello "con la sola lectura de la escritura el demandante, Notario de profesión, pudo apercibirse que no existía limitación temporal y que el afianzamiento era solidario".

En el mismo sentido, el Tribunal Supremo en la Sentencia 1 de julio de 2019[302], ha manifestado, negando la abusividad del caso concreto, que "las cláusulas en cuestión, aunque extensas y algo reiterativas, resultan claras y comprensibles, sin mayores dificultades, para una abogada en ejercicio que, por razón de su profesión, debe conocer el instituto de la fianza y la posible renuncia, y sus efectos, de los beneficios concedidos por el Código Civil al fiador. Máxime cuando estas cláusulas, con renuncia a dichos derechos, suelen ser habituales en las garantías personales que suelen exigirse para la concesión de los préstamos".

Asimismo, el contenido del artículo 86 TRLGDCU establece que "en cualquier caso serán abusivas las cláusulas que limiten o priven al consumidor o usuario de los derechos reconocidos en normas dispositivas o imperativas", lo que puede conducir a declarar la abusividad de una cláusula preestablecida en estas condiciones[303], especificando en el apartado 7° que resulta abusiva "la imposición de cualquier otra renuncia o limitación de los derechos del consumidor o usuario". Sin embargo, habrá que estar a la información de la que ha sido objeto previamente el fiador, pues puede que nos encontremos ante una renuncia informada y consciente. De igual forma, se debe aten-

---

302 RJ 2019/3132.

303 *Cfr.*, GÓMEZ VALENZUELA, M. Á., "Examen de las cláusulas abusivas en el contrato de fianza... cit.", pág. 663.

der al control de contenido para determinar la abusividad y precisar si responde al canon del justo equilibrio y buena fe, lo que justifica la necesaria operatividad de este control, obviado por algunos sectores[304].

La protección que debe ser dispensada por el Juez nacional en este ámbito, en la medida en que el artículo 6, apartado 1, de la Directiva 93/13, en relación con el artículo 47 de la Carta, debe interpretarse en el sentido de que corresponde al mismo, ya que declara el carácter abusivo de una cláusula de un contrato celebrado entre un profesional y un consumidor informar a este, en el marco de las normas procesales nacionales y tras un debate contradictorio, de las consecuencias jurídicas que pueda entrañar la anulación de tal contrato, con independencia de que el consumidor esté asistido por un representante procesal profesional[305].

Por último, el posible contenido de una cuestión prejudicial debe centrarse en la interpretación del artículo 6.1 de la Directiva 93/13 en el sentido de si admite la posibilidad de que un tribunal nacional, al enjuiciar la abusividad de una

---

304 En cualquier caso, las limitaciones o renuncias impuestas de todo el Derecho privado dispositivo sólo son presumiblemente abusivas, aunque cabe demostrar su validez por no ocasionar en el concreto contrato desequilibrio importante de derechos y obligaciones y ser conformes con la buena fe. En este sentido se manifiesta, CÁMARA LAPUENTE, S., "Comentario artículo 86", en *Comentarios a las normas de protección de los consumidores. Texto refundido (RDL 1/2007) y otras leyes y reglamentos vigentes en España y en la Unión Europea*, Cámara Lapuente, S. (Dir.), Colex, Madrid, 2011, pág. 836; *Vid.* al respecto, ZUMAQUERO GIL, L., "Comentario artículo 86", en *Comentarios al Texto Refundido de la Ley de Consumidores y Usuarios*, Cañizares Laso, A. (Dir.), Zumaquero Gil, L. (Coord.), Tomo I, Tirant lo Blanch, Valencia, 2022, págs. 1279 y ss.

305 Sentencia TJUE 29 de abril de 2021, caso varios contra varios, asunto C-19/20 (TJCE 2021/110).

"cláusula de afianzamiento" incorporada en un contrato de préstamo hipotecario celebrado con un consumidor que prevé el afianzamiento solidario y con renuncia a los beneficios de excusión, división y orden, puede apreciar la abusividad solo del inciso del afianzamiento solidario y la renuncia a los referidos beneficios, manteniendo la validez del contrato de fianza, con independencia de que el juicio concreto de validez o abusividad deba diferirse al momento del ejercicio de la facultad afianzamiento.

Sin embargo, cabe entender que en la actualidad se disponen de medios suficientes para solventar por parte de nuestros tribunales la cuestionada abusividad de esta cláusula. Se exige un replanteamiento de la situación en aras de garantizar la seguridad jurídica en sede de préstamos hipotecarios, defendiendo el interés del consumidor y la conservación del contrato, exigiendo a las entidades bancarias el cumplimiento de lo establecido en la normativa, no amparándose en ella para perjudicar al adquirente de vivienda.

6. A MODO DE CONCLUSIÓN

Analizado el contrato de fianza con pacto de solidaridad y con renuncia a los beneficios de excusión, división y orden, cabe concluir lo que sigue, a los efectos de apreciar su posible abusividad.

La fianza es un contrato autónomo y típico y no una cláusula contractual del contrato de préstamo o crédito hipotecario[306]. El contrato de fianza se encuentra dentro del ámbito de aplicación de la Directiva 93/13, siempre que el fiador tenga

---

306 *Vid.*, Sentencia TS 21 de octubre de 2022 (JUR 2023/136369).

la condición de consumidor[307] y procede tanto para la fianza simple, como para la solidaria. En consecuencia, no cabe pues declarar la nulidad del contrato de fianza por abusivo, en tanto en cuanto, es un contrato y no una condición general de la contratación, ni una cláusula. Aunque no puede ser declarado nulo el contrato de fianza, sí pueden serlo determinadas cláusulas o condiciones generales de la contratación integradas en el mismo y que reúnan los requisitos exigidos sobre el particular [308].

La entidad bancaria que perfila este tipo de cláusula debe probar la existencia de negociación respecto del contrato de fianza y del clausulado que lo configura, así como que el consumidor (deudor del crédito y fiador), ha sido objeto de la información suficiente, emitiendo un consentimiento libre e informado, producto de su consciencia en torno al alcance económico y jurídico del contrato que suscribe y del clausulado que lo compone. En esta fase estimo a efectos de su valoración que, es de crucial importancia, por un lado, la cualificación del consumidor; y, por otro lado, la función que Notarios y Registradores desarrollan en este complejo entramado contractual.

No obstante, se admite la nulidad del contrato de fianza por parte del TS para los supuestos subsumibles en el artículo 88.1 TRLGDCU, es decir, cuando existe "desproporción de la garantía". Luego, no admite más abusividad del contrato en su totalidad que la prevista en el artículo 88.1 y no desde la cláusula general del artículo 82 TRLGDCU.

Sentado lo anterior, cabe considerar que, declarar la nulidad del contrato de fianza, el cual no es cláusula, sino contrato al amparo de la legislación sobre consumo es, a mi parecer,

---

307 En concreto, la condición de consumidor debe ser apreciada en el contrato de garantía, no en el contrato de crédito hipotecario, llamado también "principal".

308 Esta posibilidad es admitida en la Sentencia TS 27 de enero de 2020 (RJ 2020/145).

cuestionable. Pues no reúne los requisitos analizados anteriormente para que proceda, ya que el contrato de fianza no es condición general de la contratación y, por consiguiente, no puede adolecer de abusividad.

Entiendo que ante este perfil se declara la nulidad del contrato de fianza que, bajo pacto de solidaridad, constituye una garantía desproporcionada para el supuesto concreto y en esta medida ya no procede la vigencia del contrato de fianza. Declara la nulidad de la llamada "cláusula" del contrato de fianza en la cual se pacta la solidaridad, la cual constituye, ante el caso concreto, una garantía desproporcionada.

Bien es sabido, que la función de la garantía es reforzar las expectativas del acreedor de que su derecho de crédito será satisfecho, al ser ampliado su poder de agresión con relación a un patrimonio distinto del originariamente responsable. Por ello, el contenido de la obligación del fiador no puede sobrepasar el de la obligación del deudor porque el exceso carecería de causa[309].

Llegados a este punto cabe cuestionarse lo que sigue:

1°. El consumidor no informado sobre el alcance de la cláusula con pacto de solidaridad y que no se puede acoger al régimen de la garantía desproporcionada ¿es objeto de protección?

2°. ¿Cuántos fiadores en régimen de garantía desproporcionada existen que se puedan beneficiar de este régimen de nulidad de la llamada *"cláusula de afianzamiento"*?

3°. ¿Son objeto de protección todos los fiadores con el régimen propuesto por parte del TS?

4°. ¿Se trata de una solución sectaria que finalmente protege a los fiadores que menos lo necesitan?

---

309 *Cfr.*, REYES LÓPEZ, M.ª J., "Comentario artículo 1822… cit.", pág. 1150.

5°. ¿Responde esta solución al estándar de "fiador medio" de quien se ha aprovechado la entidad bancaria y que no puede acogerse a esta garantía desproporcionada, pues la misma no existe?

Al respecto, cabe apuntar que, aunque en la práctica vayan de la mano pacto de solidaridad y renuncia a los beneficios de excusión, división y orden, mediando solidaridad, el beneficio de excusión no procede. Por lo que la cuestión se circunscribe al ámbito del pacto de solidaridad, que debe ser expreso para que revista esta naturaleza. En mi opinión, el problema se centra en el ámbito precontractual y en la información de la que ha sido objeto el fiador en torno al alcance económico y jurídico de la fianza bajo régimen de solidaridad. No se debe olvidar que esta fianza basada en la confianza y buena fe puede conducir al fiador a aceptar el pacto de solidaridad, el cual lo coloca en la misma posición del deudor principal sin ser consciente de las consecuencias del riesgo que asume en esa relación contractual.

Por consiguiente, es necesario valorar, ante el caso concreto, si este requisito se ha cumplido, ya que, de lo contrario, cabría plantear la abusividad de la cláusula en estos términos perfilada por la entidad bancaria y objeto de un cuestionado consentimiento por parte del fiador. Se trata de defender la viabilidad de la cláusula general prevista en el artículo 82 TRLGDCU.

Reconducir la cuestionada abusividad de la llamada genéricamente *"cláusula de afianzamiento"* a los casos en los que exista exclusivamente una "garantía desproporcionada", implica desde mi punto de vista, dejar sin protección al fiador que no ha emitido un consentimiento libre e informado en fase precontractual[310].

---

310 Sobre la llamada "garantía excesiva", *Vid.*, KEMELMAJER DE CARLUCCI, A., "La eficacia (o ineficacia) de la llamada garantía excesiva... cit.", págs. 2117-2151.

La nulidad total del contrato de fianza puede ser mantenida cuando la pervivencia del contrato de crédito hipotecario no dependa de la fianza. Bien es sabido que, en muchas ocasiones, sin la fianza el crédito no se concede, lo que ocasionaría un grave perjuicio al consumidor. Se trata de declarar o no la abusividad de la cláusula con pacto de solidaridad, situación ante la que caben dos soluciones, aunque siempre habrá que estar a las circunstancias del caso concreto:

a) Si existe una "sobregarantía", es decir, la fianza por el valor del inmueble resulta innecesaria ante una ejecución, pues el bien sobre el que recae la hipoteca es suficiente para el pago de la deuda, el contrato de fianza es nulo.

b) Si la fianza es necesaria para la vigencia del contrato de hipoteca pues la vivienda no es suficiente para el pago de la deuda ante la ejecución, la exclusión de la fianza pondría en peligro la concesión y, en su caso, existencia del crédito, siendo lo mejor, en base al principio de conservación del contrato y protección del consumidor, mantener la vigencia del contrato de fianza declarando la abusividad del pacto de solidaridad, que no tendría que ser interpretado como integración del contrato, en tanto en cuanto el crédito hipotecario puede subsistir como fianza simple, pues la nulidad de la fianza acarrearía al consumidor unos efectos perjudiciales, ya que no podría acceder a una vivienda, en la mayoría de las ocasiones, habitual.

Ante el particular estimo que, la entidad bancaria debe analizar y estudiar si el fiador tiene o no posibilidades de afrontar la deuda. Es decir, que como acreedor ha tomado las medidas pertinentes para garantizar la protección del garante, en concreto le explicó el monto de su potencial deuda y los riesgos que envuelve, pudiendo incluso aconsejarle, que se asesore por un profesional independiente. Se trata de lograr que las entidades bancarias otorguen a las partes de ambos contratos (crédito y fianza) la información suficiente y se logre la tan demandada transparencia[311], la cual en mi opinión, no pasa por declarar la nulidad y ocasionar un perjuicio o daño mayor al consumidor que se vería privado de su posible acceso a una vivienda.

Por este motivo, considero que habrá que analizar y distinguir, según los casos, pues la naturaleza del contrato de fianza excluye un tratamiento general reconducible, como propone el Tribunal Supremo, por la vía exclusiva del artículo 88.1 TRLGDCU. El hecho de que ante el supuesto concreto se declare la nulidad parcial, manteniéndose el contrato de fianza sin el pacto de solidaridad y la renuncia a los beneficios, no implica perjudicar al consumidor en beneficio de la entidad bancaria, al contrario, le permite acceder al crédito. No debemos olvidar que en la nulidad por abusividad el producto "sobrevive", por esa razón se habla de "nulidad con supervivencia del producto". Sin embargo, cuando la garantía resulte desproporcionada será viable la nulidad. El objetivo es el restablecimiento del equilibrio entre las partes, lo que debe ser analizado

---

[311] Prueba de la progresiva importancia que se le va otorgando a nivel legislativo a la transparencia en materia de contratación y, en concreto, de adquisición de vivienda, lo constituye el régimen de derechos e información básica en las operaciones de compra, previsto en la Ley 12/2023, de 24 de mayo, por el derecho a la vivienda (BOE núm.124, de 25 de mayo de 2023), en cuyo artículo 31.1, b) establece que

> *"La persona interesada en la compra (…) de una vivienda que se encuentre en oferta podrá requerir, antes de la formalización de la operación y de la entrega de cualquier cantidad a cuenta, la siguiente información, en formato accesible y en soporte duradero, acerca de las condiciones de la operación y de las características de la referida vivienda y del edificio en el que se encuentra (…). b) Condiciones económicas de la operación: precio total y conceptos en este incluidos, así como las condiciones de financiación o pago que, en su caso, pudieran establecerse".*

según el caso atendiendo, por un lado, al riesgo asumido por el fiador; y, por otro lado, a la cualificación del mismo.

Sea como sea, no proteger al fiador amparándose en la previsión legislativa por parte del CC en torno al pacto de solidaridad y la renuncia a los beneficios de excusión, división y orden no puede ser el argumento en el que el TS se ampare para justificar esta práctica bancaria, al que cabe añadir la garantía desproporcionada como única vía de escape.

La fianza no es una cláusula del contrato de préstamo, sino un contrato autónomo, que difícilmente será declarado nulo. Cuestión distinta es la declaración de nulidad de las cláusulas que contiene ese contrato de fianza. Por esa razón, es pertinente que los bancos tomen las medidas necesarias para poder cumplir con los requisitos de transparencia, que permita al fiador ser conocedor de la garantía y los efectos que esta tiene. No puede admitirse una cláusula que no es tal, sino un contrato, en el que se imponga al consumidor un contenido concreto, amparado en el CC, cuando conforma una mala praxis bancaria que debe ser objeto de control.

Responsabilidad de la ley, el Estado y la sociedad es ante todo velar porque no se cometan abusos que generen la obligación por parte de los consumidores de tener que aceptar condiciones en la contratación que no le son favorables, e incluso contrarias a los derechos que le son reconocidos por las normas cuando quieren acceder a un bien principal y constitucionalmente reconocido como es la vivienda (artículo 47 CE). De igual forma, no se debe olvidar que el Derecho de Consumo trata de asegurar que el consumidor pueda contratar de forma tranquila, con la seguridad de que cualquier desfase que exista entre la imagen que se haya conformado entre el objeto y lo realmente contratado va a ser objeto de protección.

A partir de aquí, se espera que haya un antes y un después a la LCCI, en tanto en cuanto en los contratos con consumidores debe constar de "forma inequívoca" la voluntad del consumidor de contratar (artículo 62.1 TRLGDCU). No cabe deducir del mero silencio el consentimiento contractual del fiador. En concreto, en el préstamo hipotecario sometido a la LCCI, la manera en la que se celebra el contrato, ante notario y después de haber seguido los trámites de los artículos 14 y 15, deben garantizar que la prestación del consentimiento del fiador es inequívoca.

Bibliografía

ACHÓN BRUÑÉN, M.ª J.,

"Los problemas de ser fiador de un deudor hipotecario: estado de la cuestión tras la Ley de Contratos de Crédito Inmobiliario", *Diario La Ley*, núm. 9569, Sección Tribuna, 7 de febrero de 2020 (LA LEY 1338/2020), disponible en la Ley Digital.

-"Cláusulas que pasan desapercibidas en las escrituras de hipoteca, que pueden resultar abusivas", *Actualidad Civil*, núm. 1, enero, 2019 (LA LEY 1990/2019).

-"El hipotecante no deudor: perjuicios que le ocasiona la regulación existente y medios para reparar el daño sufrido", *Actualidad Civil*, núm. 4, 2019.

AGÜERO ORTÍZ, A.,

"Análisis jurisprudencial de la evolución del control de transparencia en la cláusula suelo", *Revista CESCO de Derecho de Consumo*, núm. 36, 2020, disponible en: www.uclm.es/centro/cesco.

-"No realizar el control de abusividad vulnera el derecho a la tutela judicial efectiva. STC (Sala Primera), núm. 102/2021, de 10 de mayo (ECLI:ES:TC2021:102)", *Revista CESCO de Derecho de Consumo*, 16 de junio de 2021, disponible en: www.uclm.es/centro/cesco.

ALFARO ÁGUILA-REAL, J., "Comentario artículo 1", en *Comentarios a la Ley de Condiciones Generales de la Contratación*, Menéndez Menéndez, A. y Díez-Picazo y Ponce de León, L. (Dirs.), Alfaro Águila-Real, J. (Coor.), Civitas, Madrid, 2002.

ÁLVAREZ MORENO, M.ª T., *La protección jurídica del consumidor en la contratación en general (Normas imperativas y pactos al respecto)*, Reus, Madrid, 2015.

ÁLVAREZ OLALLA, P., "Vulneración del derecho a la tutela judicial efectiva por resolución judicial contraria a la doctrina del Tribunal de Justicia de la Unión Europea sobre el concepto de consumidor", *Derecho Privado y Constitución*, 32.

ÁLVAREZ ROYO-VILLANOVA, S., "¿Pueden anularse las fianzas de particulares por abusivas?", en Hay Derecho, https://www.hayderecho.

com/2018/04/23/pueden-anularse-las-fianzas-de-particulares-por-abusivas/

ARANGUREN URRIZA, F. J., "Control de transparencia por el notario en préstamos hipotecarios con consumidores", en *Estudios de contratos: nuevos escenarios y nuevas propuestas,* Hornero Méndez, C./Oliva Blázquez, F. (Dirs.); Murga Fernández, J. P. (Coor.), Aranzdi, Pamplona, 2016.

BASTANTE GRANELL, V., "La cláusula de afianzamiento en préstamos hipotecarios: su abusividad a debate", *Revista Doctrinal Aranzadi Civil-Mercantil,* núm. 3, 2017, pág. 3, (BIB 2017/784).

BELHADJ BEN GÓMEZ, C., "Pacto de afianzamiento y abusividad. Doctrina del Tribunal Supremo", *Revista Aranzadi Doctrinal,* núm. 5, 2020 (BIB 2020/11311).

CÁMARA LAPUENTE, S.,

"Comentario artículo 86", en *Comentarios a las normas de protección de los consumidores. Texto refundido (RDL 1/2007) y otras leyes y reglamentos vigentes en España y en la Unión Europea,* Cámara Lapuente, S. (Dir.), Colex, Madrid, 2011.

-"Transparencia material y función notarial en la Ley 5/2029 ¿control, carga o trampa?", *Notario del siglo XXI,* 2019, núm. 85, disponible en: https://www.elnotario.es/hemeroteca/revista-84/9290-transparencia-material-y-funcion-notarial-en-la-ley-5-2019-control-carga-o-trampa-

CAÑIZARES LASO, A.,

"Control de incorporación y transparencia de las condiciones generales de la contratación: Las cláusulas suelo", *Revista de Derecho Civil,* Vol. II, núm. 3, julio-septiembre, 2015.

-"Comentario artículo 80", en *Comentarios al Texto Refundido de la Ley de Consumidores y Usuarios,* Cañizares Laso, A. (Dir.), Zumaquero Gil, L. (Coord.), Tomo I, Tirant lo Blanch, Valencia, 2022.

-"Comentario artículo 82", en *Comentarios al Texto Refundido de la Ley de Consumidores y Usuarios,* Cañizares Laso, A. (Dir.), Zumaquero Gil, L. (Coord.), Tomo I, Tirant lo Blanch, Valencia, 2022.

-"Comentario artículo 83", en *Comentarios al Texto Refundido de la Ley de Consumidores y Usuarios,* Cañizares Laso, A. (Dir.), Zumaquero Gil, L. (Coord.), Tomo I, Tirant lo Blanch, Valencia, 2022.

CARRASCO PERERA, Á., *Fianza, accesoriedad y contrato de garantía,* La Ley, Madrid, 1992.

CARRASCO PERERA, Á., CORDERO LOBATO, E. y MARÍN LÓPEZ, M. J., *Tratado de los derechos de garantía,* Tomo I, 4ª edic., Thomson Reuters Aranzadi, Navarra, 2022.

CASTILLA BAREA, M., "Comentario artículo 1822 CC", en *Comentarios al Código Civil,* Bercovitz Rodríguez-Cano, R. (Dir), Tomo IX, Tirant lo Blanch, Valencia, 2013.

CEPERO ARÁNGUEZ, M. Á. y ESTRADA NOVO, M., "El juicio de abusividad de las cláusulas de fianza incorporadas en un contrato de préstamo hipotecario a la luz de la Sentencia núm. 56/2020, de 27 de enero, de la Sala Primera del Tribunal Supremo", *Diario La Ley,* núm. 9637, Sección Tribuna, 21 de mayo de 2020, disponible en la Ley digital.

COLÁS ESCANDÓN, A. M.ª, *Efectos del contrato de fianza: relaciones entre acreedor, deudor principal y fiador,* Cuadernos de Aranzadi Civil, Thomson Aranzadi, Navarra, 2007.

De CASTRO y BRAVO, F., *El negocio jurídico,* Civitas, Madrid, 1985.

DÍEZ-PICAZO y PONDE DE LEÓN, L.,

-*Fundamentos de Derecho Civil Patrimonial,* Tomo II, Civitas, Madrid, 2008.

-*Las condiciones generales de la contratación y cláusulas abusivas,* Civitas, Madrid, 1996.

-"Las erosiones en el contractualismo y el abuso de las cláusulas abusivas (Comentario de la STS de 8 de abril de 2011)", en *La seguridad jurídica y otros ensayos,* Civitas, Thomson Reuters Aranzadi, Navarra, 2014.

FACHAL NOGUER, N., "El hipotecante no deudor y deudor no hipotecante en el concurso de acreedores", *Anuario de Derecho Concursal,* núm. 42, 2017 (BIB 2017/12763).

FREIXES, T., "El diálogo entre tribunales en el marco Europeo", *Cuadernos Constitucionales* 1, disponible en: https://doi.org/10.7203/cc.1.19053.

GALLARDO CORREA, C., "Jurisprudencia del Tribunal de Justicia de la Unión Europea sobre cláusulas abusivas", *Foro Judicial Independiente,* 2014, disponible en: w.juntadeandalucia.es/justicia/portal/adriano/.content/recursosexternos/JurisprudenciaTJUEClausulasAbusivas.pdf

GALLEGO DOMÍNGUEZ, I.,

"Las cláusulas abusivas y la jurisprudencia del Tribunal de Justicia de la Unión Europea", en *Nuevas orientaciones del Derecho Civil en Europa,*

Pereña Vicente, M. y Delgado Martín, P. (Dirs.), Heras Hernández, M.ª del M. (Coor.), Thomson Reuters Aranzadi, Navarra, 2015.

-"La protección de los consumidores frente a las cláusulas abusivas: la Directiva 93/13/CEE y el Tribunal de Justicia de la Unión Europea", en *L'Influenza del Diritto Processuale Europeo negli ordinamenti Italiano e Spagnolo,* Cabrera Mercado, R. (Dir.), Quesada López, P. M. y López Picó, R. (Coors.), Wolters Kluwer Italia, Milano, 2018.

GÁLVEZ CRIADO, A., "Los terceros garantes en los préstamos hipotecarios con consumidores: deberes de información y de evaluación de la solvencia", *Revista de Derecho Bancario y bursátil,* año 35, 2006.

GARCÍA ABURUZA, M.ª P., "Problemática en relación a los avalistas y sobre su posible condición de consumidores", *Revista Aranzadi Doctrinal,* núm. 1, 2017 (BIB 2017/10532).

GARCÍA-ROSTÁN CALVÍN, G., "Ejecución hipotecaria frente al deudor en situación de concurso e hipotecante no deudor", *Anuario de Derecho Concursal,* núm. 32, 2014 (BIB 2014/690).

GARCÍA-VALDECASAS DORREGO, M.ª J., *Diálogo entre los tribunales españoles y el Tribunal de Justicia de la Unión Europea sobre la tutela judicial del consumidor al amparo de la Directiva 93/13/CEE,* Centro de Estudios Registrales, Madrid, 2018.

GÓMEZ BLANES, P., "El fiador «vulnerable» y su protección por el derecho", *Revista de Derecho bancario y Bursátil,* nº 123, 2011 (BIB 2013/139023).

GÓMEZ CALLE, E., *Desequilibrio contractual y tutela del contratante débil,* Thomson Reuters Aranzadi, Navarra, 2018.

GÓMEZ POMAR, F., "¿Qué hacemos con los créditos hipotecarios impagados y vencidos? El Tribunal Supremo ante la sentencia Abanca del TJUE, *InDret,* 2/2019.

GÓMEZ POMAR, F., ARTIGOT GOLOBARDES, M. y GANUZA FERNÁNDEZ, J. J., "Un mal paso", *InDret,* 4/2021.

GÓMEZ VALENZUELA, M. Á., "Examen de las cláusulas abusivas en el contrato de fianza: a propósito de la fianza solidaria y la renuncia a los beneficios de excusión, división y orden", *Actualidad Jurídica Iberoamericana,* núm. 14, febrero, 2021.

GUILARTE ZAPATERO, V., "Comentario artículo 1822, en *Comentario del Código Civil,* Paz-Ares Rodríguez, J. C./Díez-Picazo y Ponce de León, L./ Bercovitz Rodríguez-Cano, R./Salvador Coderch, P., Tomo II, Ministerio de Justicia, Madrid, 1991.

HIDALGO GARCÍA, S., *Los préstamos de la ley reguladora de los contratos de crédito inmobiliario y sus garantías,* Thomson Reuters Aranzadi, Pamplona, 2021.

IGLESIAS SEVILLANO, H., "La construcción de un concepto de justicia europeo: la visión desde el diálogo entre el TJUE y los Tribunales nacionales", *Revista de Estudios Europeos,* Nº 71, enero-junio, 2018.

IZQUIERDO GRAU, G., "La posible abusividad de la cláusula de afianzamiento solidario con renuncia expresa de los derechos de excusión y división", *Revista de Derecho Privado,* núm. 4, 2019.

JUAN GÓMEZ, M. C., "La frustración de las acciones de nulidad total o parcial de las fianzas solidarias incorporadas en las escrituras de préstamo hipotecario", *Actualidad Civil,* núm. 10, octubre, 2022.

KEMELMAJER DE CARLUCCI, A., "La eficacia (o ineficacia) de la llamada garantía excesiva", en *Estudios Jurídicos en Homenaje al profesor Díez-Picazo,* Tomo II, Cabanillas Sánchez, A., Caffarena Laporta, J., Miquel González, J. M.ª, Montés Penadés, V. L., Morales Moreno, A. M. y Pantaleón Prieto, F., Thomson Civitas, Madrid, 2003.

LÓPEZ CASTILLO, A., "La confluencia entre Tribunales Constitucionales, TEDH y TJUE", *AFDUAM* 22, 2018.

LÓPEZ GUERRA, L., "El Tribunal Europeo de Derechos Humanos, el Tribunal de Justicia de la Unión Europea y Le mouvement nécessaire des choses", *Teoría y Realidad Constitucional,* núm. 39, 2017.

MARÍN LÓPEZ, M. J.,

-"La voluntad virtual del consumidor, ¿Un nuevo test para determinar la abusividad de una cláusula no negociada en contratos con consumidores? (STJUE de 14 de marzo de 2013, Asunto C-415/11)", *Revista CESCO de Derecho de Consumo,* núm. 5, 2013, disponible en: www.uclm.es/centro/cesco.

-"Irrelevancia del error del fiador sobre el carácter solidario de la fianza", Publicaciones Jurídicas Centro de Estudios de Consumo (CESCO) 13 de enero de 2022, disponible en: www.uclm.es/centro/cesco.

-"Cláusulas abusivas en el contrato de fianza. Las SSTS 684/2022, de 19 de octubre, y 685/2022, de 21 de octubre", Publicaciones Jurídicas Centro de Estudios de Consumo (CESCO), 24 de octubre de 2022, disponible en: www.uclm.es/centro/cesco.

MARQUÉS MOSQUERA, C., "La fianza en los préstamos hipotecarios", Cuadernos de Derecho y Comercio, núm. 1 Extra, 2014.

MARTÍN FABA, J. M.ª, "La cláusula de afianzamiento también es objeto del control de transparencia cualificado. SAP de Alicante (Sección 8ª) núm. 124/2016, de 12 de mayo (JUR 2016/154381)", *Revista CESCO de Derecho de Consumo,* septiembre, 2016, disponible en: www.uclm.es/centro/cesco.

MARTÍN y PÉREZ DE NANCLARES, J., "El TJUE como actor de la constitucionalidad en el espacio jurídico europeo: la importancia del diálogo judicial leal con los tribunales constitucionales y con el TEDH", *Teoría y Realidad Constitucional,* núm. 39, 2017.

MARTÍNEZ ESPÍN, P., "Control de abusividad sobre cualquier elemento del contrato: el fin de las conjeturas", Publicaciones Jurídicas Centro de Estudios de Consumo (CESCO), 5 de octubre de 2021, disponible en: www.uclm.es/centro/cesco.

MARTÍNEZ SANTOS, A., "La dificultad de calificar como abusiva la cláusula de afianzamiento personal", *Práctica de Tribunales,* núm. 128, septiembre-octubre 2017, (LA LEY 1122/2017).

MIQUEL GONZÁLEZ, J., M.ª,

"Comentario artículo 82", en *Comentarios a las normas de protección de los consumidores. Texto refundido (RDL 1/2007) y otras leyes y reglamentos vigentes en España y en la Unión Europea,* Cámara Lapuente, S. (Dir.), Colex, Madrid, 2011.

-"Comentario artículo 83", en *Comentarios a las normas de protección de los consumidores. Texto refundido (RDL 1/2007) y otras leyes y reglamentos vigentes en España y en la Unión Europea,* Cámara Lapuente, S. (Dir.), Colex, Madrid, 2011.

-"Comentario artículo 84", en *Comentarios a las normas de protección de los consumidores. Texto refundido (RDL 1/2007) y otras leyes y reglamentos vigentes en España y en la Unión Europea,* Cámara Lapuente, S. (Dir.), Colex, Madrid, 2011.

-"Comentario Disposición Adicional 1ª.3", en *Comentarios a la Ley de Condiciones Generales de la Contratación,* Menéndez Menéndez, A. y Díez-Picazo y Ponce de León, L. (Dirs.), Alfaro Águila-Real, J. (Coor.), Civitas, Madrid, 2002.

-"Reflexiones sobre las condiciones generales", en *Estudios Jurídicos en Homenaje al Profesor Aurelio Menéndez,* Iglesias Prada, J. L. (Coor.), Vol. IV, Civitas, Madrid, 1996.

MONTSERRAT VALERO, A., *El contrato de fianza y el aval a primer requerimiento,* Thomson Reuters Aranzadi, Navarra, 2017.

MORENO GARCÍA, L., *Las cláusulas abusivas. Tratamiento sustantivo y procesal,* Tirant lo Blanch, Valencia, 2019.

PAGADOR LÓPEZ, J. y SERRANO CAÑAS, J. M., "Sobre el carácter abusivo del pacto de solidaridad en la fianza (o la renuncia mediante cláusulas predispuestas a los beneficios de excusión u orden y división). A propósito de las sentencias del TS 56/2020 (RJ2020/145) y 101 (RJ 2020/39)", *Revista de Derecho del Sistema Financiero,* septiembre, 2020.

PANTALEÓN PRIETO, F., *Las cláusulas abusivas en la contratación con consumidores,* Comares, Granada, 2023.

PASCUAL BROTÓNS, C. C., *El fiador personal en la ejecución hipotecaria,* Reus, Madrid, 2015.

PERTÍÑEZ VÍLCHEZ, F.,

-"Comentario artículo 80", en *Comentarios a las normas de protección de los consumidores. Texto refundido (RDL 1/2007) y otras leyes y reglamentos vigentes en España y en la Unión Europea,* Cámara Lapuente, S. (Dir.), Colex, Madrid, 2011.

-"Comentario artículo 88", en *Comentarios a las normas de protección de los consumidores. Texto refundido (RDL 1/2007) y otras leyes y reglamentos vigentes en España y en la Unión Europea,* Cámara Lapuente, S. (Dir.), Colex, Madrid, 2011.

-"Los contratos de adhesión y la contratación electrónica", en *Tratado de contratos,* Bercovitz Rodríguez-Cano, R. (Dir.), Moralejo Imbernón, N. y Quicios Molina, S. (Coors.), Tirant lo Blanch, Valencia, 2020.

PLAZA PENADÉS, J., "Delimitación del control de transparencia de las condiciones generales de la contratación sobre la base de la STS de 9 de mayo de 2013 sobre cláusula suelo", *Diario La Ley,* núm. 8112, junio 2013.

REYES LÓPEZ, M.ª J.,

-"Comentario artículo 1822", en *Código Civil Comentado,* Cañizares Laso, A./ De Pablo Contreras, P./Orduña Moreno, J./Valpuesta Fernández, R. (Dirs.), Vol. IV, Aranzadi, Navarra, 2011.

-"Comentario artículo 1822", en *Comentarios al Código Civil,* Cañizares Laso, A. (Dir.), Tomo V, Tirant lo Blanch, Valencia, 2023.

-"Comentario artículo 1831", en *Código Civil Comentado,* Cañizares Laso, A./ De Pablo Contreras, P./Orduña Moreno, J./Valpuesta Fernández, R. (Dirs.), Vol. IV, Aranzadi, Navarra, 2011.

-"Comentarios artículo 1831", en *Comentarios al Código Civil,* Cañizares Laso, A. (Dir.), Tomo V, Tirant lo Blanch, Valencia, 2023.

RODRÍGUEZ TAPIA, J. M., “Comentario artículo 60”, en *Comentario al Texto Refundido de la Ley de Consumidores y Usuarios*, Cañizares Laso, A. (Dir.), Zumaquero Gil, L. (Coor.), Tomo I, Tirant lo Blanch, Valencia, 2022.

SÁNCHEZ HERNÁNDEZ, C., “El garante vulnerable: ¿Nulidad por error o nulidad parcialpor abusividad de la llamada “Cláusula de Afianzamiento”? Comentario a la Sentencia del Tribunal Supremo (Sala de lo Civil,Sección 1ª), núm. 745/2021, de 2 de noviembre”, *Revista de Estudios Jurídicos*, Segunda Época, 22, e7515, disponible en: https://doi.org/10.17561/rej.n22.7515.

SÁNCHEZ PÉREZ, L., “El hipotecante no deudor en concurso: un falso amigo para el acreedor garantizado”, *Revista Aranzadi Doctrinal*, núm. 10, 2014 (BIB 2014/482).

SANCHO MARTÍNEZ, L., “Transparencia y abusividad en el contrato de fianza: la situación del fiador consumidor”, *Cuadernos de Derecho Privado*, 7.

SENÉS GUERRERO, A., “Condiciones generales de la contratación, cláusulas abusivas e intereses de demora: estudio jurisprudencial”, *Práctica de Tribunales*, núm. 12, mayo-junio, 2016 (LA LEY 2610/2016).

SENÉS MOTILLA, C., “Cláusulas abusivas y ejecución hipotecaria”, *Práctica de Tribunales*, nº 120, mayo-junio, 2016, (LA LEY 2611/2016).

SERRANO FERNÁNDEZ, M.ª,

-“El prestatario, el fiador o el garante en la Ley reguladora de los contratos de crédito inmobiliario”, *Revista de Derecho Civil*, Vol. VI, núm. 2, abril-junio, 2019.

-“El ámbito de aplicación de la Ley Reguladora de los Contratos de Crédito Inmobiliario” en *Estudios sobre la ley reguladora de los contratos de crédito inmobiliario*, Murga Fernández, J. P./Hornero Méndez, C. (Coors.), Reus, Madrid, 2020.

SOLER SOLÉ, G., “¿Está menguando la fuerza de la cuestión prejudicial como instrumento jurisprudencial de avance jurídico?, *Revista Jurídica sobre Consumidores*, núm. Especial, septiembre, 2020, disponible en: https://vlex.es/vid/menguando-fuerza-cuestion-prejudicial-850180511.

TENZA LLORENTE, M.ª, *La tutela del deudor y del garante hipotecario en la contratación de préstamos inmobiliarios. El ámbito de aplicación de la Ley 5/2019, de 15 de marzo, reguladora de los contratos de crédito inmobiliario*, Thomson Reuters Aranzadi, Pamplona, 2022.

VEIGA COPO, A. B., “Eficiencia y función de la garantía”, *Revista de Derecho Bancario y Bursátil*, núm. 162, 2021, (BIB 2021/3257).

ZUMAQUERO GIL, L., “Comentario artículo 86”, en *Comentarios al Texto Refundido de la Ley de Consumidores y Usuarios*, Cañizares Laso, A. (Dir.), Zumaquero Gil, L. (Coord.), Tomo I, Tirant lo Blanch, Valencia, 2022.

Índice cronológico de jurisprudencia

JUZGADOS DE PRIMERA INSTANCIA

-Auto JPI de Madrid, 3 de febrero de 2014 (AC 2014/379).

-Sentencia JPI de Palma de Mallorca (Provincia de Islas Baleares), 13 de abril de 2015 (JUR 2015/114869).

-Auto JPI e Instrucción de Segovia, 1 de febrero de 2016 (JUR 2016/61124).

-Auto JPI de Almería, 16 de febrero de 2016 (JUR 2016/88094).

-Sentencia JPI San Sebastián, 14 de noviembre de 2016 (JUR 2016/265473).

-Sentencia JPI de Vitoria (Provincia de Álava), 28 de noviembre de 2018 (JUR 2018/1050).

-Sentencia JPI Bilbao (Provincia de Vizcaya), 5 de abril de 2018 (JUR 2018/104772).

-Sentencia JPI de Bilbao (Provincia de Vizcaya), 5 de abril de 2018 (JUR 2018/98896).

-Sentencia JPI de Vitoria (Provincia de Álava), 28 de noviembre de 2018 (JUR 2018/1050).

-Sentencia JPI de San Cristóbal de La Laguna (Provincia de Santa Cruz de Tenerife), 13 de diciembre de 2019 (JUR 2020/7958).

JUZGADOS DE LO MERCANTIL

-Sentencia JMerc de San Sebastián, 30 de septiembre de 2014 (AC 2014/1672).

-Sentencia JMerc de San Sebastián (Provincia de Guipúzcoa), 2 de octubre de 2014 (AC 2014/1674).

-Sentencia JMerc de San Sebastián (Provincia de Guipúzcoa), 29 de junio de 2015 (AC 2016/19).

-Sentencia JMerc de San Sebastián (Provincia de Guipúzcoa), 24 de noviembre de 2015 (AC 2016/352).

-Sentencia JMerc de Barcelona, 17 de diciembre de 2015 (JUR 2016/72022).

-Sentencia JMerc de Segovia, 28 de marzo de 2016 (JUR 2016/72022).

-Sentencia JMer de Barcelona, 13 de julio de 2016 (PROV 2016/229313).

-Sentencia JMerc de San Sebastián (Provincia de Guipúzcoa), 29 de junio de 2019 (AC 2016/19).

-Sentencia JMerc de San Sebastián, 18 de febrero de 2018 (JUR 2016/88059).

-Sentencia JMerc de Valencia, 23 de septiembre de 2019 (JUR 2019/308444).

AUDIENCIAS PROVINCIALES

-Sentencia AP de Barcelona (Sección 15ª), 6 de noviembre de 2014 (JUR 2015/43530).

-Auto AP de Santa Cruz de Tenerife, 21 de julio de 2015 (ECLI:ES:APTF:2015:67A).

-Sentencia AP de Guipúzcoa (Sección 2ª), 30 de septiembre de 2015 (JUR 2015/244535).

-Sentencia AP de Guipúzcoa (Sección 2ª), 6 de noviembre de 2015 (JUR 2016/38610).

-Sentencia AP Valencia (Sección 6ª), 10 de noviembre de 2015 (JUR 2016/134339).

-Sentencia AP de Madrid (Sección 14ª), 18 de abril de 2016 (AC/2016/820).

-Sentencia AP de Alicante (Sección 8ª), 12 de mayo de 2016 (JUR 2016/154381).

-Sentencia AP de Valencia (Sección 9ª), 14 de junio de 2016 (JUR 2016/215304).

-Auto AP de Castellón (Sección 3ª), 27 de junio de 2016 (JUR 2016/211484).

-Sentencia AP de Alicante (Sección 8ª), 30 de junio de 2016 (JUR 2016/213526).

-Sentencia AP de Álava (Sección 1ª), 1 de septiembre de 2016 (JUR 2016/243691).

-Sentencia AP de Guipúzcoa (Sección 2ª), 22 de marzo de 2017 (AC 2017/218).

-Sentencia AP de Guipúzcoa (Sección 2ª), 31 de marzo de 2017 (JUR 2017/136727).

-Sentencia AP de Álava (Sección 1ª), 12 de junio de 2017 (AC 2017/494).

-Auto AP de Málaga (Sección 5ª), 25 de octubre de 2017 (JUR 2018/16531).

-Sentencia AP de Tarragona (Sección 1ª), 7 de diciembre de 2017 (JUR 2017/1743).

-Sentencia AP de Asturias (Sección 6ª), 9 de febrero de 2018 (JUR 2018/330).

-Sentencia AP de Vizcaya (Sección 4ª), 5 de marzo de 2018 (JUR 2018/1126).

-Sentencia AP Barcelona (Sección 4ª), 5 de abril de 2018 (JUR 2018/112881).

-Auto AP de La Rioja (Sección 1ª), 12 de abril de 2018 (JUR 2018/205468).

-Sentencia AP de Valladolid (Sección 3ª), 20 de abril de 2018 (AC 2018/945).

-Auto AP de Ciudad Real (Sección 1ª), 14 de mayo de 2018 (JUR 2018/279981).

-Sentencia AP de Alicante (Sección 8), 18 de mayo de 2020 (JUR 2020/249784).

-Sentencia AP de Cádiz (Sección 5ª), 25 de junio de 2018 (JUR 2018/254924).

-Auto AP de Valencia (Sección 6ª), 19 de julio de 2018 (JUR 2018/272020).

-Sentencia AP de Islas Baleares (Sección 5ª), 6 de septiembre de 2018 (JUR 2018/280742).

-Sentencia AP de Cádiz (Sección 5ª), 11 de octubre de 2018 (JUR 2019/24111).

-Sentencia AP de Valencia, 17 de octubre de 2018 (JUR 2018/292476).

-Auto AP de Barcelona (Sección 14ª), 2 de abril de 2019 (JUR 2019/122799).

-Sentencia AP de Barcelona (Sección 17ª), 24 de abril de 2019 (JUR 2019/146461).

-Sentencia AP de la Rioja (Sección 1ª), 29 de abril de 2019 (JUR 2019/839).

-Sentencia AP de Alicante (Sección 5ª), 29 de mayo de 2019 (JUR 2019/295968).

-Sentencia AP de Vizcaya (Sección 4ª), 30 de mayo de 2019 (JUR 2019/1169).

-Auto AP de Valencia (Sección 9ª), 10 de julio de 2019 (JUR 2019/283353).

-Auto AP de Granada (Sección 4ª), 13 de diciembre de 2019 (JUR 2019/122771).

-Sentencia AP de Asturias (Sección 5ª), 23 de enero de 2020 (JUR 2020/103470).

-Sentencia AP de Madrid (Sección 25ª), 5 de febrero de 2020 (JUR 2020/145751).

-Sentencia AP de Barcelona (Sección 1ª), 10 de febrero de 2020 (JUR 2020/84869).

-Sentencia AP de Alicante (Sección 5ª), 18 de mayo de 2020 (JUR 2020/249784).

-Sentencia AP de Pontevedra (Sección 6ª), 20 de mayo de 2020 (JUR 2020/194720).

-Sentencia AP de Alicante (Sección 8ª), 1 de junio de 2020 (RJ 2020/250035).

-Sentencia AP de Girona (Sección 1ª), 11 de junio de 2020 (JUR 2020/220782).

-Sentencia AP de León, 25 de junio de 2020 (JUR 2020/241146).

-Sentencia AP de Barcelona, 26 de junio de 2020 (JUR 2020/237121).

-Auto AP de Barcelona (Sección 1ª), 29 de junio de 2020 (JUR 2020/245179).

-Auto AP de Badajoz (Sección 3ª), 21 de julio de 2020 (JUR 2020/328448).

-Sentencia AP de Girona (Sección 1ª), 30 de julio de 2020 (JUR 2020/250447).

-Auto AP de Barcelona (Sección 1ª), 30 de noviembre de 2020 (JUR 2021/21954).

-Auto AP de Barcelona (Sección 16ª), 17 de septiembre de 2021 (JUR 2021/393020).

TRIBUNAL SUPREMO

-Sentencia 3 de febrero de 2009 (RJ 2009/1361).

-Sentencia 9 de mayo de 2013 (RJ 2013/3088).

-Sentencia 26 de mayo de 2014 (RJ 2014/3880).

-Sentencia 8 de septiembre de 2014 (RJ 2014/4660).

-Sentencia 15 de diciembre de 2014 (RJ 2014/6579).

-Sentencia TS 24 de marzo de 2015 (RJ 2015/845).

-Sentencia 22 de abril de 2015 (RJ 2015/1360).

-Sentencia 29 de abril de 2015 (RJ 2015/2042).

-Sentencia 9 de marzo de 2017 (RJ 2017/977).

-Sentencia 8 de junio de 2017 (RJ 2017/2509).

-Sentencia 24 de noviembre de 2017 (RJ 2017/5063).

-Sentencia 24 de noviembre de 2017 (RJ 2017/5261).

-Sentencia 29 de noviembre de 2017 (RJ 2017/5632).

-Sentencia 17 de enero de 2018 (RJ 2018/162).

-Sentencia 28 de mayo de 2018 (RJ 2018/2281)

-Sentencia 17 de octubre de 2018 (RJ 2018/4475).

-Sentencia 28 de noviembre de 2018 (RJ 2018/325435).

-Sentencia 25 de enero de 2019 (RJ 2019/137).

-Sentencia 1 de julio de 2019 (RJ 2019/3132).

-Sentencia 11 de septiembre de 2019 (RJ 2019/3343).

-Sentencia 27 de enero de 2020 (RJ 2020/145).

-Sentencia 12 de febrero de 2020 (2020/329).

-Auto 1 de julio de 2020 (JUR 2020/207366).

-Auto 23 de septiembre de 2020 (JUR 2020/282523).

-Sentencia 6 de noviembre de 2020 (RJ 2020/3857).

-Sentencia 12 de noviembre de 2020 (RJ 2020/4576).

-Sentencia 2 de noviembre de 2021 (RJ 2021/5444).

-Auto 21 de noviembre de 2021 (JUR 2021/352841).

-Auto 24 de noviembre de 2021 (JUR 2021/367684).

-Sentencia 29 de noviembre de 2021 (RJ 2021/5286).

-Auto 15 de marzo de 2022 (JUR 2022/118699).

-Auto 23 de marzo de 2022 (JUR 2022/119012).

-Sentencia 29 de marzo de 2022 (RJ 2022/1903).

-Auto 30 de marzo de 2022 (JUR 2022/123465).

-Auto 20 de abril de 2022 (JUR 2022/138926).

-Auto 27 de abril de 2022 (JUR 2022/144016).

-Sentencia 4 de mayo de 2022 (RJ 2022/2579).

-Auto 4 de mayo de 2022 (JUR 2022/157101).

-Auto 25 de mayo de 2022 (JUR 2022/188651).

-Auto 1 de junio de 2022 (JUR 2022/199340).

-Auto 14 de septiembre de 2022 (JUR 2022/300631).

-Auto 14 de septiembre de 2022 (JUR 2022/314061).

-Auto 14 de septiembre de 2022 (JUR 2022/313870).

-Auto TS 5 de octubre de 2022 (JUR 2022/15988).

-Sentencia 19 de octubre de 2022 (RJ 2022/4498).

-Sentencia 21 de octubre de 2022 (JUR 2023/136369).

-Auto 2 de noviembre de 2022 (JUR 2022/348499).

-Auto 22 de noviembre de 2022 (JUR 2022/373193).

-Sentencia 12 de diciembre de 2022 (JUR 2023/60804).

-Sentencia 16 de enero de 2023 (RJ 2023/33918).

-Auto 22 de marzo de 2023 (JUR 2023/168957).

-Auto 29 de marzo de 2023 (JUR 2023/171821).

-Auto 7 de junio de 2023 (JUR 2023/245172).

-Auto 21 de junio de 2023 (JUR 2023/266775).

-Auto 13 de septiembre de 2023 (JUR 2023/347278).

-Auto 20 de septiembre de 2023 (JUR 2023/358152).

-Auto 20 de septiembre de 2023 (JUR 2023/358152).

-Sentencia 21 de octubre de 2023 (RJ 2023/5183).

-Auto 25 de octubre de 2023 (JUR 2023/396002).

-Auto 25 de octubre de 2023 (JUR 2023/395182).

-Auto 25 de octubre de 2023 (JUR 2023/395957).

-Auto 25 de octubre de 2023 (JUR 2023/395963).

-Auto 8 de noviembre de 2023 (JUR 2023/419792).

TRIBUNAL DE JUSTICIA DE LA UNIÓN EUROPEA

-Sentencia TJUE 27 de junio de 2000, asunto Océano Grupo Editorial, S.A., contra Rocío Murciano Quintero y Salvat Editores contra varios, asuntos acumulados C-240/98, C-241/98, C-242/98, C-243/98 y C-244/98 (TJCE 2000/144).

-Sentencia TJUE 21 de noviembre de 2002, caso Cofidis SA contra Louis Fredout, asunto C-473/00 (TJCE 2002/345).

-Sentencia TJUE 1 de abril de 2004, caso Freiburger Kommunalbauten GmbH Baugesellschaft & Co. KG contra Ludger Hofstetter y Ulrike Hofstetter, asunto C-237/02 (TJCE 2020/311).

-Sentencia TJUE 6 de octubre de 2006, caso Asturcom Telecomunicaciones, S.L., contra Cristina Rodríguez Nogueira, asunto C-40/08 (TJUE 2009/309).

-Sentencia TJUE 26 de octubre de 2006, caso Elisa María Mostaza Claro contra Centro Móvil Milenium, asunto C-168/05 (TJCE 2006/299).

-Sentencia TJUE 4 de junio de 2009, caso Pannon, asunto C-243/08 (TJCE 2009/155).

-Sentencia TJUE 6 de octubre de 2009, caso Austurcom Telecomunicaciones, asunto C-40/08 (LA LEY 187264/2009).

-Sentencia TJUE 3 de junio de 2010, caso caja de Ahorros y Monte de Piedad de Madrid contra AUSBANC, asunto C-484/08 (TJUE 2010/162).

-Sentencia TJUE 9 de octubre de 2010, caso VB Pénzügyi Lizing, asunto C-137/08 (LA LEY 195036/2010).

-Sentencia TJUE 15 de marzo de 2012, caso Jana Perenicová y otros contra SOS financ, spol. Sr. O., asunto C-453/10 (TJCE 2012/55).

-Sentencia TJUE 26 de abril de 2012, caso Nemzeti Fogyasztóvédelmi Hatóság contra Invitel Távközlési Zrt., asunto C-472/10 (TJCE 2012/98).

-Sentencia TJUE 14 de junio de 2012, caso Banco Español de Crédito, S.A. contra Joaquín Calderón Camino, asunto C-618/10 (TJCE 2012/143).

-Sentencia TJUE 21 de febrero de 2013, caso Banif Plus Bank Zrt contra Csaba Csipai y otros, asunto C-472/11 (TJCE 2013/46).

-Sentencia TJUE 14 de marzo de 2013, caso Mohamed Aziz contra Caixa d´Estalvis de Catalunya, Tarragona i Manresa (Catalunyacaixa), asunto C-415/11 (TJCE 2013/89).

-Sentencia TJUE 21 de marzo de 2013, caso RWE Vertrieb AG contra Westfalen eV., asunto C-92/11 (TJCE 2013/93).

-Sentencia TJUE 30 de mayo de 2013, caso Erika Joros contra Aegon Magyarország Hitel Zrt., asunto C-397/11 (TJCE 2013/194).

-Sentencia TJUE 30 de mayo de 2013, caso Dirk Frederik Asbeek Brusse y otros contra Jahani BV, asunto C-488/2011 (TJCE 2013/145).

-Sentencia TJUE 16 de enero de 2014, Constructora Principado, S.A., contra José Ignacio Menéndez Álvarez, asunto C-226/12 (TJUE 2014/7).

-Sentencia TJUE 30 de abril de 2014, caso Árpád Kásler y Hajnalka Káslerné Rábai contra OTP Jelzálogbank Zrt., asunto C-26/13 (TJCE 2014/105).

-Sentencia TJUE 30 de abril de 2014, caso Barclays Bank, S.A. contra Sara Sánchez García y Alejandro Chacón Barrera, asunto C-280/13 (TJCE 2014/165).

-Sentencia TJUE 21 de enero de 2015, caso Unicaja Banco, S.A. y otros contra José Hidalgo Rueda y otros, asuntos acumulados C-482/13, C-484/13, C-485/13 y C-487/13 (TJCE 2015/4).

-Sentencia TJUE 26 de febrero de 2015, caso Bogdan Matei y Ioana Ofelia Matei contra SC Volksbank România SA, asunto C-143/13 (TJCE 2015/93).

-Sentencia TJUE 23 de abril de 2015, caso Jean-Claude Van Hove CNP Assurances SA., asunto C-96/14 (TJCE 2015/179).

-Sentencia TJUE 16 de julio de 2015, caso Juan Carlos Sánchez Morcillo y María del Carmen Abril García contra Banco Bilbao Vizcaya, S.A., asunto C-539/14 (TJCE 2015/327).

-Sentencia TJUE 3 de septiembre de 2015, caso Ovidiu Costea Horace contra SC Volksbank Rumanía SA, asunto C-110/14 (TJCE 2015/330).

-Sentencia TJUE 1 de octubre de 2015, caso ERSTE Bank Hungaruy Zrt. Contra Attila Sugár, asunto C-32/14 (TJCE 2015/464).

-Auto TJUE 19 de noviembre de 2015, caso Dumitru Tarcău e Ileana Tarcău contra Banca Comercială Intesa Sanpaolo România SA y otros, asunto C-74/15 (TJCE 2015/386).

-Sentencia TJUE 18 de febrero de 2016, caso Finanmadrid E.F.C. contra Jesús Vicente Albán Zambrano y otros, asunto C-49/14 (TJCE 2016/53).

-Sentencia TJUE 14 de junio de 2016, caso Banco Español de Crédito, asunto C-618/10 (TJCE 2012/143).

-Auto TJUE 14 de septiembre de 2016, caso Pavel Dumitraş y Mioara Dumitraş contra BRD Groupe Société Générale- Sucursala Judeţeană Satu Mare (TJCE 2016/329).

-Sentencia TJUE 21 de diciembre de 2016, caso Francisco Gutiérrez Naranjo y Otros contra Cajasur Banco, S.A.U. y Otros, asuntos C-154/15, C-307/15, C-308/15 (TJCE 2016/309).

-Sentencia TJUE 26 de enero de 2017, caso Banco Primus, S.A., contra Jesús Gutiérrez García, asunto C-241/14 (TJCE 2017/31).

-Sentencia TJUE 20 de septiembre de 2017, caso Ruxandra Paula Andriciuc y otros contra Banca Românească SA., asunto C-186/16 (TJCE 2017/171).

-Sentencia TJUE 21 de marzo de 2018, caso H.P.& M.D. contra Électricité de France (EDF), asunto C-590/17 (TJCE 2018/309).

-Sentencia TJUE 20 de septiembre de 2018, caso OTP Bank Nyrt. Contra T.I. y otros, asunto C-51/17 (TJCE 2018/226).

-Sentencia TJUE (Gran Sala) 26 de marzo de 2019, caso Abanca Corporación Bancaria, S.A., contra A.G.S.S., asunto C-70/17 (TJCE 2019/59).

-Sentencia TJUE 26 de junio de 2019, caso A. contra J, asunto C-407/18 (TJCE 2019/127).

-Sentencia TJUE 3 de octubre de 2019, caso VARUIS contra Raiffeisen Bank International AG, asunto C-260/18 (TJCE 2019/219).

-Sentencia TJUE 3 de octubre de 2019, caso G.K. contra varios, asunto C-621/17 (TJCE 2019/224).

-Sentencia TJUE 7 de noviembre de 2019, caso Nationale Maatschappij der Belgische Spoorwegen (NMBS) contra varios, asuntos acumulados C-349/18 a C-351/18 (TJCE 2019/259).

-Sentencia TJUE 4 de junio de 2020, caso Kancelaria Medius SA contra RN, asunto C-495/19 (TJCE 2020/111).

-Sentencia TJUE 9 de julio de 2020, caso XZ contra Ibercaja Banco, S.A., asunto C-452/18 (TJCE 2020/109).

-Sentencia TJUE 9 de julio de 2020, caso SC Raiffeisen Bank SA y otros contra BRD Groupe Société Générale SA y otros, asuntos C-698/18 y C-699/18 (TJCE 2020/170).

-Sentencia TJUE 25 de noviembre de 2020, caso Banca B. SA contra A.A.A., asunto C-269/19 (TJCE 2020/286).

-Auto TJUE 26 de noviembre de 2020, caso DSK Bank EAD y otros, asunto C-807/19 (TJCE 2020/288).

-Sentencia TJUE 27 de enero de 2021, caso Dexia Nederland BV contra otros, asuntos C-229/19 y C-289/19 (TJCE 2021/21).

-Auto TJUE 3 de marzo de 2021, caso Ibercaja Banco, S.A. contra otros, asunto C-13/19 (TJCE 2021/50).

-Sentencia TJUE 29 de abril de 2021, caso varios contra varios, asunto C-19/20 (TJCE 2021/110).

-Auto TJUE (Sala 9ª) 17 de noviembre de 2021, caso M.G.M.G. contra Bankia, S.A., asunto C-655/20 (TJCE 2021/278).

-Auto TJUE (Sala 9ª), 17 de noviembre de 2021, Caso YB contra Unión de Créditos Inmobiliarios, S.A., asunto C-79/21 (TJCE 2021/298).

RESOLUCIONES DE LA DIRECCIÓN GENERAL DE LOS REGISTROS Y DEL NOTARIADO (actual Dirección General de Seguridad Jurídica y Fe Pública)

-Resolución DGRN 5 de febrero de 2014 (RJ 2014/1178).

-Resolución DGRN 12 de marzo de 2015 (RJ 2015/1586).

-Resolución DGRN 14 de julio de 2017 (LA LEY 101663/2017).

-Resolución DGRN 14 de julio de 2017 (RJ 2017/3931),

-Resolución DGRN en Resolución de 13 de junio de 2019 (RJ 2019/3347).

-Resolución DGRN 27 de junio de 2019 (LA LEY 103196/2019).

Documentos de interés

-TJUE Conclusión 14 de abril de 2016 (JUR 2016/117357).

-Informe "Cuarto aniversario de la entrada en vigor de la Ley 5/2019, reguladora de los contratos de crédito inmobiliario", Consejo General del Notariado, 15 de junio de 2023, disponible en: https://www.notariado.org/liferay/c/document_library/get_file?uuid=579f6739-215c-4a35-a6ff-50631e1cfbee&groupId=2289837